芦潮港口述史

张峰⊙主编
李秀芳 闫彩琴 苏月秋 王伯承⊙副主编

上海人民出版社

图书在版编目(CIP)数据
芦潮港口述史 / 张峰主编. --上海 : 上海人民出版社, 2025. -- ISBN 978-7-208-19612-4
Ⅰ. K295.15
中国国家版本馆 CIP 数据核字第 2025J9H415 号

责任编辑 裴文祥
封面设计 汪　昊

芦潮港口述史
张　峰 主编
李秀芳　闫彩琴　苏月秋　王伯承 副主编

出　　版 上海人民出版社
（201101　上海市闵行区号景路 159 弄 C 座）
发　　行 上海人民出版社发行中心
印　　刷 上海商务联西印刷有限公司
开　　本 720×1000　1/16
印　　张 19.25
插　　页 5
字　　数 244,000
版　　次 2025 年 7 月第 1 版
印　　次 2025 年 7 月第 1 次印刷
ISBN 978-7-208-19612-4/K·3507
定　　价 88.00 元

序　言

芦潮港，东临东海、南依杭州湾，位于长江口的最南端，与世界最大的集装箱码头——洋山深水港相距 30 千米。20 世纪 30 年代，当地老百姓为了出海捕鱼，从芦苇丛中踩出了一条下海小路，形成了 5 米宽的深槽，人们称其为“路漕港”。1960 年，经上海市政府批准，南汇县在路漕港的芦苇丛中建造了宽 15 米的排涝挡潮闸。1962 年，水闸因严重损毁严重，故重建。时任上海市副市长宋日昌为水闸题名“芦漕港水闸”，1989 年，上海市人民政府批准芦潮港建镇，芦潮港因之得名，并沿用至今。芦潮港不仅是一个地理坐标，更承载了一段段鲜活的历史。在中国共产党领导的革命、建设、改革历史进程中，书写了踏浪前行、砥砺奋进的壮丽篇章。

芦潮港行政建制历经闾邻制、保甲制、乡、人民公社、镇、社区等变迁过程，其境内范围也自北向东南逐渐延伸、扩展。新中国成立后，芦潮港地区隶属泥城大乡中的一乡，称为汇茂乡并下设村落。1958 年，泥城成立人民公社，汇茂高级社积极筹建果园园艺场，创办万亩果园，成为上海市区水果供应基地，改变了原“穷汇角”面貌。1984 年，各村落实家庭联产承包责任制，撤公社，建果园乡，下设五个村落。1992 年，随着地区经济发展和城市化进程推进，果园乡撤乡建镇，正式更名为芦潮港镇，镇域进一步整合资源，加强基础设施建设。2003 年，芦潮港镇被列为临港新城四个分城区之一，在区域规划调整中，与周边部分区域进行了合并，镇域面积进一步扩大，发展空间得到拓展，成为推动镇域经济增长的重要力量及洋山深水港重要陆域基地。2012 年，申港街道和芦潮港镇撤销，设立南汇新城镇，芦潮港镇成为芦潮港社区，开启了向现代化滨海新城迈进的新篇章。

芦潮港的历史，是一部可歌可泣的历史。这里曾经历过战争的洗礼、自然灾害的侵袭、社会动荡的考验。在这些艰难的时刻，芦潮港人民在中国共产党的领导下，展现出了坚韧不拔的精神。南汇县首任中共县委书记周大根（又名周秋萍）带领南汇保卫团第二中队与日军激战于芦潮港，28 名战士壮烈牺牲，血染热土。面对海潮的侵袭，芦潮港人民积极修筑海塘，表现了敢于与自然灾害作斗争的优秀品质。这些故事，不仅是对过去的纪念，也是对未来的鼓舞。它们告诉我们，无论遇到什么困难，只要我们团结一致，就没有克服不了的艰难险阻。

芦潮港的历史，是一部与海共舞的历史。作为“从海里长出来”的土地，这里的人民长期以海为生，以渔为业。他们的生活与海洋息息相关，海洋的每一次潮汐变化，都影响着他们的生活。随着时间的推移，芦潮港逐渐发展成为国家一类口岸、全国重点渔港。这里不仅是货物的集散地，也是文化交流的通道。来自各地的商人、旅行者在这里汇聚，带来了不同的文化和思想。这些外来的影响与芦潮港本土的文化相互融合，形成了独特的港口文化。

芦潮港的历史，是一部与国家发展同呼吸、共命运的历史。1958 年冬天，这里的人民因地制宜，开始在盐碱地上发展果树事业，万亩果园成为芦潮港的亮丽名片，也成为上海的重要水果基地。桃之夭夭，灼灼其华。进入 90 年代，芦潮港人民乘着浦东开发开放的东风，创办南汇桃花节，走上文化搭台、经济唱戏的道路。今天，南汇桃花节已发展为上海桃花节。此后，随着党中央作出上海国际航运中心建设的战略部署，芦潮港被纳入上海国际航运中心建设和中国（上海）自由贸易试验区临港新片区的国家战略。

作为重要的历史研究方法，口述史通过收集和分析那些直接经历或目睹历史事件的人的口头叙述来构建历史。这种方法能够提供文献史料无法提供的视角和细节，能够提供更加丰富和多元的历史视角。通过口述史，我们可以更深入直观地理解历史事件对个人和社会的影响，以及这些事件如何在不同群体和个体中被记忆和叙述。《芦潮港口述史》旨在通过口述历史的方式，记录和传承芦潮港的历史与文化。我们邀请了多位长者，他们或是生于斯、长于斯，或是与这片土地有着千丝万缕的联系。他们用自己的语言，讲述了芦潮港的过去，从渔村的日常生活到港口的繁荣景象，从革命年代的筚路蓝缕到今天的踔厉奋发。在这些口述故事中，我们可以看到芦潮港人民的勤劳与智慧，看到他们如何耕海牧渔，如何应对自然灾害的挑战，如何在社会变革中寻找生存与发展的道路。这些故事不仅仅是对过去的回顾，更是对未来的启示，告诉我们，无论时代如何变迁，有些精神和价值是永恒的。

在编纂这本书的过程中，我们深感责任重大。我们不仅要记录下芦潮港的历史，更要传承它的故事和精神。我们希望通过这本书，让读者感受到芦潮港人民的坚韧和智慧，感受到这片土地的生命力和魅力。我们力求真实、客观地呈现口述者的叙述，让读者能够直接感受到他们的情感和态度。同时，我们也对相关的历史资料进行了严谨的考证，以确保书中内容的准确性。

我们要感谢所有参与口述的长者，感谢他们无私地分享宝贵的记忆。他们的故事，是芦潮港历史的见证，也是我们共同的财富。我们还要感谢所有支持和帮助本书出版的机构和个人。没有他们的帮助，这本书的出版是不可能的。

最后，我们希望《芦潮港口述史》能够成为一座桥梁，连接过去与未来，连接芦潮港与世界。让我们一起翻开这本书，走进芦潮港的历史，感受那些岁月的温情与力量。

是为序。

目　录

第一章　芦潮港的海塘、移民与海防

芦潮港东临东海，南依杭州湾外口。该地区曾是一片汪洋大海，后来由于大量泥沙在长江与钱塘江河口地段逐渐淤积而形成陆地，芦潮港成陆时间不长，可谓一片年轻的土地。年轻的土地需要人民来建设，现在芦潮港 7 个村都是移民村。新中国成立前，芦潮港居民主要来自江苏的奉贤、崇明、海门、盐城、江阴，浙江的宁波、余姚等地区。20 世纪 60 年代后，芦潮港办起多个农场，上海市区、周浦、大团、惠南、新场等镇的社会青年、知识青年和干部纷纷迁入，成为芦潮港新的移民。2003 年以后，为了更好服务于洋山深水港建设需要，芦潮港逐步整体拆迁，村民入住安置小区，转为居民。考察芦潮港的移民历史，就是一幅波澜壮阔的芦潮港建设史。从芦潮港功能定位来看，它是国家一类口岸，著名渔港，从芦潮港区域位置来看，它既是海防要地，又是防汛重地，在上海市东南沿海经济、社会发展、国防建设中处于重要位置。

芦潮港的海塘与移民历史

冯秉锐

口述人简介

冯秉锐，1938 年 8 月生，浙江省余姚市人。1959 年分配到南汇县农业局工作，1960 年借调到芦潮港进行华东地区最大的万亩果园的建设，至 1998 年退休。其间，担任 14 年技术员，24 年中学语文、政治教师。退休后，2001 年开始协助南汇地方志办公室编辑、审定地方志工作，至 2021 年，共主编、特约编审、审定了南汇各类行业志、各村镇专业志、地方志 95 部，都已正式出版。

口述：冯秉锐

时间：2024 年 5 月 23 日上午

地点：上海市浦东新区南汇新城镇芦潮港社区

采访与整理：上海海事大学马克思主义学院苏月秋、吴永斌、谢丹慧、刘泽

我叫冯秉锐，曾担任2003年《芦潮港志》、2016年《南汇新城镇 芦潮港·村志》主编，我现在就芦潮港的海塘、南汇嘴的历史变迁、芦潮港的移民历史谈几点感受。

一、芦潮港是从海里长出来的

芦潮港是上海的南大门，地处杭州湾北岸、钱塘江出海口、南汇东南沿海夹塘地区南端，是国家一类口岸，是全国重要的渔港之一，也是海防要地、重要出海通道、上海东南沿海重要泄洪口。

芦潮港这里曾打响浦东抗战第一枪，华东地区最大的万亩果园曾繁荣过整整半个世纪，这里也是上海桃花节的发源地。21 世纪初，为了支援洋山深水港建设，境内 6000 多户居民，万余人又作出了重大的牺牲和贡献。从芦潮港地理变迁来看，这么一块生机勃勃的土地，从海里长出来还不足 140 年，芦潮港条条海塘，造就了芦潮港的诞生与发展。

（一）芦潮港境内的海塘

南汇境内历史上出现过 13 条海塘，其中有 7 条就在芦潮港境内。按照修筑的时间顺序，芦潮港境内的 7 条海塘分别是：彭公塘（又名王公塘）、李公塘、人民塘、胜利塘、七九塘、八五塘和世纪塘。

第一条彭公塘，位于原外中村、汇茂村、庙港村西部，距钦公塘 3.5

千米处。清光绪九年（1883 年），南汇东南沿海遭强台风侵袭，钦公塘外海水越过海塘倒灌到老百姓家里，造成严重洪水灾害。乡绅彭以藩发起捐赠筑塘，在钦公塘东 3.5 千米处筑新塘。清光绪十年（1884 年），由南汇县知县王椿荫带领修筑完成，所以称为王公塘。彭以藩原为崇明人，后迁居南汇新港乡，因无官职，不能称塘名，但民间感念他发起捐资筑塘的功绩，仍称此塘为彭公塘。彭公塘全长 37.96 千米，芦潮港境内长 3.9 千米，北起川沙撑塘，入南汇后经祝桥、盐仓、老港、新港后进入芦潮港汇角。此塘在 20 世纪 30—40 年代曾为南汇县东部地区重要屏障，至筑人民塘后该塘作用消失，1958 年“大跃进”时期被平整，一度成为老果公路路基。

第二条李公塘，位于彭公塘外 1 千米。清光绪三十一年（1905 年），风潮成灾，淹没农田无数。次年，知县李超琼领筑新塘，称李公塘。新塘南起果园庙港，北至川沙撑塘，全长 32.5 千米。

第三条人民塘，建于新中国成立后。1949 年 7 月 24 日，芦潮港遭强台风，受大潮、暴雨袭击，李公塘外潮水冲击塘身，多处决口、海水倒灌，造成特大水灾。仅泥城（当时芦潮港隶属泥城）、书院地区受灾农田 41750 亩，受灾人口 3686 户，死亡人口 408 人，冲毁房屋 8030 间。灾情发生后，刚成立的上海市、县人民政府立即投入救灾抢险，同时投入新塘修筑。新塘筑于原李公塘、袁公塘、预备塘旧址，自川沙撑塘入南汇至芦潮港庙港，全长 41 千米，芦潮港境内 14 千米。新塘筑成后，1950 年，陈毅市长将其命名为“人民塘”。该塘在 1950—1957 年全面完成加固、植绿。培塘河疏浚工程后，成为南汇东南沿海重要的屏障。1966 年，人民塘外已围圩造田，建成征海村、远征村。

第四条胜利塘，取“团结胜利”之意。1974 年，为保护人民塘外圩内土地和人民生命财产安全，国家投资在人民塘外 1.25 千米处筑新塘，取名胜利塘。该塘东段北起川沙县界，南至庙港；南段自庙港向西至奉贤界，与奉贤县的团结塘相连。胜利塘在征海、芦港、汇角、远征4村内共长14.5千米。

第五条七九塘，于1979年开始修建，故名。20世纪70年代初期，由于东滩淤涨迅速，加上人工促淤，至1979年又淤长出大片滩地，再筑新塘，取名七九塘。新塘位于征海村东，距胜利塘0.4千米，北起川沙县界，南至庙港，分两期筑成，共圈围东海农场等土地1254万平方米。七九塘全长32.7千米，成为征海村、县林场的屏障。

第六条八五塘，修于1985年，位于七九塘外0.5千米处，北起大治河出海口海闸南岸，南至汇角，全长17.3千米。塘外为征海、庙港、芦港三村东南和汇角村南侧海岸线。

第七条世纪塘，位于芦潮港港口东侧，芦港村、征海村东，即长江口与杭州湾交汇处，东西走向。1999年12月31日动工，2000年11月25日完工，故名“世纪塘”。此塘1999年由上海垦殖公司投资围海，为促淤工作和土地安全提供保护作用。

（二）海塘造就了芦潮港

人们为什么要筑海塘？修筑海塘的作用，无非一是“保”，二是“要”。“保”是保一方平安，“要”是向大海要土地，发展经济。我们可以从海塘修筑后带来芦潮港陆地面积扩大的数据，清晰认识到海塘的作用，也就是我们常说的海塘造就了芦潮港。对于这一问题，我们可以看一组数据：南汇出现的13条海塘，从周浦、下沙一线的古捍海塘到芦潮港境内的八五塘，历时1272年，向东延伸30.75千米。芦潮港境内从彭公塘到八五塘，历时101年，向东延伸了4.4千米。按2008年统计，2008年南汇总面积860.1平方千米，其中公元713年时界内已有土地74平方千米。依此推算：从古捍海塘到八五塘的1272年中，南汇新增土地786平方千米。1884—1985年的101年间，芦潮港新增土地18.9平方千米，与长江入海口的泥沙淤积和海塘修筑有密切关系。可以说，海塘见证了南汇和芦潮港的诞生，南汇和芦潮港都是从海里长出来的。

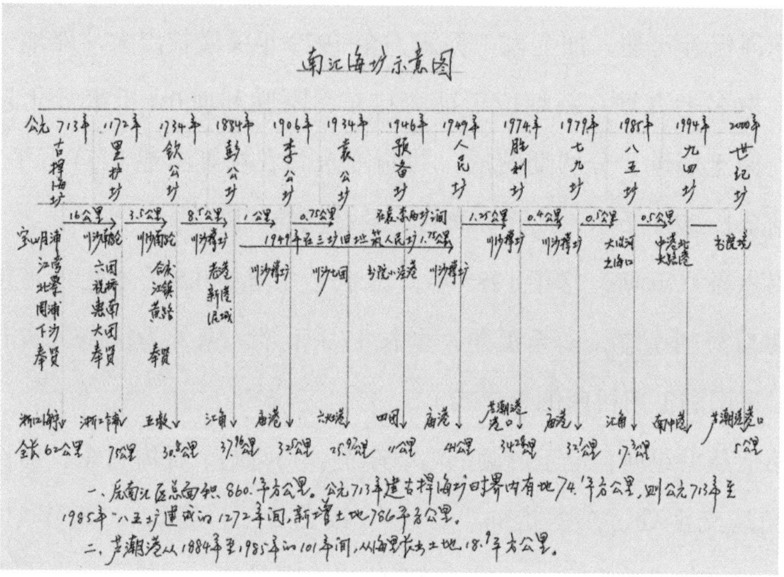

冯秉锐手制《南汇海塘示意图》

（三）芦潮港名字的来历

芦潮港既是个地名，也是一条港河的名字。南汇许多地方都以港得名，如庙港、中港、老港。

芦潮港作为一条港河的名字，最早不叫芦潮港，20世纪20—30年代，今天的芦潮港只是一条通海的防脚。所谓防脚，就是水流向大海时在滩上留下的条条小水沟，这些小水沟的水，穿过芦潮港地进入大海。渔民下海捕鱼，往往就近通过这些防脚出海。久而久之，从这里出海的人越来越多，天长日久，海潮冲击，渐渐地踩出了一条深槽。20世纪40年代，出海渔民给这条深槽取了个名字叫“路漕港”，路漕港就此而得名。不久，地方政府和附近百姓也认可了这一称呼。

芦潮港作为一个地名，最早也不叫芦潮港。新中国成立后的人民公社初期，这里称“两渔场”（书院有个东风渔场）。1960年南汇县政府在“路漕港”港口建设排涝出海水闸，上海市副市长宋日昌对该水闸题名时觉得这里有大片芦苇，天天潮涨潮落，不如把此水闸题名为“芦漕港水闸”，当地政府和民众都认可了这一说法。自此，地以港得名，芦潮港也成了一方地名。

二、南汇嘴的历史变迁

不少人都知道南汇新城镇有个叫“南汇嘴”的地方，即南汇围海成陆的下点南汇嘴主题公园。其实南汇嘴原来不在这里，它是经过了624年，从44千米外的地方迁移过来的。

南汇是从海里涨出来的，千百年来长江水流每年夹带着8亿—10亿吨的泥沙直奔大海，在出海口受海潮顶托，又在自北向南海流的影响下，进入海洋的长江水流又折而向南，与钱塘江交汇。由于泥沙沉积，逐渐形成冲积平原，涨出一大片土地。这片土地因海流向南与钱塘江交汇而得，人称“南汇”。

南汇嘴的形成与长江入海有很大关系。长江入海后水流向南，夹带的泥沙沉积，也是南多北少，因此南汇大地向东海延伸时是南多北少推进，于是冲积平原也向东南方向突出成角，切入大海。当地百姓又称角为嘴，于是东南沿海向前突出的角称为“南汇嘴”。实际上有了南汇，就有了南汇嘴。据此，《光绪南汇县志》记载：“南汇地势如犁状，突出洋中，势向东南，三面皆海，故谓之南汇嘴”。[1]

1 （清）金福曾、顾思贤修，（清）张文虎总纂，何立民点校：《光绪南汇县志》卷一“疆域志”，载上海市地方志办公室编：《上海府县旧志丛书·南汇卷》，上海古籍出版社2009年版，第595页。

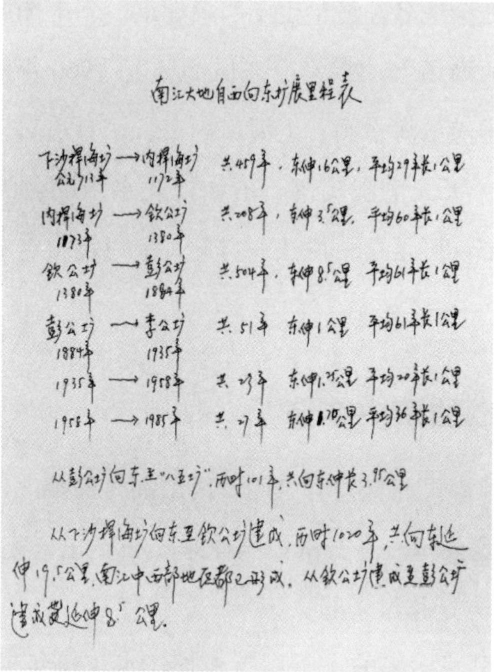

南汇大地自西向东扩展里程表

下沙捍海塘 公元713年	→ 内捍海塘 1172年	共459年，	东伸16公里，	平均29年长1公里
内捍海塘 1173年	→ 钦公塘 1380年	共208年，	东伸3.5公里，	平均60年长1公里
钦公塘 1380年	→ 彭公塘 1884年	共504年，	东伸8.5公里	平均61年长1公里
彭公塘 1884年	→ 李公塘 1935年	共51年	东伸1公里	平均61年长1公里
1935年	→ 1958年	共23年	东伸1.25公里	平均20年长1公里
1958年	→ 1985年	共27年	东伸0.70公里	平均36年长1公里

从彭公塘向东至"八五塘"，历时101年，共向东伸长3.95公里

从下沙捍海塘向东至钦公塘建成，历时1020年，共向东延伸19.5公里，南汇中西部地区都已形成。从钦公塘建成至彭公塘建成共延伸8.5公里。

冯秉锐手制《南汇大地自西向东扩展里程表》

由于泥沙冲击，南汇土地面积又不断向外扩展。明洪武十九年（1386年）至清光绪三十一年（1905年）500多年间，南汇东南陆岸线向东推进了8.5千米，向南长出16千米。其间，南汇嘴不断向东南方向延伸。1935年，大陆岸线移至袁公塘。20世纪30年代，大陆岸线又东扩0.75千米，南扩2千米，先后形成"汇角嘴""塘角嘴"，实际上的南汇嘴已延伸至此。

1935年后，由于长江、钱塘江和海流的变化，南汇大地向南伸涨减慢。20世纪40—60年代，平均向外淤涨1142米，而20世纪60年代开始，东滩淤涨迅速。至2000年，向东涨出3416米。此后东滩促淤围垦加快，形成大片滩地。2004年，临港新城在上海陆域最东南端崛起，围海成陆的下点，成为长江三角洲冲积平原最东南的尖角，是真正意义上的"南汇嘴"。2004年8月5日，南汇嘴主题公园破土动工，2006年3月26日，公园建成并正式对外开放。公园总面积1.82万平方米，中心是建于南汇围海成陆的下点，即南汇嘴坐标点。

三、芦潮港的移民历史

考察芦潮港的移民历史，有如下特点：一是自然地理条件和其他农村不同，居民都按地域分散居住；二是人口来源不同，不同地域迁入的人群都集聚成村落，如“江北埭”“江阴厂”“徐家宅”等村落。

从清雍正四年（1726 年）南汇建县到南汇区并入浦东新区，共 283 年。芦潮港的历史更短。芦潮港 150 年前还是汪洋大海，无所谓原始居民。根据先成陆后筑塘的原则，清光绪十年（1884 年）筑彭公塘，塘外开始有少量渔民活动，但没有定居者。1884 年，修筑彭公塘后，芦潮港才逐步有人定居，这些人都是移民。1934 年，李公塘筑成，两塘之间被称为夹塘地区，人口开始增长但数量不多。新中国成立后，芦潮港人口逐步增长，至 2000 年第五次人口普查，境内人口已升至 14101 人，2008 年又达 16452 人，6749 户。至 2014 年撤镇，基本保持在 16500 人左右。

（一）芦潮港最早的人口群体

清末至民国期间，随着芦潮港海塘东扩，滩涂延伸，许多大地主、大富翁以大团为基地，买下并占有大批滩涂荡田，招募外地穷人来垦殖海滩，这就是芦潮港最初的人口迁入。其中，江阴厂、徐家宅、江北埭三个小地名见证了芦潮港人口的迁入，不断增长的历史。

民国初，江苏地区的江阴遭受大灾，农民失地破产，其间有数十人的破产农民逃荒到芦潮港，受地主雇佣，在原外中村 7、8、13 组地界搭简陋的棚屋（江阴人称“厂”）繁衍生息。1940 年，国民党政府实行保甲制时进行户口登记，因该地居住人家大多由江阴迁来，于是每户人家的门牌上都打上“江阴厂”的字样。从此，该地被称为“江阴厂”。江阴厂居民繁衍生息，至 2006 年拆迁时，江阴厂已有居民 212 户，731 人。

1912 年，启东破产农民徐志香一家五口逃荒到今天的芦潮港，租种马厂地主沈曲背的塘田，定居于今外中村。经历百年发展，2014 年，中外村徐氏家族已有 40 多户，120 多人，成为外中村有名的徐家宅，其后人多有成就。

1944—1948 年，川沙六团破产农民 13 户，30 余人；江苏吕泗、盐城、启东、海门、崇明等地农民 27 户 83 人逃荒到今芦港村 1、2 组境内，租种地主的荡田，这些人群中多数来自江北，定居后乡音难改，久而久之人称江北埭。至 2005 年拆迁时，已有 130 户，326 人。这些移民主要来自江苏涟水、盐城、启东、海门、崇明等地，当地人把启东、海门等地称为"沙上"，在芦潮港定居后自称"大沙人"，又称沙上人、客邦人。

此外，当时芦潮港还招来彭公塘以西、钦公塘等地的贫苦农民和川沙六团的人口，其数量仅次于"大沙人"，这些人群自视为南汇地区人，定居芦潮港后，称为"本地人"。其实这些人中很大一部分是下沙盐场的盐民后代。"大沙人"和"本地人"是芦潮港发展初期最基本的人口构成，也就是最早的移民。至解放前夕，芦潮港先后迁入 315 户，1441 人。

（二）芦潮港辖境外的人口迁入

1958 年 12 月，南汇县划归上海市管辖，并在芦潮港创办万亩果园。为培养果树管理技术人才，各类人才先后迁入芦潮港。1961 年，芦潮港因自办园艺中学，经县政府批准，招收周浦、新场、惠南、大团四大镇青年 34 人；1965 年又招收四大镇青年 30 余人。该群体后来大部分分散于芦潮港境内定居下来。

1966 年 5 月，万亩果园在人民塘外开垦第五工区，因缺乏劳动力，经南汇县政府批准，招收来自邻近 11 个公社（镇）的农户 198 户、594 人。1966 年，泥城公社在芦潮港南滩上创办远征大队，其人员都在泥城公社的人民大队、苏桥大队、塘角大队招募，举家迁居芦潮港共228户、536人。远征大队后改为远征村，划入芦潮港镇管辖，至1989年已有872人，2011年达到1107人。

20世纪80年代，原芦潮港港口小集镇开发建设启动，因人口少，经相关部门批准，在其他乡镇和奉贤招收居民1000余人，后留下650人集中于龙吟小区、水利新村等小集镇内。

1984年，芦潮港港口形成，成为全国重点渔港之一，又鉴于上海南大门港口的重要性，市、县两级32个相关机构常驻于此，管理人员数百，都由芦潮港镇外派驻。又有附近8个公社的外洋捕捞大队渔船40艘、渔民455人；外县作业渔船30艘、渔民166人常驻于港口。合计增加人口852人。

从1961—1984年，因经济发展需要而招募的外来人口达2844人。此外，20世纪40年代以前，变相的买卖婚姻，也迁入了不少人口。芦潮港属于远近闻名的“穷汇角”，不少穷人娶不起媳妇，于是他们通过中间人，用低价从浙江宁波、余姚以及江苏盐城等地买入穷苦人家的姑娘成婚。新中国成立后，汇角一带出现的“宁波埭”“余姚村”就有近百人之多，而当时的芦潮港就是“汇角”的一部分，所以有不少来自浙江宁波、余姚以及江苏盐城的移民。

（三）知识青年和外地民工

1968年4月后，芦潮港境内接纳上山下乡知青502人，数年后大部分回城，只留下40余人。1980年改革开放后，大批外地民工涌入芦潮港，主要集中在庙港、外中、征海、远征四村和果园、芦潮港两个小集镇中。其中4个村合计有外来民工1152人，主要从事建筑、商贸、运输、农副业等行业。这些民工主要来自浙江、安徽、四川等省。至2001年，芦潮港境内外来民工已达1500多人。2014年后，已有不少民工买房入住境内，成为芦潮港常住居民。

据 2001 年统计，有据可查迁入芦潮港的人口，不包括其生育的后代，已达 3433 人。其中，“大沙人”和“本地人”1441 人，因发展经济吸收外来人口 1844 人，其他 148 人。

冯秉锐参与编辑的部分著作

芦潮港的海防变迁

顾建忠

口述人简介

顾建忠，1964 年 7 月生，芦潮港人。1983 年 10 月，参加中国人民解放军，1987 年 12 月退伍。1988 年 8 月—2005 年 9 月，任南汇县果园乡武装部干事、南汇县芦潮港镇武装部副部长。2005 年 10 月—2020 年 5 月，任芦潮港镇安全生产监察队队长、南汇新城镇安全生产监察队队长。2020 年 6 月—2024 年 7 月，任南汇新城镇城市运行管理中心常务副主任。

口述：顾建忠

时间：2024年5月31日下午

地点：上海市浦东新区南汇新城镇芦潮港社区

采访与整理：上海海事大学马克思主义学院苏月秋、吴永斌、吴淑瑶、谢丹慧

我叫顾建忠，1998年8月—2005年10月，我在芦潮港武装部工作。我按照历史时间脉络，分别从第一阶段新中国成立初期到改革开放前，第二阶段改革开放后到芦潮港开发前，第三个阶段芦潮港开发后至今的三个时期，分别回顾芦潮港海防建设的情况，重点谈谈各个时期芦潮港海防变迁的情况。

一、新中国成立后至改革开放前的芦潮港海防建设

芦潮港位于我国东南沿海地区，处在国防尤其是海防的前沿阵地，战略位置十分重要。1949年4月，芦潮港解放前夕，解放军从现在的六团登陆，一直打到周浦，然后再进攻芦潮港。芦潮港一带的国民党部队以今天的人民塘为防御战线，试图抵挡解放军的进攻。1949年5月27日上海解放，盘踞在芦潮港的国民党军队听到消息，仓皇逃走，芦潮港取得全面解放。

新中国成立前，芦潮港海上盘踞的敌对势力除国民党外，还有海匪、海霸等地方势力也比较猖獗。这些海匪、海霸一部分是芦潮港本地人，也有一部分是外地人。尤其是芦潮港有个叫汇角的地方，由于生活较为贫困，不少人以抢劫为生，被称为汇角强盗。如果货船在芦潮港海滩搁浅了，就会有遭受海匪抢劫的危险。新中国成立后，盘踞在嵊泗、大小洋

山等沿海岛屿的国民党把芦潮港的大海匪“王邦眉”“张二洛”等人收编，两股势力纠结在一起，经常骚扰渔民，对当地人民正常的生产生活造成很大的影响。

1949 年，人民解放军对盘踞在芦潮港的海匪、海霸进行打击清除。芦潮港海匪、海霸看到解放军有大炮之类的重型武器，吓得马上投降。解放军清除海匪、海霸的势力之后，还有不少国民党特务会从海港登陆进行敌对活动，所以解放军部队在芦潮港、庙港等重要港口设置海防哨所，加强驻军防守。

新中国成立后，芦潮港成为海防前线、战略要地。1955 年，庙港、芦潮港各驻扎了上海警备区的守备部队。1960 年，台湾国民党叫嚣反攻大陆，解放军部队为了防御做好充分准备。部队在芦潮港塘下公路修筑了四个可以放火炮的工事，两个工事之间还有一个弹药库。后来，这些工事由芦潮港武装部进行管理。

新中国成立初期，芦潮港的海港防御工作是由部队和民兵共同承担。芦潮港于汇茂乡成立时就设立民兵组织机构。机构分两套，即基干民兵连和民兵大队。民兵连属于武装基干编制，乡设连，村设排。民兵大队属普通民兵，乡设大队部，村设分队。民兵连、民兵排都受上级民兵武装机构管辖。解放初期，凡年满 18—45 周岁的男女青壮年都可参加民兵组织。1957 年，民兵连、民兵大队合并，称民兵连。1958 年，泥城公社成立民兵团。团下编制为营，果园场部为一个营，营长为方永祥。1959 年，撤销民兵团建制，把团改成营，果园同时撤销营，在 4 个工区成立 4 个连。“文化大革命”期间，南汇县成立民兵师，公社成立民兵团。果园公社成立时，同时成立民兵团和公社武装部。地区人民武装部负责民兵的组织建设、预备役的登记管理、军事训练和平时常规的放哨、巡逻。武装部长兼民兵团长。生产队成立民兵排，各营都有基干民兵和普通民兵连编制。民兵是配有实枪实弹的。

新中国成立前，群众不愿替国民党政府做炮灰，故造成兵源奇缺。到后来，国民党政府不得不采取抓壮丁的办法来扩军，当时常到汇角地区来抽壮丁。为逃壮丁，当地不少人曾离乡背井，去外地躲避。新中国成立后，群众认识到参加中国人民解放军是为了保卫祖国，是公民的职责与义务，因此每年征兵一开始，适龄青年都踊跃报名，纷纷要求应征入伍，有不少芦潮港籍士兵为保家卫国建立功勋。

二、改革开放后至芦潮港开发前的海防建设

改革开放以后，芦潮港的海防建设进入新的发展阶段。20 世纪 70 年代，中国人民解放军在芦潮港设置的海防哨所叫中港哨所，就在今天上海电力大学临港校区，即南汇新城镇沪城环路 151 号附近。芦潮港中港哨所配有机枪、冲锋枪、步枪及子弹。我在武装部工作时曾承担武器保管工作。中港哨所建立后，果园公社民兵形成严格的轮流执勤制度。

芦潮港镇人民武装部也是海防的主要力量，芦潮港镇武装部的前身为果园公社武装部，成立于 1966 年。武装部由国防动员、经济动员、人民防空、交通战备 4 个办公室组成。1966 年以来，武装部先后由方永祥、陈龙官、徐士忠、俞银贵担任部长、副部长。1978 年 3 月，南汇县重新将民兵师建制改为团建制，公社民兵建制改为营，设正、副营长，由武装部干部担任。1984 年，全乡民兵有 7 个混编连，3 个基干独立班。1984—2001 年，果园乡、芦潮港镇武装部长、副部长先后由邵来祥、周卧龙、王祥平和我来担任。历年来，武装部和民兵协助部队进行芦潮港的海上防御工作，并完成战备训练任务。

芦潮港武装部的工作主要分为四个方面。一是每年一度的征兵工作。原先是冬季征兵，从每年的 10 月份开始，到 12 月底结束。后来又有一部

分调整，改成春季征兵，每年 3、4 月份开始，到 6 月底结束。我在武装部工作的 17 年时间，为部队输送了 80 名左右的合格兵源。二是每年一次的民兵整组。民兵编入民兵组织的年龄基本上是 18—28 岁。如果通过参加过民兵训练，而且政治合格、训练成绩较好的人员就编入到基干民兵。如果超过 35 岁，还没有经过民兵训练的人员就被编入到普通民兵。当时的果园乡一些示范企业示范工厂，还有村委会都成立了民兵组织——民兵连。武装部每年会将年龄超龄的，或者政治、训练不合格的人员进行整组。三是完成南汇县武装部下达的民兵训练任务。每年民兵的训练人数、训练时间和内容由县武装部规定。1993 年，南汇组建上海预备役高炮连。其中芦潮港预备役编了一个侦察班，组织 10 名战士训练，其中合格的战士就编入到上海预备役高炮连里。四是由于芦潮港靠近沿海，地方比较特殊，除了具备陆海空、边防武警多个军种驻扎外，还需武装部组织民兵进行协助守备。

我再谈谈芦潮港的兵役制度。1954 年以前，芦潮港实施为志愿兵役制，以后改为义务兵役制。果园乡从新中国成立到 1984 年，服兵役总人数为 335 人。1985—2001 年，芦潮港镇向人民解放军、武警等各部队选送合格兵员 77 人。民兵工作得到进一步重视和加强。1985 年，镇（乡）编有基干民兵营，设基干民兵连 10 个，基干民兵共 100 人，设民兵应急分队共 20 人，有普通民兵 524 人。[1] 民兵在保卫国家安全、维护地方治安、社会主义现代化建设、抗灾救灾及应对各种突发事件中，发挥着重要的作用。

三、芦潮港开发后的海防建设

2000 年之后，芦潮港进入大开发时期。新时代以来，在习近平强军

1 《芦潮港志》编纂委员会：《芦潮港志》，方志出版社 2003 年版，第 103 页。

思想指引下，芦潮港的海防建设有了新的时代重任，就是为上海自贸试验区临港新片区和上海国际航运中心洋山深水港建设保驾护航。

此外，芦潮港还具有优良的青少年国防教育培训传统。1996 年 8 月，芦潮港武装部与秋萍学校共同建立了上海市少年军校。至 2001 年，少年军校已成为芦潮港镇国防教育的重要课堂，军民共建的重要基地，是芦潮港镇青少年学习军事知识、接受爱国主义教育的一个重要阵地。每年小升初的暑期，芦潮港少年军校一般会开展为期 4—5 天的中小学生军训。首届学员为芦潮港中学的 50 名初二学生。第二届从 1997 年 8 月起，学员为芦潮港中学的初一新生，人数在 200 人左右。至 2001 年，少年军校已开办五届，受训学员 900 余人。第一、二届少年军校开办时，经费由芦潮港镇人民政府和部分单位提供，用于购置军服、学员膳食及其他相关器材。从第三届起，膳食等费用由学员自行负担。少年军校训练宗旨为：继承传统、爱我中华、勤学苦练、积极参训、严明纪律、砥砺意志、树立理想、增长才干。教员由学校老师、镇武装部人员、驻军指战员担任，训练内容主要有队列、野营拉练、兵器常识、政治学习等，还组织少年军校队员到滨海射击靶场进行实弹射击。实弹射击用小口径步枪代替，每个学员三发子弹。

2000 年以后，由于上海国际航运中心洋山深水港区的建设，芦潮港海防又多了一项保护深水港的责任。展望芦潮港海防建设的未来发展，随着国家对芦潮港发展的重视，相信芦潮港海防建设将会呈现高科技、智能化、绿色化的发展趋势。

第二章　芦潮港的红色历史文化

芦潮港承载着厚重且激昂的红色历史文化，它是芦潮港人民在历史长河中英勇抗争、不懈奋斗的深刻见证。回溯往昔，以周大根为代表的芦潮港人民为追求民族独立与人民解放，毅然投身革命斗争。他们以坚定的信念、无畏的勇气，在枪林弹雨中冲锋，在艰难困境中坚守，铸就了不朽的革命丰碑。为了纪念烈士，芦潮港创立了“秋萍小学”。学校几经变迁，已发展成九年一贯制的“秋萍学校”。汇角党支部的发展，是芦潮港红色历史中熠熠生辉的一条脉络。在艰苦卓绝的环境下，汇角党支部应运而生，如星星之火，逐渐形成燎原之势。它凝聚群众，带领芦潮港人民在困境中突围，在曲折中前行。芦潮港的红色历史文化，是一部交织着英勇抗争、坚定信念的历史。它激励着我们传承红色基因，从先辈的奋斗历程中汲取力量，创造新时代芦潮港的辉煌。

芦潮港人民革命斗争的不朽丰碑

施 斌

口述人简介

施斌，1949年生，秋萍学校退休教师，《芦潮港志》编写人员，原芦潮港镇教办主任，现临港新片区理论宣讲员，文明实践项目“百姓讲堂”主要负责人。

口述：施斌

时间：2024 年 6 月 25 日上午

地点：上海市浦东新区南汇新城镇果园居委会

采访与整理：上海海事大学马克思主义学院李秀芳、刘泽、任仰昊

我叫施斌，祖上是从江苏启东来到芦潮港的，而我本人于 1949 年出生在芦潮港这片土地上。今天和上海海事大学的师生一起，重温临港地区革命斗争史，内心十分激动。我真正接触这些史料是从 2002 年开始的。当时，我在镇里担任教办主任，南汇县委史志办下达一个任务——盛世修志，就是要编《芦潮港志》。当时大家都不懂，因为我在教委工作，镇里就把这个任务交给我了。我们先到南汇县委史志办培训，学习条目如何列、材料如何收集、志书如何编写。当时，我也学得比较快，很快就着手开始编了。《芦潮港志》编好以后，我还去培训其他乡镇的编志人员，传

施斌参与编撰的《芦潮港志》

施斌参与编撰的
《南汇新城镇　芦潮港·村志》

授经验，给他们讲课。后来我们觉得，虽然经过培训，但我们对这方面的业务并不是太熟悉，往往是比着葫芦画瓢。因此，相对来说，《芦潮港志》还是比较单薄的。

2015 年，我们编《南汇新城镇　芦潮港·村志》的时候，感觉就有一些经验了。我们力求把当时不足的部分补上。所以你看我们的村志很厚，体量挺大，内容也比较全，一定程度上，编写村志是一个补偿的行为，编的时候有一种补偿的心态。

在编写镇志和村志的过程中，我深深感觉到，挖掘好、宣传好临港新片区的红色历史，以大家喜闻乐见的形式讲好党史故事，以身边事教育身边人，能让我们牢记今天的幸福生活是无数革命先烈用鲜血和生命换来的，牢记中国共产党的伟大，从而激发党员、群众为临港发展作贡献的内在动力，不忘初心、牢记使命，置身临港，服务临港，在不同的岗位上为临港的腾飞添砖加瓦。

临港这座从海滩上长出来的新城，不仅有着辉煌的今天，也曾是一块红色革命的热土。今天，我想选取三个革命故事来讲述芦潮港地区革命斗争史。

一、临港地区革命薪火传播者周大根

1906 年，周大根出生于大团镇南面的周家宅。周大根的幼年时代，正值国难当头，祖国和人民在灾难和屈辱中挣扎。那时候，帝国主义列强入侵，清王朝腐败，军阀割据混战，中华民族面临着巨大的灾难。

周大根 6 岁入私塾，8 岁进南汇县第六高等小学[1]，小学毕业后，他随父母迁居南汇泥城。也是在这个时候，他考入大团中学继续学业。周大

1　即上海市浦东新区大团镇小学。

根是中国共产党在南汇最早的县委书记，他走上革命道路，成长为人民的英雄，是与学生时代密切相关的。在中学时代，他开始接触新思想，在进步教师的指引下，逐步走上了革命道路。在他的同学中，后来成为革命者的有赵天鹏、姜文奎、姜文光、赵振麟、郭君毅、吴建功等人。

周大根烈士

1924 年，周大根进入上海大学社会学系学习，并取学名“周秋萍”。林均是他最要好的同班同学。与黄埔军校一样，上海大学也是国共合作创办的一所大学，孙中山是名誉校长，瞿秋白是社会学系主任。李大钊推荐的共产党人邓中夏、沈雁冰、恽代英、蔡和森、萧楚女等都在该校任教，播撒革命的火种。此时，林钧早是共产党员了。周大根追随林钧，积极参加斗争，在斗争中经受锻炼。在火热的斗争中，他接受了共产主义思想，毅然加入了中国共产党，成为我们芦潮港地区第一束革命薪火的传播者。

1925 年 5 月，震惊全国的五卅惨案爆发，上海南京路上一片血雨腥风。周大根参加了五卅运动，这使他既看到了帝国主义的残暴，也看到了民众的力量和中国的希望。他决心投笔从戎，献身国家，立志为改变民族命运做一个铮铮铁汉。于是，他联络了志趣相投的赵天鹏、赵振麟、宋益三、郭君毅 4 个小学同学，经林钧介绍，决定去报考中央军事政治学校武汉分校[1]。1926 年 9—10 月，他们五人一同考入了武汉分校继续读书。[2] 周大根考入军校后，刻苦学习，政治、军事样样科目成绩优异，为他日后在党的领导下组建抗日武装、开展游击战打下了重要的军事基础。

1 即黄埔军校武汉分校。
2 此举被称为“五丁凿路”。

1927年，蒋介石发动四一二反革命政变，共产党人的鲜血染红了黄浦江。不久，武汉发生了“七一五”反革命政变。反革命大屠杀前，中央军校武汉分校的指挥权已被汪精卫的爪牙夺去，军校内的许多共产党员被秘密逮捕杀害。此时此刻，周大根决定去南昌找党组织。在南昌，周大根参加了南昌起义。

南昌起义失败后，周大根和部队失散。他化装成老百姓，辗转千里，才回到家乡浦东，并根据党组织的指示，在泥城崇文小学[1]以教师职业为掩护，开展农民运动，从事党的地下工作。1928年8月，浦东地下党在南汇已有三个地下党支部的基础上，组建了中共南汇县委员会，周大根被任命为书记，因而是南汇历史上第一任中共南汇县委书记。

1930年2月的一天傍晚，林钧和周大根、宋益三等从沿海盐民区进行秘密工作后返沪，途经南汇周浦镇时，突遭国民党保安人员的截捕，当即被押到南汇县署，然后被解到上海淞沪警备司令部，又送到漕河泾第二监狱，再送苏州军人监狱，最后被解至南京中央军人监狱。他们受尽了各种酷刑的折磨，过着非人的囚徒生活，但他们始终坚定信念，不忘初心，抱着革命乐观主义态度，与敌人开展斗争。

四年的牢狱生活，没有消磨革命者的意志，相反，更坚定了他们必胜的信心，也更加深了林钧和周大根两人之间的友谊。1934年，由于党组织和家属的营救，加上林钧在上海大学的老师邵力子的保释，林钧、周大根、宋益三才脱离了牢狱。出狱后，党组织安排其在浦西宝山、嘉定地区领导开展地下斗争革命工作。此后，周大根回到家乡领导革命斗争，直至1938年12月牺牲。

在牺牲前，周大根已经有了三个儿子：大儿子周旋、二儿子周到和小

1　即今上海市浦东新区泥城小学。

儿子周文玄[1]。在父亲的影响下，周旋、周到兄弟俩均参加了革命，周旋在南昌工作，周到在南汇工作，周文玄也在新中国成立后读书进了工厂，他们日后都成为党的干部。周到夫妇育有三子一女：大儿子周卫国、二儿子周超英、三儿子周亚南、女儿周士娟。周亚南曾在浦东新区科技和经济委员会组织人事处和装备产业处工作，退休后担任南汇区及浦东新区新四军历史研究会会长。他利用业余时间，协助父亲撰写纪念文章，宣传我党的革命史，以实际行动传承红色基因，赓续红色血脉。周文玄的儿子周亚军曾任上海市人民政府外事办副主任、市政府港澳事务办副主任，现任上海市黄埔军校同学会会长，为传承和发扬爱国、革命的黄埔精神、促进团结合作、扩大两岸交流与合作而努力。

今天，为了继承和发扬周大根的革命精神，以周大根的名字命名的秋萍学校，建立了“周大根烈士事迹陈列室”。位于泥城镇的“红色泥城主题馆”，也在宣传着周大根的感人事迹。我经常在临港新片区的各个居委会上课，很多外地人也很爱听我们芦潮港的革命故事。

二、泥城暴动的发源地“穷汇角”

临港新城地处东南沿海，东临东海，南依杭州湾外口。200 年前，这里还是一片汪洋大海。到 1883 年，南汇钦公塘外的滩涂湿地已向外淤涨了 10 多千米，围塘造田的条件成熟，南汇县政府决定选址筑新塘。新塘北起川沙白龙江，南至泥城芦潮港，取名彭公塘，彭公塘的修筑标志着芦潮港地区陆域形成。彭公塘筑成后，不断有逃荒的难民前来开垦。迁入

1 周旋原名周文龙，周到原名周文虎。周大根在国民党监狱中写信回家，让两个儿子把名字改为周旋、周到。此中深意，两个儿子并不知情。参见《薪火相传　家风浩荡——首任中共南汇县委书记和他的后人们》，《新华每日电讯》2023 年 7 月 3 日。

的难民在涨滩的芦苇塘内垦殖求生，每年缴清佃租后，所剩无几，一遇荒年，农民处境就非常艰难。为了活命，他们也去海滩晒盐。以晒盐为生的盐民又深受官府和盐霸的残酷剥削，农民、盐民对反动官府和地主盐霸切齿痛恨。哪里有压迫，哪里就有反抗，仇恨的怒火如干柴烈火，一点火星就会燃起熊熊大火。

1928—1931 年，中共南汇县委设两个大区，一个是新场区委，一个是 1929 年成立的大团区委。大团区委下辖七个支部，泥城支部由县委委员沈千祥、姜杰领导并主持工作。1930 年 7 月，中共江苏省委派巡视员黄理文到南汇县调研党建工作和农民、盐民运动的开展情况。通过调研，黄理文认为泥城党的力量较强，群众基础很好，决定在泥城发动武装暴动，成立泥城苏维埃政府和工农红军。

1930 年 8 月 9 日晚 9 时左右，彭公塘塘脚下已聚集了近千人，由沈千祥向群众作了简短的动员，黄理文以中共江苏省委巡视员的身份向群众讲话传达中共江苏省委在泥城发动农民武装暴动的决定。暴动群众分成两个大队，在沈千祥、黄理文率领下，按计划向小泐港盐廒进军。暴动队伍奋勇地冲了盐廒，驻守盐廒的 30 多名警察携枪狼狈逃走，暴动队伍缴获两箱子弹，烧毁盐廒。这时已近半夜，沈千祥、黄理文率领暴动群众奔袭横港的泥城警察分局。该局有一正房、两厢房，围墙高，大门牢固。暴动队伍到达时，敌人并无准备，宋根生、顾亚光、姜文奎等人越墙而入，接着，暴动队伍破门而入，激战了半个小时，打死敌人 7 人，俘敌 1 人，剩下的敌人仓皇逃出，缴获长短枪 10 余支，银圆与纸币 600 多元。接着，暴动队伍进军横港大地主朱心田家。朱家人已逃走，抓到一名账房先生，搜出朱家藏埋的 3 支短枪。同时将从朱家抄出来的钱、衣服、粮等物分给群众，烧了地主的田契、借据、账册。

1930 年 8 月 10 日上午召开群众大会，在朱心田庭院里临时设立了泥城暴动指挥部，在大门前升起了中国工农红军旗帜，宣布成立苏维埃临时政府，成立工农红军第二十二军（陶新畲为军长、黄理文为政治委员、吴仲超兼政治部主任）第一师（沈千祥任政委），并以苏维埃临时政府和红军司令部名义通知下午 1 时召开苏维埃会议，同时贴出许多红色布告。中午时分，抓到一名敌探。经审问，得知敌人已经准备派兵镇压，驻周浦镇的警备二师的两个团正在扑来。暴动指挥部据此立即决定，原定于下午召开的会议推迟，立即疏散群众，留下骨干和积极分子 100 多人，于下午 3 时许从朱心田家撤到海边。为了保存革命力量，经过研究，决定将暴动队伍暂时分散隐蔽，把武器埋藏起来。沈千祥、姜文奎、宋根生等分头赴上海向中共江苏省委汇报。

泥城农民暴动虽被敌人镇压下去，但它在南汇县这块土地上第一次升

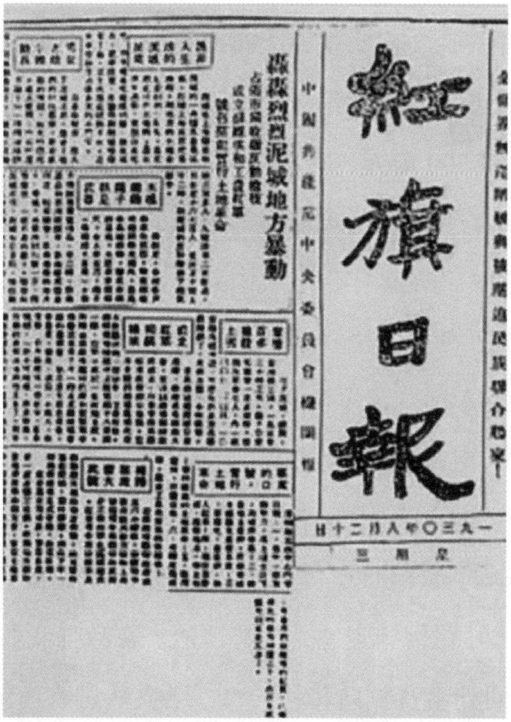

紅旗日報

中國共產黨中央委員會機關報

一九三〇年八月二十日

星期三

轟轟烈烈泥城地方暴動

中共中央机关报《红旗日报》报道泥城农民暴动

起革命红旗，是南汇县历史上的一次大事。当时的中共中央机关报《红旗日报》在头版头条以《轰轰烈烈　泥城地方暴动》为题，详细报道了暴动经过。芦潮港汇角地区作为泥城暴动的发源地载入史册。

三、打响浦东抗日第一枪的“汇角之战”

周大根在上海难民所和党接上了关系后，1938 年 1 月，受江苏省委派遣，回到浦东组织抗日武装。周大根回到家乡南汇县泥城。当时泥城已建立了“泥城人民保卫团”，保卫团领导人吴建功也是和党组织失去联系的中共党员。他与周大根同是泥城人，彼此相知，一拍即合，共谋如何发展抗日武装。周大根为了使发展抗日武装有个合法的地位，便通过关系取得“南汇县保卫团第二中队”的番号，就是我们熟知的“南汇保卫二中”。周大根任中队长，吴建功为中队副，郭君毅为参谋，姜文光为政训员。

由于保卫二中是一支高举抗日大旗、处处为民众着想、纪律优良的部队，因此，广大民众都自愿地把自己的子弟送到保卫二中当兵。仅半年时间，部队就发展到 200 多人，有重机枪 1 挺、轻机枪多挺，具有相当规模。部队主要活动在南汇县东部沿海，即当时的泥城、北横港、石皮泐、中横港等 5 个乡和汇角地区。保卫二中是中国共产党领导的浦东第一支抗日武装，它的壮大，使日军坐立不安，一心要消灭这支抗日队伍。

1938 年 12 月 13 日，日军调动数百兵力，从周浦、祝桥及奉贤的南桥等据点出发，向南汇东南部大举“扫荡”，沿途烧杀抢掠，无恶不作，但沿途的国民党“忠义救国军”却闻风而逃，给日军让出一条通道。16 日一早，日军出动两架飞机低空盘旋，协助侦察；海面上还出动了汽艇巡逻，堵住了保卫二中的海上退路，形势严峻。在敌强我弱的形势下，周大根指挥一支队向西朝奉贤方向转移，二、三支队进入海滩芦苇丛中隐蔽。10 时左右，天开始下雨，一部分日军返回向北。二支队战士以为日军全部北撤，开始活动，刚走出芦苇丛，被大批日军发现，北撤的日军也重新向南奔袭，保卫二中两个支队的战士在一条干沟中和敌人顽强拼搏。周大根组织队伍向西边打边撤，因海上有敌汽艇，刚跨过芦潮港，进入汇角 6 组地界，被多路日军包围。周大根组织战士们就地抗击敌人，战斗进行了 6 个小时，终因敌众我寡，除少部分向西突击撤离外，28 名战士壮烈牺牲，年仅 32 岁的中队长周大根也在此次战斗中为国捐躯。

汇角之战，打响了浦东抗战第一枪。周大根等 28 名中华健儿英勇地牺牲了，他们的英名永垂史册，他们为国献身的精神是后人的楷模。汇角之战后，10 月 24 日，上海《申报》以《南汇泥城一役　周部壮烈牺牲》为题作了报道。

南匯泥城一役
周部壯烈犧牲
遭日軍包圍彈盡援絕
周隊長及部下均殉國

此次日軍分路進攻浦東、發生劇烈戰爭、以泥城一役、最爲激烈、日軍由川沙到祝家橋、由祝家橋到南匯、由南匯到大團、除在祝橋遭保部抵抗二小時外、長驅直達大團、再分三路圍攻泥城、北路從外三灶攻來、中路由陳家店攻來、南路由彭琪廟進來、因此泥城周秋萍部、受三面包抄、因周部組織健全、爲日軍此次進攻之主要目標、（日人報紙、亦作此語、）當時日軍隊伍、約有六百多

年八月間鄉組織保衛團、執行抗戰衛民任務、終於本月（十二月）十六日晚、身中敵彈壯烈犧牲、年三十四歲、家內尚有老母寡妻、及四子。

星蹟撫鄉　此次日軍進犯浦東南匯各鎮、交戰最烈之處、爲祝家橋、魯家匯、及南邑泥城諸役、日方因地利上之劣勢、傷亡頗重、茲查泥城一役、抵抗者均爲人民自衛團、因此黨沿海華人、體幹强壯、驍勇善戰、予日

《申报》报道“汇角之战”，课题组摘自《申报》1938 年 10 月 24 日

其实，历史是很巧合的，泥城暴动的地点就是汇角之战的战场。为什么会这样？我想与这里的地理位置有关。这个地方外面是海，人烟稀少，在一个角上，很容易围攻。三面围攻后，就没地方跑。而这个地方面积又比较小，很容易被封锁住。

沧海桑田，从 1883 年修筑的彭公塘到 2000 年完工的世纪塘，修筑两

塘相距116年，它们之间的直线距离是10千米。116年间，海塘仅向东伸长1万米，平均每年向东伸长86.2米。就在这片海里长出来的红色的土地上，多少共产党员为之奋斗，抛洒热血！

在这块不起眼的滩涂湿地上，经过“港开、桥通、城兴”的200多年建设，一个美丽的、具有国际特色的海滨城市屹立滴水湖畔。它是一座智慧之城、生态之城、人文之城，更是产业高地、创新宝地、政策洼地、宜居福地。

展望未来，任重道远。在这块成陆只有百余年的红色热土上，新一轮腾飞的序幕已拉开。让我们牢记习近平总书记“学史明理、学史增信、学史崇德、学史力行”的重要讲话，坚持党的全面领导，不折不扣落实党中央决策部署，增强“四个意识”、坚定“四个自信”、坚决做到“两个维护”，以更强的思想自觉和更实的行动，敢担当、善作为，拿出不一样的精神状态，干出不一般的工作业绩。

汇角党支部发展的峥嵘岁月

汪金华

口述人简介

汪金华，1971年4月出生，现任南汇新城镇汇角村党支部书记、村委会主任，南汇新城镇党代表、镇人大代表。

口述：汪金华

时间：2024 年 7 月 11 日上午

地点：上海市浦东新区南汇新城镇汇角村委会

采访与整理：上海海事大学马克思主义学院李秀芳、任仰昊

我叫汪金华，出生于芦潮港汇角村，是土生土长的汇角村人。我是 1999 年进村“两委”的，当时主要负责计划生育、妇女、卫生等工作。后来，由于芦潮港地区的大开发，我们这里大规模动拆迁，村民变居民，村委会变居委会，我就离开了汇角村居委会。2021 年，南汇新城镇对村“两委”工作人员进行调整，我又回到汇角村做党支部书记、村委会主任。

汇角村是汇角战斗的发生地，是中国共产党南汇第一任县委书记周大根率领战士们与前来汇角的日军展开浴血奋战、打响浦东抗日第一枪的发生地，又是南汇土地上第一次升起革命红旗的地方，还是泥城暴动的发源地，汇角支部领导下的塘脚反霸斗争的策源地。今天，作为汇角村党支部书记，我想谈谈我所了解的汇角村党支部的发展历史。

一、汇角村党支部现状

汇角村位于芦潮港镇西南，是从海里长出来的年轻村落，又称“汇角嘴”，是南汇陆地不断向大海延伸过程中先后形成的四个沙角之一。[1] 目前，汇角村区域面积 0.3 平方千米，拥有未征土地 230 亩，全村户籍人口

1 这四个沙角分别为南汇嘴、老鸹嘴、塘角嘴、汇角嘴。参见《南汇新城镇芦潮港 · 村志》编纂委员会编：《南汇新城镇　芦潮港 · 村志》，方志出版社 2016 年版，第 425 页。

为 358 户，867 人，村民都已动迁安置居住其他小区，辖区常住人口和户数为零。2007 年，我们村有 6 个村民小组完成动拆迁工作。从 2010 年开始，到 2019 年，又完成后面 4 个村民小组的动拆迁工作。

这里就产生一个问题，既然所有村民小组都已经全部拆迁，没有居住的村民了，为什么汇角村在行政建制上还会存在？为什么还有村民的户籍留在汇角村呢？这是因为，2019 年最后一批拆迁工作完成的时候，虽然居民基本已经住在小区里了，但是仍有部分村民的产证还没有办出来，户口也不能迁到他们所居住的小区，因此，现在村子里还有 867 个人的户口没有迁走。867 人中，60 岁以上人口有 362 人。可见，有三分之一以上的人口是老年人。所以，我们村也算是老龄化比较严重的村子了。村民们平时有什么事情，都是以户籍所在地为准，来村里办理。现在，我们村的户籍是只进不出，以后没有房子的就迁不进来。若干年后，村子就会完全消失了。老人越来越少，年轻人在外面买房子，户籍也跟着迁出去。但是大家还是对汇角村有感情，也有很多人不想搬走。

我们汇角村和其他 4 个村子的拆迁安置是统一进行的，所以一个村落的居民可能不在同一个小区里，大家散布在周边的各个小区。但是，党支部和村委会对于每位村民的安置情况都很清楚，村民小组长经常帮忙摸查情况。较早拆迁的 6 个村民小组，有 200 多人。这 200 多人分为两个联络组，每 3 个小组有一个联络组长。后来拆迁的 4 个小组，每组都有一个小组长。这样，我们村就有 6 位小组长。以前，村民们通过农业、渔业维持生活，收入不高。现在，老年人每月能从政府领导 2500 元的退休金，所以村民变居民，大家都很乐意。我们党支部对老年人群体也十分关心，夏送清凉，冬送温暖，多去走访，多去慰问。对于低收入群体，我们都摸排清楚，尽量予以帮扶，让他们渡过难关。

汇角村党支部现在有党员 26 名，这 26 名党员分布在 4 个组。其他 6

个组拆迁得比较早，都已经搬出去了。当时镇里有要求，规定居住在哪里组织关系也要相应地迁到哪里。现在这26名都是后来动拆迁的4个组的党员。与村子里的人口老龄化趋势一样，26名党员的年龄也都偏大，最年长的都已经90多岁了。面对村里老龄化严重和重病、残疾患者等弱势群体比较多的情况，村“两委”积极组织结对帮扶工作，前前后后与航发商发公司党委、镇资产公司和中国农业银行芦潮港支行支部3个单位结对共建帮扶；平时日常生活中，我们也会帮助村民解决急难愁盼问题；逢年过节走访慰问困难家庭和弱势群体，送上党组织和政府的关怀和温暖。

二、新中国成立前的汇角党支部

提起汇角党支部的历史，就不得不提中共汇角地下党支部的建立。1944年2月，中共汇角地下党支部委员会建立。支部受中共东南区委领导，这一时期的地下党员有秦炳楼、陈民生、陈友富、施广祥、周雪章、袁祥林、黄选清、张根生、宋岳山、邵根祥等人，书记先后由秦炳楼、陈民生、陈友富、施广祥等担任。汇角地下党支部的主要任务是负责苏北与浙东的联络、文件发送、人员护送等工作。这里不得不提及苏北与浙东的联络问题。抗战全面爆发后，上海沦陷。1941年4月，浙东沦陷。日军控制沪杭甬铁路线和公路线，封锁杭州湾。浙东根据地要发展，就必须与浦东和苏北根据地密切联系起来。而杭州湾海上通道是我们党可以利用的唯一通道。作为杭州湾北端的芦潮港，自然而然地成为联络苏北和浙东根据地的重要支点。而汇角党支部的诞生，标志着中国共产党在汇角地区及东南沿海同恶霸、敌伪的斗争进入了一个新的阶段。

中共汇角地下党支部领导下的塘脚“二五减租”反霸斗争也由此开展。浦东地区反“清乡”斗争期间的“二五减租”是在1944年1月中共淞沪地委扩大会议后全面开展的。中共汇角地下党支部走村串巷，召开座谈会、村民大会，广泛宣传发动群众。贫下中农积极参加，会议经常开到深夜。群众情绪高涨，对革命真理百听不厌。宣传革命形势，全民族抗战即将胜利，八路军新四军的战绩，特别是讲浦东反“清乡”斗争的胜利；宣传“二五减租”的政策，号召大家破除迷信思想，打破一切顾虑，坚决团结起来，投入“二五减租”运动，开展反恶霸、反饥饿斗争。

在新中国成立前，芦潮港汇角地区的土地多数由大地主霸占，农民把土地开垦成功种上庄稼后，他们再从中进行收租、盘剥。1884年，在芦潮港与泥城交界处果园砖瓦厂向北的南果公路段修筑了一条彭公塘。塘脚下有不少芦苇和杂草丛生的零星生地，归松江育婴堂所有，这些零星土地就是“塘脚地”。为了活命，附近穷苦农民和逃荒者到此开垦种植。这些本是“谁垦归谁、不纳租税、活人可居、死人可葬”的荒地穷坡，松江育婴堂征收的一些地税也十分低微。

然而在1944年春，这个地方被千祥村地主陈月英相中，他买通官府，倚仗权势，不择手段，将塘脚地窃为己有，向开垦种植者暴征地租粮税。广大农民极为愤懑。为维护贫苦农民利益，中共东南区委书记沈肖方和中共汇角党支部书记秦炳楼、中共党员宋岳山、黄显清、张根生、袁祥林等发动农民中的骨干分子，成立秘密组织，与地主斗争。这年的秋天，组织居住在塘脚地的100多户农民300余人聚集到设在横港的泥城乡乡公所，以商讨粮税事宜为名，要乡长将陈月英唤到乡公所。陈月英一到乡公所，被群众团团围住，要他退还地租，而且今后不再收租。陈月英自恃势大财粗，面对广大群众，不屑一顾，反倒责问站在面前的宋岳山：“谁叫你们来的？”宋岳山不能暴露中共地下党员的身份，不予回答。陈月英又责问站在他身旁的熟人袁祥林：“你又不种我的地来干什么？”“我在种别人的田，就不能来吗？”陈月英一拍桌子，便开始辱骂、训斥农民。

面对气焰十分嚣张的陈月英，千祥村的沈肖方站了出来，把帽子往桌上一放。陈月英问："你是谁？姓啥？""姓沈，是你的邻居。""哦，是千祥先生的公子吗？"沈肖方公开了自己的身份："不错！我是新四军搞民运的，沿海一带有不合理的事，我都要管。"

接着，沈肖方揭露了陈月英串通官府、强占公田及敲诈勒索的罪行。陈月英理屈词穷，他保证不再征收地租，并当场在秦炳楼拟就的字据上签字画押。参加斗争的群众要求陈月英保证不能对农民们进行打击报复，否则将把他家的房子全部烧掉。陈月英不得不一口答应。

汇角塘脚反霸斗争的胜利，维护了贫苦农民的土地利益，农民们无不欢欣鼓舞，村党支部凝聚力、战斗力不断彰显和增强，新四军的威名在汇角地区更加光大，谱写了上海郊县抗日、反霸斗争史上的新篇章。汇角地下党支部活动一直坚持到 1949 年 5 月 27 日上海解放。汇角塘脚反霸斗争的故事在我们汇角村口口相传，流传至今。

三、新中国成立后汇角村党支部的沿革

在党和政府的倡导下，1952 年起汇角村先后成立互助组、初级社、高级社，1957 年撤区并乡，建立高级农业生产合作社。1958 年建立果园人民公社时，汇角村改名为"红旗大队"。1959 年划归果园园艺场，改称"四工区"，同年 3 月设"四工区党支部"。1984 年撤社建乡后又改称"汇角村"。

汇角村村民以农为主，1984 年实行家庭联产承包责任制时，汇角村原有村民小组 15 个。1989 年，1、2、13 组划归芦潮港村。1997 年，10、11 组划归果园居委会。到 2001 年，汇角村有村民小组 10 个，以种植桃树、橘子树等为主。1995—2001 年汇角村党支部连续 7 年被评为芦潮港镇先进党支部，1999 年被评为南汇县农村先进党支部。

汇角村的动拆迁，是从 2003 年 10 月开始的。到 2019 年 12 月底，全

村全面完成10个组的动迁工作。目前，还有230亩左右的土地没有被征用。其中，耕地面积130亩，土地减量化40亩，非耕地60亩。这里的土地减量化，指的是：低效、闲置工业用地等建设用地通过拆除复垦等工作，恢复为耕地、林地等农用地。在这个过程中，2015年，12、15组村民由于距离危险品仓库近，从安全考虑，实行减量化动迁。土地清缴后，村民要求解决撤村、撤队费，在基本符合条件情况下，由南汇新城镇托底，于2016年底提前解决12、15组撤队费及全村的撤村费。

自1959年3月—2021年，汇角村党支部共换届17次，产生17届党支部委员会。目前汇角村党支部在临港新片区党工委临委会、南汇新城镇党委和政府、芦潮港社区党委正确领导下，结合我们本村的实际，围绕民生等中心工作，团结和带领全村党员干部群众，积极稳妥地推进和发展其他各项工作，并取得实效。

四、新时代汇角党支部打造"红色汇角"品牌

刚才我们谈到，汇角村的红色历史资源：汇角村是中共南汇县委地下组织秘密"联络地"，也是"打响浦东抗日第一枪"——汇角之斗发生地；同时，还是南汇土地上第一次升起革命红旗——"泥城暴动"发源地和塘脚"二五减租"反霸斗争策源地。村里年纪较长的村民谈起这些来，都有一种特别的情怀。

为了留住村里的文脉与乡愁，唤起村民们对村历史的深情回忆，也为了凝聚人心，以史育人，我们专门建立"红色汇角"专项工作推进小组，积极打造属于我们村的"红色汇角"党建品牌。我们将"传承红色基因，延续汇角情缘"作为开展工作的归宿点，弘扬先辈精神，赓续红色血脉。在宣传汇角红色文化的过程中，我们利用现有的红色文化资源，举办各种形式的活动。比如，村党支部邀请南汇新城镇宣讲团成员上党课，讲述

“重温临港地区革命斗争史，以史励志，继往开来”。这样的党课勾起了一些老党员、老同志对往事的回忆，也使大家对汇角革命史有了更深刻的了解，能够以史明智，锤炼初心。

我们结合村子的具体实际，与浦东新区新四军历史研究会签订建立“汇角红色基因联系点”协议。我们派人参加浦东新区党史办举办的“汇角战斗”85 周年座谈会，开阔大家的眼界，提高大家的感悟。组织党员参观祭扫红色泥城主题馆，表达对英烈们的崇高敬意和深切怀念。我们虽然没有办法去经历先辈们所经历的事情，但是可以通过新形式，重温发生在我们家乡的革命故事，缅怀先烈坚韧不屈、无私奉献的伟大精神。

近年来，村党支部很重视“红色汇角陈列室”建设，通过收集和整理实物、实景、实例、实事等载体，在传统展陈风格基础上尽量做到图文并茂，目的就是希望芦潮港人民（特别是汇角村村民）能够记住乡愁、留住乡思，更希望可以作为新临港人不忘初心、传承历史的精神家园，成为红色历史纪念场所，存史后人，以史育人。我们特邀浦东新四军研究会专家亲临现场，在陈列室布局策划设置、历史资料的收集整理等方面给

2024 年 6 月 20 日揭牌的“红色汇角陈列室”

情景剧《汇角支部领导下的塘脚反霸斗争》演出场景

予指导。"红色汇角陈列室"于2024年6月20日揭牌启动，分"热血铸英魂　英名永传""打响浦东抗日战争第一枪——汇角战斗""泥城暴动发源地——穷汇角""汇角支部领导下的塘脚反霸斗争""汇角历史篇"五个篇章。我们凭借自身丰富的历史文物、详细的文史资料和多样的表现方法，生动记载和展示着感人的革命历史，为我们缅怀革命先辈，赓续红色基因拓展了新的空间，也为红色基因传承增添了新的亮点、注入了新的内涵。

同时，汇角村党支部以真实的历史事件为背景，原创情景剧《汇角支部领导下的塘脚反霸斗争》以真实历史事件，演绎了村民在汇角党支部的领导下，打击恶霸地主嚣张气焰，取得"二五减租"运动胜利的情景。通过演绎红色故事，让观众耳濡目染，潜移默化地感受到汇角故土的革命史，也能激发党员干部群众、青少年的爱国热情。

日军在芦潮港的罪行

蔡根丽

口述人简介

蔡根丽，1961 年生。1990 年任汇角村党支部副书记，1999 年任征海村党总支书记，2007 年任南汇新城镇财经中心书记、主任。

口述：蔡根丽

时间：2024 年 7 月 10 日下午

地点：上海市浦东新区南汇新城镇芦潮港社区管理服务中心办公室

采访与整理：上海海事大学马克思主义学院李秀芳、刘泽、任仰昊

我是汇角村的蔡根丽，我在成长的过程中，不断听祖辈父辈为我讲日军在芦潮港的累累罪行。在编撰《芦潮港志》过程中，我又收集和整理了一些相关的资料。今天，根据我所了解的信息，来讲述一下日军在芦潮港地区犯下的种种罪恶。

一、日军对芦潮港民众的侵扰

1938 年初春，日军为了封锁海面，限制老百姓出海，就砍了老百姓家竹园里的竹子，沿着老护塘打起了一人多高、连绵数十里长的竹篱笆，目的是阻止老百姓私自下海。整个芦潮港地区只在现在渔港路与江山路交界处设一个检问所。老百姓下海钩蛏、挖蟛蜞，要走 10 多里的路，到检问所登记后才能下海。老百姓为了方便，常偷偷拔掉篱笆，抄近道下海。但是，这种做法要是被巡逻的日军发现，轻者一顿毒打，重者当场开枪打死，而后把人头挂在篱笆上示众。比如，外中村 3 组的张祥苟，为了生存，在 1938 年 4 月 12 日晚上偷偷地拔掉篱笆，下海去挖蟛蜞。刚挖不久，张祥苟被 3 个在老护塘上巡逻的日军看见，他们残忍地把张祥苟活活开枪打死。此类事件，在日军侵扰期间不胜枚举，他们的罪行罄竹难书。

二、汇角之战与芦潮港民众的抵抗

到了 1938 年 12 月，日军结集 600 余兵力，大举“扫荡”南汇东南沿

海，企图扑灭抗日武装。15 日，日军侵占大团、新场；16 日，占领马厂、泥城，并继续向汇角沿海进犯，直逼国民党南汇县保卫团第二中队（简称“保卫二中”）周大根部队。

上午 8 时，日军一部途经泥城乡二保（原芦潮港汇角村 15 组、庙港村 13 组）。村民见敌人来势汹汹，纷纷离家躲于河岸下、茅草丛、芦苇荡等处。时隔不久，躲于农民顾来宝（女，原汇角村 15 组人）家附近河涂处的 7、8 个人被敌发现，并立即被包围。其中有一个叫邢川苟（男，原庙港 13 组人）机智地躲过日军，免于一劫，其弟邢苗江等 7 人被敌捕捉，并就地推入河滩上一浅坑（积河泥用）内，一面盖土活埋，一面用刺刀乱戳。日军因急于“扫荡”保卫二中一部，一小时后匆匆离去。

被活埋的 7 人中有一个奉贤人，因没有被刺刀刺中要害，埋土不深，幸免一死。他带血掀开土层，逃离现场后去奉贤，其余 6 人无一幸免。这 6 个人分别是：邢苗江（男，时年 24 岁，原庙港村 13 组人）、季德明（男，时年 55 岁，原庙港村 4 组人）、殷宝善（男，时年 45 岁，原汇角村 8 组人）、姚杏楼（男，时年 65 岁，原汇角村 6 组人）、鞠根祥（男，时年 28 岁，原汇角村 10 组人）、施志高（男，时年 57 岁，原庙港村 13 组人）。

这一天，原汇角村 15 组的张建中老人眼睁睁地看着日军把自己的房屋、粮食、衣被抢走，把家中的一切烧光，全家饥寒交迫，妻离子散。从此以后，为了生活只能讨饭过日子。也在这一天，原汇角村 8 组赵加林之父赵士初在日军“扫荡”中中弹，一个月后死去，年仅 25 岁。当天，日军又将他家的 5 间茅屋、粮食、衣物全部烧毁。后一家人靠讨饭活命，直至 1949 年新中国成立。

汇角一战，日军烧杀抢掠汇角村的平民百姓，犯下了滔天罪行。12 月 16 日，日军一部自老港沿白龙江南下，一部途经泥城南城乡至汇角村。

在“扫荡”途中，先后在汇角村境内伤害老百姓7人，杀害14人；烧毁房屋61间，烧毁麦子181担（1担50千克）、玉米205担、大豆50担、高粱3担、棉共60担；烧毁水车7部、独轮车7辆、锄头45把；烧死猪19头、羊25头、鸡鸭149只。

1942年冬，在外中村西北的白龙港边上，一群日军穷凶极恶地把20多位村民赶入冰冷刺骨的白龙港中。日军则在岸上看在冰水中挣扎的村民来取乐，半小时后才扬长而去，冻得半死的村民才艰难得以逃生。1944年5月，几个日本兵自北向南在李公塘上游走，途经汇茂2组地界，见有民宅，其中两个日本兵窜进一户葛姓人家，在他家乱翻一阵后，见到墙角的渔网，嘴里叽里呱啦一阵，又用手比画，要葛某帮他们捉鱼。葛某不从，从后门逃入麦田，在离家几十步的麦垄中被日本兵追上用刀杀死。这都是血淋淋的历史，将永远铭刻在人们的心中。

30多年前的一天，我去汇角村6组毛扣珍家时，她大哥毛万斌正好也在。我们聊着聊着，毛万斌就聊到了周大根部队，他说在1938年12月，日军出动近千人，在南汇汇角“扫荡”，南汇县保卫二中的中队长周大根率部与日军展开血战，周大根等28位同志英勇献身，在浦东人民抗战史上写下了重要的篇章。

1938年12月16日上午，毛万斌刚出门就看到离他家200多米的东北角海堤上，冒出许多穿黄衣服的人，前面的人举着太阳旗，有一家伙手持指挥刀，指向东南方面嚎嚎乱叫，后面的人立即趴下，看来他们已经发现周大根率领的保卫二中。

毛万斌当时就大喊一声：“妈妈，日本鬼子来了。”话音刚落，枪声大作。他立马背上小妹凤芝，母亲背着他的弟弟万良向西南逃去，先躲在邻居蒋育才家。十多分钟后，看到北边海堤上几十个穿便衣的人持着枪，由西向东朝日军边打边冲，日军好像发现了他们，向西猛烈还击，他们邻居家的柱子和墙上都打了不少子弹洞。那些穿便衣的人顶一段时间，就边打边向西退。当时毛万斌他们也向西南方向走了一里多地，在一条干裂的小河沟里躲着。枪声逐渐移向东南方向。

下午 3 点左右，有人说，不好了，日本鬼子放火了。只看见汇角方向许多民房浓烟滚滚，火光冲天。直到傍晚，他们才偷偷回去，路过邻居倪家伯伯家时，看见他们一家都在哭诉："房子烧了，吃的用的都烧了，这日子叫我们怎么过啊。"他们听了也都伤心落泪。

第二天早上 7 点左右，有人说，东边不到一里地的小河沟里还躺着三个人没有抬走，毛万斌约同学蒋玉麟等，直奔海堤东边的小河沟，首先看到一人四方脸，身穿长衫，脚穿布鞋，脑袋下面压着一顶礼帽，安详地躺在那里，离他不远的北边躺着两个烧焦的人，脸部呈紫灰色，其中有一人大腿皮肤烧成一条长长的裂痕，黄色的脂肪都露出来了。毛万斌听他的老师黄云说，穿长衫的人就是周大根，另两个是机枪手和弹药手。

三、周大根烈士追悼会的举行

几天以后，泥城、蟛蜞庙、南城等学校师生 100 余人，在南城东北的一个坟地上举行隆重的追悼会，参加追悼会的老师很多，当时毛万斌认识的有姚镜人、姜方焕、姜文光，王正谷（黄云）等。毛万斌印象中还有朱纪、陈文祥老师。

参加追悼会的人面对面地站成四个方队，先由音乐老师教唱为悼念烈士而作的抗日歌曲，"烽烟起，日军侵我疆，我壮士誓救危亡"。特别唱到"风云急，浦东半沦丧"的时候，场面十分悲壮。站在毛万斌对面的一位高年级学生，眉清目秀，身着长衫，唱得特别认真，悲愤的神态，令人难忘。

人们到齐后，一位老师宣布追悼会开始，大家首先向烈士默哀三分钟。然后，这位老师在悼词中着重介绍了周大根烈士的事迹：在日军发动七七卢沟桥事变，中华民族处于生死存亡的紧急关头，周大根不顾个人安危，在家乡，在上海郊区，奔走呼号，动员群众拿起武器，与日本侵略军决一死战。他亲自组建的南汇县保卫二中很快发展到 200 多人。保卫二中主动袭扰敌人，成了日本兵的眼中钉。周大根为民族解放和祖国解放而献身，是无上光荣的，永远是我们学习的榜样。

这位老师还揭露了日军残杀伤员、烧毁房屋、轮奸逃往芦苇荡的妇女等滔天罪行，会上群情激愤，不断高呼：死难烈士万岁，血债要用血来还，打倒日本帝国主义，中华民族解放万岁！从此，周大根烈士的英名深深地刻在毛万斌的心坎上。不久，毛万斌从南城学校转入由姜文光、王妙仙夫妇捐款建设的汇角学校，并在那里参加了由毛应老师组织的地下少先队，受到共产主义的启蒙教育，走上了革命道路。

秋萍学校的创办与发展

胡秀根

施　斌

口述人简介

胡秀根，1945 年 6 月生，芦潮港人，1964 年 9 月参加工作。1966 年 7 月—1981 年，任芦潮港地区学校、中港小学、外中小学负责人；1981 年 1 月—1999 年 7 月，先后担任果园东风小学校长、果园汇茂小学校长、果园中心小学总务主任、秋萍小学总务主任、秋萍学校总务主任，2005 年退休。2015 年，任海汇居民区业主委员会副主任；2021 年，任海汇居民庄业主委员会主任。

施斌，1949 年生，《芦潮港志》编写人员、原秋萍学校校长，芦潮港教办主任，现临港新片区理论宣讲员，文明实践项目“百姓讲堂”主要负责人。

口述： 胡秀根、施斌

时间： 2024 年 6 月 27 日、8 月 26 日

地点： 上海市浦东新区南汇新城镇芦潮港社区海汇居民区总支部委员会办公室、南汇新城镇汇角村委会会议室

采访与整理： 上海海事大学马克思主义学院李秀芳、刘泽、王美君、任仰昊

一、秋萍学校的初创与发展 [1]

芦潮港有一所以我们这个地方的革命烈士周大根的名字命名的学校——秋萍学校。秋萍学校为什么创立？后来经历了怎样的发展？今天，我想谈谈这些问题。

1940 年秋，中共地下党组织通过姜文奎任南汇督学之便，在原汇角 15 组借用宋木生的一间客堂，办起汇角小学。由于经费不足，姜文光动员妻子王妙仙把准备给孩子的银圆 160 元的性命钱也捐赠小学。汇角小学明里是一所学校，实际上是地下党的秘密活动点，教师有毛应、林有用等。

1941 年春，林有用、毛应因革命工作需要，离开学校。姜文光受中共地下党委托，到汇角小学工作。当年建校舍四间，为纪念抗日英雄周大根烈士，学校取名为“秋萍小学”。此时，正是全民族抗日战争时期。秋萍小学的老师们在传授知识的同时，还向学生介绍一些进步书刊，教唱《卖报歌》及《流浪三部曲》等进步歌曲。1941 年 5 月，姜文光到浙东地区开展抗日武装斗争，学校的革命活动也被当局察觉。当局遂派人追查校名来历，学校不得不改为“汇角小学”。1942 年，为扑灭汇角小学的革命

1 本部分除特殊说明外，均由胡秀根口述。

火种，当局派奚振国、徐家林分别到汇角小学任教。由于敌人破坏，学校被迫停办。

新中国成立后，1952 年 2 月，汪纪坤到学校担任校长。学校有学生 96 人，设一至五年级，共 5 个班。当时教师紧缺，学校要求五年级学生发挥作用，协助老师维护课堂纪律，帮助低年级同学复习功课。1957 年，黄永堂接任校长，学校教师 2 人，学生 40 余人。1959 年，季文刚任学校负责人，学校开设了 3 个班级，4 个年级（1 个复式班）学生 100 多人，教师 4 人。

1978 年 10 月，汇角小学并入果园中心校。1992 年 2 月，为了继承先烈遗志，纪念烈士周秋萍（周大根），经有关部门批准，由原中共南汇县委党史办牵头，果园中心校恢复校名为“秋萍小学”。校名由原中共江苏省委组织部部长王尧山题写。

1994 年，芦潮港开发如火如荼，原有的教育资源和学校的硬件设备已经跟不上飞速发展的形势。在这种情况下，我们镇党委和教育局联系，决定政府出土地，教育局出资金，在我们这个地方建一所比较有规模的学校，后来这个方案就通过了。方案通过后，镇里就把原庙岗村五队半个生产队的居民搬迁，把这块地空出来，教育局出资 4000 万元。[1]

根据教育局的测定，这个学校的规模是 54 个班。1996 年，所有资金到位，工程队也来了，到 1998 年底，工程基本结束。学校建好后，我们把原来的芦潮港中学和秋萍小学两所学校合并起来，组建了一所九年一贯制的学校。后来通过协商，当时镇党委交给我的任务是要组建新的秋萍学校的班子。组建班子，就会面临很多新问题。原来小学一个班子、中学一个班子，这两个班子怎么办？后来镇党委决定起用年轻人，让年轻人挑重担。我们通过层层推荐、筛选，并经南汇县教育局批准，沈明华老师担任

1　本段及之后内容均由施斌老师口述。

重组后的秋萍学校第一届校长，周明迪担任党支部书记。同时，还配备了总务处主任、教导处主任、政教处主任等。

秋萍学校的班子顺利配备成功，硬件建设也已经竣工，所以当时两校合并，建立秋萍学校水到渠成。1999 年 8 月 20 日，南汇县副县长郑时芬来学校剪彩，秋萍学校正式开学落成。秋萍学校成立以后，由于老师们的努力，年轻的班子工作劲头足，所以教育质量显著上升，成为当时南汇县数一数二的一所九年一贯制的学校。2006 年，秋萍学校被列为上海市实验学校。总的来看，从成立至今，秋萍学校几经停办、复校、改造，校名先后为“汇角小学”“秋萍小学”“果园中心校”“秋萍学校”。

二、秋萍学校的特色活动

秋萍学校成立后，为了适应形势的发展，满足当地孩子的需要，我们做了很多探索，组织了一系列的特色活动，比如创办秋萍学校少年军校、创办秋萍学校外来人口家长学校、设立周大根烈士事迹陈列室。

（一）创办秋萍学校少年军校

秋萍学校启用以后，我就萌生了一个建少年军校的想法。因为当时我的办公室隔壁就是镇武装部，我和镇武装部的工作人员说了我的想法，他们很支持。后来，秋萍学校和共建单位进行沟通，问他们能不能派出教官帮助秋萍学校少年军校进行军训。共建单位得知后，也十分支持。在多方面的努力下，1999 年暑期，秋萍学校少年军校正式成立。我们规定，每年对小学五年级升中学的预备班学生进行军训。当时政府对秋萍学校少年军校也很支持，出资买了 120 套军装，还买了其他一些物资。镇武装部还建议，除了在校园里进行一般的科目训练外，还进行一次拉练。拉练到哪里呢？到我们滨海靶场，教孩子们打靶。所以军训提高了学生的积极性，也是国防教育的一个阵地。镇武装部对我们的秋萍学校少年军校也很重视。

校园里面还有个陈列室，专门展示学生每年军训的照片。每到 7 月份，也就是暑假开始后，我们中学预备班的学生就到学校来军训，一般是五天，午饭由学校供应，每天训练完毕回家，第二天再来。秋萍学校少年军校从 1999 年开始一直到现在，没有中断过。秋萍学校可能是浦东新区唯一一所九年一贯制学校坚持做少年军校的。秋萍学校少年军校实际上也是秋萍学校的一个品牌，从 1999 年组建，坚持到现在。可惜的是，由于学生的增加，学校的硬件设施不够，原来的少年军校的陈列室拆掉了。在少年军校中，学生们的兴趣很高，所以我们少年军校生命力很旺盛。

（二）创办秋萍学校外来人口家长学校

随着芦潮港地区的大开发，1998 年后，到我们这里打工的外来人口特别多。他们拖家带口，来支援芦潮港的建设。由于家长忙于工作，对孩子疏于管理，外来人口中的青少年犯罪率比较高，当时主要是偷钱。小朋友偷东西，偷的东西超过一定的数量，根据刑法也要判刑的，至少也要到少教所去接受教育。

在这种情况下，当时检察院、法院和我们商量，针对芦潮港地区青少年犯罪率逐年上升的势头，需要用切实有效的措施把犯罪率降下来。对于这些小孩的教育，当然我们社会是有责任，家庭更有责任。于是，我萌生了办外来人口家长学校的想法。后来我们向镇党委作了汇报，并和秋萍学校商量了一下，认为学校是最有效的抓手。因此，我们就在秋萍学校的教学楼开放一间大教室，办了外来人口家长学校。这是我们上海市第一所外来人口家长学校，这个学校所有的教育对象都是在秋萍学校就读的外来学生的家长，每月家长上两个半天的课。学校主要育人知识、育人方法，教他们教育自己的孩子走正路，不走歪路。

这所家长学校一经办成，产生了一定的效果。2000 年，上海市检察院牵头，把我们上海市各区检察院预检科的科长请来，在秋萍学校召开外来人口家长学校的观摩会。此前，我在法院碰到一位外地过来的老板，他叫我施老师。我对他说我好像和他很陌生，不认识。他说："怎么能很陌生？我很佩服你的，你办外来人口家长学校，我是你忠实的学生，你讲课我每次都来听的，用你的方法，我把我的儿子教育好了，现在我的儿子也是研究生了，我感到很自豪。"这说明，外来人口家长学校确实影响了家长教育孩子的技能和方法，对遏制青少年犯罪率起到了一定作用。

对于办少年军校和外来人口家长学校这两件事情，我一直引以为傲。外来人口家长学校后来为什么不办了呢？是由于现在我们的学生 60% 都是外来人口，这个数目太庞大了，所以用其他方式替代了这个方式。

（三）设立周大根烈士事迹陈列室

秋萍学校是我们浦东新区唯一一所用革命烈士的名字命名的学校。1938 年 12 月 16 日，冬雨冰凉，芦苇萧瑟，32 岁的中国共产党党员、南汇县第一任县委书记周大根，就在秋萍学校这个位置和日军发生了激战。在激战中，周大根等 28 名烈士血洒芦潮港，壮烈牺牲，这就是浦东向日军打响第一枪的"汇角之战"。由于周大根烈士的字是"秋萍"，他牺牲以后，"汇角小学"曾一度更名为"秋萍小学"，后来这个更名被国民党反动派发现了。在国民党反动派的威胁下，不得不又重新恢复了"汇角小学"的校名。1991 年，"汇角小学"已经成为"果园乡中心小学"。在烈士家属的要求下，决定恢复 38 年前曾经用过的"秋萍小学"的校名。也就是说，1992 年，原来的果园中心校更名为"秋萍小学"。

1993 年，秋萍小学的教学大楼翻新。为纪念周大根烈士，铭记英烈的英勇事迹，南汇县民政局投资 5 万元，在学校里加建周大根烈士事迹陈列室。这次教学大楼翻新竣工后，周大根烈士事迹陈列室就在秋萍小学开馆了。当时，我是果园中心校的教导主任，也是语文老师，所以学校领导就跟我说："施老师，你是笔杆子，你要培养秋萍学校的讲解员。"我记得

周大根烈士的铜像

周大根烈士事迹陈列室小讲解员

当时培养了四名讲解员，他们是第一批周大根烈士事迹陈列室的讲解员。上次，我和上海海事大学的老师、同学来参观的时候一看，不得了，小讲解员这个传统传承下来了。陈列室里每个展示都有一名讲解，所以说秋萍学校对红色基因的传承是做得很好的。通过这些举措，我们永远记住现在幸福生活的来之不易，永远缅怀我们的革命先烈，让革命先烈的这种精神代代相传。所以说，秋萍学校是一所用革命烈士名字命名的学校，是尽力传承革命精神的学校，也是青少年活动基地，对外是开放的。

三、对芦潮港教育事业发展历程的思考

关于芦潮港教育事业发展，作为亲历者，我觉得改革开放以后，尤其是进入新时代以来，芦潮港的教育，那真是发生了翻天覆地的变化。对此，我们从两个方面可以看得很清楚：

一个方面是师资水平。我刚参加工作的时候，老师的文化程度一般都是初中，初中生教小学生。后来，适应时代的需要，大多数老师都是参加了培训，先是读中专，然后读大专。如果不去培训的话，就无法胜任教师的工作，就不能算是一名合格的老师。为了切实提升自己的教育教学能

力，我们绝大多数的老师都参加了培训，拿到了大学文凭，有的是大学本科学历，有的是专科学历。但是现在的老师，最基本的条件是大学本科。你看秋萍学校，好多老师都是研究生学历。现在新招聘来的老师，尤其是外地户口的，都是研究生，所以说教师的学历、教师的能力这两个方面有很大的提高。

另一个方面是硬件设施。硬件设施是看得见、摸得着，能够亲身感受到的。20 世纪 60 年代我刚刚上班时，学校都安排在民房里面，借老百姓的房屋来上课。课桌各种各样，五花八门，凳子很多都是学生自己带来的，我们就是在这样的条件下给学生上课。此外，在同样的教室里，一边是一年级，一边是三年级，一年级授课好了，再给三年级上课。为了便于教学，使大家相互之间不影响，搭配一定要一年级搭配三年级，二年级搭配四年级。如果是一二年级搭配的话，教二年级的时候，有些聪明的一年级小朋友就懂了，而跳一个年级就能够互不影响。我刚刚工作时，就教过一三年级、四六年级。为什么这样？就是因为没有教室，没有师资。一路走过来，现在再看看秋萍学校，它现在完全实现了教学设备的现代化，每个教室里面都有空调。为了保护孩子们的视力，灯都是不刺眼的。大家都用电脑教学，学校里有直饮水，有这么大塑胶操场。要实现中国式现代化，我们教育更要现代化。这些，我们都看在眼里，记在心里。

作为青年学生，第一要爱国，要热爱我们伟大的祖国；第二要有法治意识和法治思想，要用法律来保护自己，要用法律来规范自己。第三要敬业，不论以后做什么工作，都要认认真真地做好。第四要诚信，我们人与人之间相处要诚信，不能做不诚信的事情。第五要友善，人与人之间相处要友善，处理好人际关系。你有一颗爱国的心，有一颗敬业的心，在学习上面精益求精，在工作上面刻苦钻研，那么一定能够自我成长，为社会作出贡献，这就是我作为一名老教师，对你们青年人的一些期望。

第三章　芦潮港从滨海村镇到现代化社区的发展与变迁

芦潮港是一块年轻的土地，自北而南至人民塘折西排列着7个村。芦潮港原有庙港、汇茂、外中、汇角4个村（工区），1966年在人民塘外围圩造田，新增1个征海村。1989年，芦潮港镇成立时，泥城乡远征村划归芦潮港镇，同年9月，划入果园乡汇角、庙港、征海3个村，共9个村民小组新建1个芦潮港村，至此形成7个村。

新中国成立前，这里地瘠人穷，是远近闻名的穷汇角。新中国成立以来，各村经历了历史性变革。1958年，这里创办万亩果园，成为上海市区水果供应基地，在为上海市区水果供应市场作出贡献的同时，也让这里的农民过上了好日子。20世纪80年代，各村实行家庭联产承包责任制，告别了计划经济。进入21世纪，随着芦潮港大开发大建设的展开，2003年起，7个村都成为洋山深水港重要的陆域基地。至2011年，除个别村组外，都已先后拆迁，继而撤队（组）撤村，农村城镇化，农民成为社区居民。

芦潮港的7个村有着相同的自然环境、民风民俗、乡土文化，甚至产业结构也极为相似。但是，在百余年的历史演变过程中，各村又各具特色。20 世纪 70 年代，当汇角、外中、汇茂、庙港 4 个村的果树栽培取得卓越成就，成为南汇地区的样板时，远征村的棉花高产经验则成了全国典型。庙港域内的果园集镇，曾是芦潮港的政治、经济文化中心；外中村诞生了上海市桃花节，徐家宅的历史与发展成就远近闻名，列入上海市非物质文化遗产名录的“鸟哨”也产生于此；汇茂村在新中国成立前集中了芦潮港仅有的两处宗教活动场所，又是境内最早办学的地方；汇角村发生过闻名沪上的汇角之战，有着深厚的红色文化传统；芦潮港村所在的芦潮港港口，是全国著名的渔港、一类口岸；征海村自力更生，征服大海，创造了变滩涂湿地为良田的奇迹。

勇立潮头、向海而生的芦潮港镇

倪金标

口述人简介

倪金标，1955 年 10 月生，芦潮港人。1972 年参加工作，1980 年 6 月加入中国共产党。历任上海市南汇县果园公社汇茂村党支部书记，芦潮港镇党委委员、纪委书记、人大副主席，芦潮港镇、书院镇人民政府副镇长。2015 年 10 月退休，现担任南汇新城镇离退休干部党支部书记。

口述：倪金标

时间：2024 年 7 月 25 日下午

地点：上海市浦东新区南汇新城镇芦潮港社区管理服务中心

采访与整理：上海海事大学马克思主义学院闫彩琴、任仰昊、李晗娜

我是土生土长的芦潮港人，除了 2001—2003 年在书院镇工作过三年，其他时间都生活、工作在芦潮港，对芦潮港十分熟悉。

一、从“路漕港”到“芦潮港”

芦潮港的地理位置比较独特，位于上海的东南角，东临大海，南临杭州湾，钱塘江和长江滔滔江水裹挟着泥沙，日复一日、年复一年地淤积沉淀，形成了冲积平原。由于尖嘴状的地形，它是凸起的，慢慢变成一个尖角，所以最初本地人把这个地方称为“搁头港”，也就是“角头港”，有些人又把它叫作“汇角”。

芦潮港的居民除了祖祖辈辈生活在这里的沿海本地居民，有很大一部分是从江苏启东、海门迁移来的难民。这些地方都在长江以北，由于当地沿江一带总是塌方，塌下来的泥沙被长江带到海里，长期淤积，上海的海岸线就慢慢涨起来了。所以，老一辈的芦潮港江北移民有一种形象的说法，他们是随着江北的土地一起移到芦潮港的。

我的父母亲也是从江苏海门移民过来的，我听他们说，当时那里实在没法生存，就逃难到这里。来了以后，只能靠海吃海，海里面有什么东西能够填饱肚子，换点小钱的，就去做。比如下海捕鱼、钩螃蜞、拾泥螺等，靠这个来解决温饱问题。听一些老渔民介绍，东海滩涂不断地往外延

伸，但是滩涂的芦苇很多，淤泥厚，所以渔民出海难度大。于是当地渔民从“角头港”东侧的芦苇丛中朝东南方向出海。时间长了，就慢慢踩出一条出海小道，后来这条小路成为渔民出海的唯一通道，路面越踩越宽，路漕越来越深。经过潮水的不断冲刷，低陷的路面被冲成一条宽 5 米多的港漕。渔民在港漕的两边出海，还有些木制的小船从这里出去，慢慢形成了一个港口。当地渔民把这个出海通道称为“路漕港”。这就是芦潮港最初的名称。它连通大海，寄托着芦潮港先民的希望。

因为地处沿海，经常有海侵，台风暴雨天气时大潮一来会把当地的庄稼、房子冲毁。最严重的是 1949 年 7 月 14 日，农历六月二十九，因为我母亲讲过，我记得很清楚。她当时 18 岁，刚生了我大姐，潮水冲垮李公塘之后，海水倒灌。当时我们家住在书院，房子被冲毁，没办法后来搬到这里，用芦苇搭个房子住下来。这次台风导致很多人丧生，老百姓养的牲畜也死了很多，损失非常惨重。到 20 世纪 60 年代，为解决防汛排涝的问题，南汇县委向上海市人民政府请示，在“路漕港”出海口建造了一块三门的排涝潮闸，作用是外面的潮水过来时挡住，里面的水多了放出去。当时建的时候，是一个木质的水闸，由于设备条件差，加上这边海潮也很凶猛，几经冲刷，两年时间就把修筑的闸冲坏了。于是又向上海市人民政府申请，一定要建一个坚固的钢筋水泥水闸。1962 年，经上海市人民政府批准，在原址上又重新建造了一座宽 15 米的三门水闸。建好以后，当时上海市副市长宋日昌到南汇检查工作的时候，南汇领导请他给水闸题个名字。他巧妙地把“路漕港”的“路”字改成了“芦”。之所以这样改，一是因为“路”与“芦”谐音；二是东海滩涂芦苇丛生，改用“芦”字更显地方特色，所以就题了“芦漕港水闸”这个名字。

水闸建成后，因为这里有港口，沿海一带的公社，比如老港、书院、泥城、彭镇等，纷纷在芦潮港建立海洋捕捞大队，还有一些浙江、福建、

芦潮港水闸墙上宋日昌题写的字

江苏的渔船来避风，他们在东海捕鱼后也来这里中转渔货。所以当时的芦潮港很兴旺，每年鱼汛季节港口一片繁忙，夕阳西下的时候，港口里边旗杆林立，人声鼎沸，灯火通明，热闹非凡。

随着改革开放步伐的不断加快，芦潮港这个偏僻的小镇也相继建了航标、灯塔、水文站、派出所等设施和单位，昭示着这里是一个通往海洋的地方。当时的南汇县领导决定把这个地理位置独特的小渔港作为南汇的开发区，以此来打开上海的东南门户，打通上海与浙江的海上通道。由于地处上海的最东南角，要连通浙江，只能通过建桥、建码头。那时芦潮港的名字还是“芦漕港”，而在建立芦潮港开发区这个重大决定的批文上，就正式将“芦漕港”更名为“芦潮港”。对于这一更名，坊间说是应该归功于一位老水利工作者。因为当时东南沿海经常闹水患，那位老水利工作者在向上级提出兴修水利工程的方案时，率先将“芦漕港”改名为“芦潮港”。他列举改名的理由是，“漕”与“潮”谐音，东滩芦苇摇曳，濒海临潮的特征更加贴近“潮”，而且“潮”更象征着改革开放与东海之潮汹涌澎湃之意。县里的领导采纳了他的建议，于是南汇县委、县政府在建立芦潮港开发区的批文上，第一次正式定名为“芦潮港”。

今日渔港

芦潮港还是全国重点渔港。这里的渔业资源十分丰富，在1956年农业生产合作社期间，渔港水闸西侧除了各公社的渔业合作社、捕捞大队之外，各种饭店、旅馆、商店、渔业加工厂、船舶修理厂、冷库等相继建成。

二、芦潮港开发区与芦潮港镇的设立

1985年3月26日，南汇县委、县政府宣布成立芦潮港开发区，组建了开发区的领导班子，开发办的办公地点就设在水闸东侧的两层小楼里。4年后，芦潮港开发区向县里提出，开发区地方小，形成不了太大规模，是不是把它改成芦潮港镇。后来县里向市人民政府打报告，到1989年4月，上海市人民政府批准成立芦潮港镇。也就是说，在芦潮港开发区的基础上成立了芦潮港镇。这期间中央和市里一些领导慢慢关注到这个港口，多次到芦潮港视察。自此开始，芦潮港海岸开发进入领导和专家视线。

1991年3月，紧邻芦潮港开发区北侧的果园乡率先利用万亩桃园的独特优势，举办了首届南汇桃花节，并一举获得成功。“以花为媒，以花会友”的节日形式吸引了很多投资商来果园投资产业。芦潮港开发区由于腹地狭小无法施展空间，南汇县委、县政府向市里请示，决定将果园乡和芦潮港镇合并，成立新的芦潮港镇。

1993 年 3 月，新的芦潮港镇成立。镇领导班子不负众望，对芦潮港的历史、现状进行了充分的调研。芦潮港位于上海黄金海岸的东南部，当时海岸线有 15 千米，往南隔海与舟山、宁波遥相呼应，距离在 50 海里左右，那里有国家级海岛旅游区的“南方北戴河”，有佛教圣地普陀山，有奉化溪口风景区。如能好好规划，芦潮港不仅可成为上海新兴的海上枢纽，还可开辟上海跨海旅游专线。1993—1994 年，镇里建了一个联合发展总公司，里面有 12 大公司，其中有一个就是旅游公司。为了方便交通往来，陆地上申请了一个旅游专线，还有一个车队；海上也开发了航线，最多时达到 7 条，1995 年建了客渡码头，来来往往很多人。我们当时跟浙江联动发展旅游，规划了“大小洋山一日游”，游客很多，从芦潮港上船到浙江其他地方去。

芦潮港港口条件很好，海堤向外 200 米，海底标高为负 8 米，水深达 11—17 米，港区风平浪静，航道稳定，腹地宽广，土层坚硬，可以建造万吨级泊位的新港区。当时上海还没有正式提出到洋山去建深水港。于是我们一方面邀请各级领导来芦潮港视察，另一方面组建专家团队对芦潮港建设深水港口进行专题调研论证。浙江有个大衢山，从这里过去是 30 海里。当时镇领导设想通过芦潮港，做一个拦沙大坝将泥沙固定下来，变成内部的一个港口用地，外侧变成深水港，就是一个人工半岛。后来专家形成统一意见上报市里和中央，建议在芦潮港往外 200 米的地方建设“人工半岛”码头。经过努力争取，1995 年 10 月 18 日，全国第一座由农民自筹 7000 万元资金建造的芦潮港客渡码头，在港口打下第一根桩基。

在芦潮港的正式开发中，当时的李塘龙镇长很有眼光。我当时也是班子成员，负责宣传工作，经常参加一些接待工作。有领导来视察工作，问到自由贸易区具体怎么做，镇长说参照深圳经验。当时领导反反复复来调研，看到了更大的发展空间，逐渐引起重视。

回顾芦潮港镇在动拆迁之前的发展，20 世纪 50—80 年代以渔业为主，当时就是渔港码头，渔业资源丰富。同时，1958 年果园乡建万亩桃园发展种植业，两块资源合在一起带动芦潮港的发展。20 世纪 80 年代之后，随着开发区的设立，工商业各方面慢慢发展起来，经济结构上门类更加齐全。

三、芦潮港镇的动拆迁与撤镇

2003 年，随着建设临港新城的国家战略出台，建造东海大桥和洋山港的港口建设落地，芦潮港整体动迁工作全面展开。至 2010 年 8 月，全镇 5940 户家庭中，95% 以上实施了征地、动迁安置工作。所有农民实现“农转非”，并纳入小城镇保险，跨越式地迈入城镇化发展之路，显示了突出的先发优势。

老百姓也很幸运。芦潮港虽然地理位置很好，也有万亩桃园，但如果没有国家战略带来的机遇，发展空间还是受限。现在家里老人都是每月 2000 多元的养老金，医疗保险都解决了，所以这些老百姓对于国家都很感激。尽管我们在临港开发的整体动迁工作中作出了很大牺牲和贡献，但是和以前相比，住在政府安置楼房里，老百姓真正实现了安居乐业。

到 2012 年 11 月，经上海市人民政府批准同意，申港街道和芦潮港镇撤销，设立南汇新城镇。至此，芦潮港镇成为芦潮港社区，属于临港新城四个分城区之一，地域面积为 18.5 平方千米，规划建设面积 5.1 平方千米。其中，分城区面积 3.3 平方千米，产业园区 1.1 平方千米，码头陆域 0.7 平方千米。

曾经的镇区中心所在地庙港村

盛洪新

口述人简介

盛洪新，1953年7月生，芦潮港人。1976年11月加入中国共产党，历任南汇县果园公社庙港村党支部书记，果园砖瓦厂党支部书记，果园自来水厂党支部书记、厂长，果园乡副业公司副经理，1991年调入南汇县果园乡土地管理所工作，2013年退休。

口述：盛洪新

时间：2024 年 6 月 14 日上午

地点：上海市浦东新区南汇新城镇芦潮港社区新芦苑

采访与整理：上海海事大学马克思主义学院闫彩琴、吴淑瑶

一、庙港村概况

庙港村位于芦潮港镇东南，东至人民塘，南至护塘河，西至白龙港，北与汇茂村相邻，庙港河东西贯穿，把全村分为南北两岸。庙港村因港得名。新中国成立前，汇角东部地区经常发生水灾，为防灾害，1912 年，在今天庙港东南旧海塘两侧造了两只木水洞，以解决汇茂及横港地区一带的排水，木水洞西有一条 500 米长的天然港泓。当时宁波人经常驾小船来此地挖蟛蜞、卖山芋干。这条港离天妃宫不远，由于宁波人称天妃宫为庙，就称这条天然港泓为庙港，后来人们将庙港附近的地区统称为庙港，建村时就以此命名。

庙港村境内村民居住分散，没有形成一定规模的村宅村落，原因是村民来自各地，又随耕种荒地而居。大部分村民由塘西逐步迁入，一部分为崇明、江苏启东等地破产农民，定居后在境内形成"本帮人"和"大沙人"两大群体，新中国成立后一直居住在这里。庙港户籍人口中没有少数民族。

庙港村地理位置非常重要。1961—1993 年，万亩果园园艺场部、果园公社管理委员会、果园乡镇政府机关都设于此。大泥公路延伸段和沪南公路延伸段穿过村子直达南汇林场和芦潮港港口，同时形成了果园镇，成为芦潮港经济、政治文化中心。庙港村东南两面由 1949 年底筑成的人民塘环抱，历来是防汛重地。同时，庙港村在很长一段历史时期内，都处于东海和杭州湾交汇处，形成海角，是上海市重要的海防前哨。20 世纪 50—

80 年代，有驻军设防于沿海，驻军与庙港村是联防单位。

2002 年，全村有 8 个村民小组，824 户，2087 人。耕地面积 180.37 万平方米，以种植桃、橘等果树为主；2003 年，全村整体拆迁。

二、庙港村的隶属变迁

新中国成立初期，庙港地区有汇南、汇安两个村，隶属大团区汇茂乡。1950 年汇茂乡划归泥城区，1956 年撤区并乡，建高级农业生产合作社，庙港地区两个小村合并为汇茂 5 社。1958 年 12 月，果园园艺场创立场部和工区，汇茂 5 社划为果园一工区。1966 年 8 月，果园单独建立人民公社，工区名称不变，1984 年撤社建乡，一工区更名为庙港村，全村设 14 个村民小组。1989 年，原芦潮港集镇设镇，经南汇县政府批准，庙港村 1、2、3、14 村民小组划归芦潮港镇。1994 年，庙港村 4、5 两个村民小组因开发征用土地，撤队后划归果园镇居民委员会管辖，2003—2006 年，因洋山国际深水港建设陆域用地需要，征用庙港村 6、7、8、9、10、11、12 村小组土地，庙港河北部建集装箱中转站和铁路客运火车站，庙港河南部建成 8 个动迁安置小区。2010 年，庙港村只剩下第 13 村民小组。2011 年 3 月 15 日，庙港村撤销。

新中国成立初期，庙港村设小村时，村里设村长、村主任、农会主任。1957—1958 年 11 月，汇茂 5 社设社主任、党支部书记、农会主任。1958 年 12 月至 1984 年 3 月，一工区设立工区管理委员会，设工区主任、党支部书记、总会计、农副业主任和妇女、民兵等组织机构。1984 年起，根据国家民政部门有关规定，着手村级民主自治建设。同年 10 月，根据《中华人民共和国地方各级人民代表大会和地方各级人民政府组织法》，建立庙港村第一届村民委员会。至 2010 年，庙港村进行过八届村民委员会的换届选举工作。其中，从 1999 年开始，村委换届选举时实行海选，也就是村民直接投票方式产生六、七、八届村民委员会。

三、庙港村的经济与社会发展

新中国成立前，庙港地瘠人穷，村民主要租种横港沈姓地主荡田谋生，生产力低下，经济落后，是“穷汇角”的一部分。新中国成立后，经济不断发展。1958 年 12 月—2010 年，均以种植果树为主要经济来源。2003 年前，全村有桃树 40 万平方米，柑橘 16.67 万平方米。20 世纪 60—70 年代，主要产品为一工区生产的玉露水蜜桃和上海蜜梨，远销海内外，成为第一个出口水果的村组。1960 年，创办占地 1 万平方米的中心饲养场，常年饲养母猪 30 多头，鸡鸭 3000 多只，农副业常年产值 350 万元。1974 年后，曾创办庙港综合厂、轧钢厂，规模小，产值不高，1992 年后逐步关闭。

村内曾有一所小学，一所幼儿园，一个医务室。小学为东风小学，创办于 1956 年，原名叫东南小学，1966 年改名为东风小学，1999 年并入秋萍小学，原来的校址改造为芦潮港镇成人学校。幼儿园创办于 1960 年，1999 年停办，并入果园中心幼儿园。1958 年，庙港村民 98% 为文盲。1997 年，全村 7 周岁以上 1725 人，不识字或识字很少的有 229 人，占 13.2%；初高中以上文化 1025 人，占 59.2%。2004 年，全村学龄青少年义务教育达到 100%。

1964 年，当时的一工区开始实行农村医疗合作制，每人每年交费 2 元。1978 年前可报销医疗费 50%，1979 年开始，报销 70%，1984 年合作医疗终止，1994 再次恢复。1998 年，全村农业人口开始参加南汇县医疗保险，参保人数逐年上升，2009 年参保率达 100%。

1994 年开始，庙港村部分村民小组开始撤制，原来从事耕作的农民由政府安置，年龄在 55 周岁以上的男性村民和 45 周岁以上的女性村民由南汇县劳动局统一发放养老金，按国家规定享受养老待遇。1994 年，养老金每人每月224元。2001年，每人每月339元，由南汇县劳动局每月到芦潮港镇直接发放。2002年开始，养老金进入个人银行账户。到2009年，发放金额升至每人每月742元。

1958年人民公社化时，庙港人均收入仅为80元。1970年，平均收入达到250元；1980年上升至553元。1984年实行家庭联产包责任制后，1985年平均收入为1126元；1990年上升至2200元；2001年为5500元。2011年撤村建制后，除原13队外，庙港村的村民分别迁入新芦苑、清波苑、海尚小区等8个安置小区。

四、桃花节的历史点滴

芦潮港庙港村于1958年12月建万亩果园，栽种各类果树695.3万平方米，一共30多万株，全园有连片桃园533.3万平方米，21.6万株。其中，庙港村成片的桃林、梨园达到40多万平方米，主要品种是玉露水蜜桃和上海蜜梨，畅销海内外。庙港村东临林场，南面堤外海深广宽，四月桃花连绵，夏秋十里果香，一片丰收景象。

庙港村也是上海南汇桃花节发源地之一。1991年，中共南汇县委、南汇县政府通过调研，决定在果园乡举办南汇桃花节，开发利用这一独特的自然景观和旅游资源，以花为媒，招商引资，推动芦潮港和整个南汇县的经济发展，具体的办节景区选在外中村和庙港村。1991年，先期开发景点12个，后又开发改造观花踏青、桃源舟渡、渔村一条街、海上走廊等景点。同年4月，第一届桃花节成功举办，接待市民游客2万多人，主办地村民热情接待，从此桃花节每年举办一次，连续不断。1993年，第三届上海南汇桃花节移至惠南城北村，庙港村桃花节景点依旧开放，直至2005年庙港村整体拆迁。庙港村作为上海南汇桃花节的早期举办地之一，对推动芦潮港的开发建设和南汇地区的经济发展作出了贡献。

与时代同行的汇茂村

施德明

口述人简介

施德明，1956 年 3 月生，芦潮港人，中共党员，法律工作者。1974 年 8 月参加工作，历任生产队副队长、汇茂村党支部书记、村委主任、果园镇党委纪委委员、镇法律事务所主任、中庚皮革有限公司党支部书记、南汇新城镇撤制办主任等职务，现任职于上海市浦东新区上钢法律事务所。

口述：施德明

时间：2024 年 6 月 20 日上午

地点：上海市浦东新区南汇新城镇芦潮港社区港口居委会

采访与整理：上海海事大学马克思主义学院闫彩琴

我是土生土长的汇茂村人，今天讲的关于汇茂村的一些事，有些是亲身经历的，有些则是听身边老一辈人口头相传留下来的，还有一些是通过看历史资料了解的。

一、汇茂村的地理位置

关于村子名字的由来，我们村 3 队有一个革命烈士叫王茂村，后来村子就以他的名字命名为“汇茂村”。汇茂村由长江夹带的泥沙冲积而成，成陆于清光绪末年，至今约有 130 年的历史。刚成陆时，汇茂村是一片沙滩芦苇，后由于当地一些贫苦农民和江苏启东、海门及江阴逃荒过来的难民一起围圩开垦，才将滩地芦苇荡慢慢变成盐碱地，后来又开发成种庄稼的农用土地。可以这样说，汇茂村的每一寸土地，都浸透了先辈们的心血和汗水。

汇茂村处于原南汇县芦潮港镇中心，南北长 0.91 千米，东西长 1.97 千米，整个区域呈长方形。南以汇茂 5 队南小支河为界，与庙港村接壤；北以车路港为界，与外中村的 10、9 队接壤；西以白龙港为界，与泥城镇的千祥村为邻；东至人民塘、随塘河。历史上，汇茂村有 1 千米左右的海岸线。所谓的海岸线，也就是开荒农民修筑的一些土坝，开垦后前几年，一遇台风和大潮，堤坝就经常决堤，造成海水直接倒灌进汇茂地区，很多农民辛苦一年，颗粒无收，百姓苦不堪言。1906 年，当时的南汇知县李超琼为彻底改变芦潮港等地方遭受台风、潮水侵害的情况，带领百姓修了一条颇为壮观的新海塘。海塘北起川沙县撑塘，南至芦潮港庙港村，全长32.5千米。新海塘筑成后，有效阻挡了台风潮水对农田的侵害。当时老百姓为了纪念知县李超琼，将这条海塘称作为“李公塘”。1949年7月24日（阴历六月二十九），李公塘老港段在特大台风、潮水中被冲垮，造成大量人员伤亡和财产损失。当时上海已解放，南汇县人民政府立即组织进行抢修，修筑了更高大坚固的新塘，取名“人民塘”。人民塘新建工程完工后，汇茂村才真正远离了直接面对大风、海潮侵害的风险。原汇茂村最东侧的随塘河就是为了取土修筑人民塘而开挖的。之后人民塘之外又不断淤积，不断开垦。我记得小时候翻过人民塘不远，就是沙滩大海，我们经常下海摸螃蜞。而现在，东滩海岸线距汇茂村已有10多千米远。

白龙港、随塘河是县级河道，自南而北、夹护着汇茂村。日新河、彭公塘河等镇级河道也南北贯穿全境。整个村境内水文发达，各级河道、支河呈“井”字形，规划有序，加上政府强大的水利设施建设，所以从我出生到现在，村里没发生过洪灾。

二、汇茂村的隶属变迁

新中国成立前，汇茂村区域行政隶属南汇县第八区泥城乡。1934年，国民党实行保甲制。具体的行政设置为：县以下设区，区以下设乡，乡以下设保，保以下为甲。汇茂被编为泥城乡第一保。1949年5月，南汇县全境解放。新中国成立后，即废除国民党的保甲制。泥城区下设乡，乡以下设村。原国民党时期的第一保与其他保合并，成立汇茂乡。现汇茂被划为汇东、汇中两个村，隶属汇茂乡管辖。当初的汇茂乡并非一级政府机构，行政权力也不是现在的镇政府、乡政府，因此，后人把这个级别的乡称作为“小乡”，如汇茂乡被称作为汇茂小乡。1957年，泥城区撤区并乡，并先后将原村建制改建，成立高级农业合作社，汇东、汇中两个村合并称为“汇茂六社”。高级社是在初级社基础上发展而来的。这两个村在之前实际上有过一个民间自发组织的互助性质的初级社，经过一段时间的试点以后，慢慢变成了高级社。1958年10月，泥城人民公社成立。同年12月，上海市领导要求“上海要有自己的果品生产基地”，上海市政府、南汇县政府选定“汇茂六社”及周边为上海市果品生产基地，成立果园园艺场，园艺场领导管理机构场部设于汇茂。园艺场隶属泥城人民公社领导，俗称“泥城果园”，果园设党总支。果园园艺场根据当初工厂化管理的要求，将辖区内的行政管理单位名称统一划分为五个工区，其中原汇茂六社被划分为“二工区”。工区设党支部、大队部，工区以下设立生产队。二工区成立时，共有9个生产队，还有一个副业场。1980年前后，根据管理需要，将二工区11队等几个较大的生产队一拆为二，生产队扩大至13个。

1964年，果园园艺场从泥城人民公社划出，加上原泥城红旗大队，单独成立南汇县果园人民公社，二工区隶属果园公社。1984年，上级要求撤销人民公社，成立乡政府。果园人民公社改称南汇县果园乡政府，二工区隶属果园乡人民政府领导，并将二工区称谓改为汇茂村村民委员会。之后，乡政府又改称镇政府，但村级建制、称呼不变。1993年3月，果园镇人民政府与芦潮港开发委员会合并，成立新的芦潮港镇人民政府，果园镇政府行政机构设置从此撤销，汇茂村村民委员会也直接隶属新的芦潮港镇人民政府管辖。2003—2008年间，因洋山深水港陆域基地建设需要，汇茂村整体动拆迁，村民成为居民，陆续被安置进入居民小区。2009年，经上海市人民政府批准，汇茂村被撤销村级建制。

从汇茂村成陆到被撤销村级建制，时间虽然比较短暂，但翻开历史，我们同样看到了其中的艰苦创业。当初，当地原住民和外来逃荒移民在滩涂上围垦、开荒，滩涂虽然是自然淤积而成，但新中国成立前，同样是被陈月英等一些大地主、恶霸所霸占，要开垦种田，首先得向他们交租、交粮。即使开垦成功，这些土地耕种时的收成也难以保障。由于大家都没有组织起来，只是各自开垦，且土地贫瘠，圩坝简陋，居住又分散，抗自然风险能力差，一遇到大风大潮，就会冲垮圩坝，冲毁庄稼，辛辛苦苦干一年，到头来颗粒无收的情况经常发生。贫苦农民虽守着一些薄地，但大多是吃不饱、穿不暖，还受地主恶霸欺凌。直到1949年新中国成立，坚固结实的人民塘正式修成后，汇茂村人民才真正过上安稳日子。

三、汇茂村的经济发展

汇茂村历史上受自然环境制约，远离集镇，地贫人穷，经济发展比较缓慢。但成陆之后的100多年来，特别是新中国成立后，在党的领导下，汇茂人民通过自身努力，发展经济，提高生产，留下了很多可歌可泣、值得后人永远怀念的事迹。

（一）种植业发展

汇茂村受地理环境影响，一成陆便远离市区及集镇，新中国成立前是真正的穷乡僻壤。其土地开垦后直到1958年创建果园园艺场，主要靠粮食种植，也有部分农民亦农亦渔，农忙时耕地，农闲时下海捕鱼，一为改善伙食，二为挣点小钱贴补家用。

种植主要是元麦、玉米、高粱、黄豆、蚕头。由于是盐碱地，加上海边自然环境恶劣，作物亩产量都很低，元麦每亩收成只有200多斤，棉花每亩60多斤，遇到自然灾害收成更低。1953年成立合作社后，农作物产量才有所增长。

1958年创办果园后，汇茂村告别以粮食种植为主的历史，土地全部改种水果。为适应种植结构转型，工区党支部及大队部决定从5队生产队划出60亩地，成立二工区中心副业场，主要饲养种猪、繁殖苗猪。各生产队也分别组建了养猪场，养殖肉猪供应市场，增加村民收入，猪粪等有机肥料供果树作基肥。同时，将不能种植果树的生产队杂边田，包括排水沟河坡等零星地，都作为养猪场的饲料田充分利用，那时所有生产队真正做到了寸土不荒。

由于水果生产的特殊性，场部建成之后，包括以后改制为公社、乡政府、镇政府，一直为一级所有制核算，即公社、乡镇对下面大队、生产队经济收入支出实行统一管理、支配，各生产队年终社员分配方案也由公社核准审批。生产任务、种植面积、品种由公社、场部统一分配，下拨到各工区，然后由各工区根据实际情况下达种植任务。汇茂村也不例外，由于经济核算体制的特殊性，工区可以对生产队的土地面积、种植任务随时根据需要进行调整、划拨。

在计划经济时期，工区或者村里生产的果品，生产队、村里无权进行处理，而要根据上级要求和公社计划，全部分好等级，每天用轮拖驳船运往市果品公司，再由市果品公司根据计划分配全市各市场。社员每年每人只分配到 5 元钱的水果票，用以购买自己生产的水果，水果票的价值在年终分配时扣除。可以说，汇茂村在计划经济时期为上海市民的水果供应作出很大贡献。另外，当时根据中共中央颁布的“农业六十条”规定，社员每人分到 1.4 分自留地，可以自主安排，种植蔬菜、瓜果，补贴生活。

从 1979 年开始，随着改革开放政策的推行、经济体制的改革，工区党支部也逐渐放松对各生产队种植的计划安排，生产队有了更多的灵活性，由此调动社员的生产积极性，简单的生产承包形式开始启动。1984 年 9 月，汇茂村正式实行土地承包责任制。

（二）工商业发展

虽然由于地理环境、人员流动等客观原因，历史上汇茂村的工商业始终没有太大发展，但汇茂人敢为人先的开拓、创业精神，至今仍时常为后人提起。

1924 年，现汇茂 4 队茅家祖辈茅小苟看到偌大的芦潮港没有副食品供应，村民兑豆腐要跑 10 多里路到泥城角，便大胆创办了一家豆制品加工小作坊，人称茅家店，结束了汇茂及附近地区“吃豆腐难”的历史。茅家店是汇茂乃至整个芦潮港工商业发展的萌芽。之后，泥城横港人黄建基于 1940 年在今汇茂村 7 队开设了铁匠铺，有两三个工人，专门修理和生产各种农具和家庭用具，铁匠铺在 20 世纪 50 年代歇业。商业方面，在 1925 年前后，分别出现“康家店”“三友店”“茅家店”等经营烟糖、家庭日常用品、锡铂、香烛等杂货的商业小企业，极大方便了汇茂、外中村民的日常生活。特别是 1958 年在汇茂建立了园艺场场部后，汇茂一度成了芦潮港经济、行政、文化活动的小中心。“康家店”“茅家店”至今仍是芦潮港甚至泥城地区老一辈人常常提到的地标。

汇茂村处于一个比较偏僻的地方，离镇商业中心和南汇县城都比较远，所以工商业发展比较缓慢。20 世纪 70 年代后期至 90 年代初，随着乡办、村办企业的兴起，我们也尝试发展村级经济，搞了一些工业企业，比如汇茂村党支部、村委会为壮大集体经济，方便服务本村群众，曾先后创办过“汇茂翻砂厂”“汇茂综合厂”“汇茂电容器厂”“汇茂锻造厂”等村办工业企业，以及成衣、理发、供销社、代销店等集体性质的作坊、店铺。尽管这些企业由于客观条件和政策调控原因，最终都没有做大做强，但汇茂人同样可以自豪，在特定的历史环境中，我们积极发展乡村经济，也在实践中收获了经验。

四、村民生活的变化

汇茂村成陆后，有居民陆续在此居住、生产。居民中有原住民，还有不少是从外地逃荒而至的穷人，如启东、海门等地，而且外来人员数量还不少。他们定居汇茂后，与当地人同生活、同劳动，甚至通过通婚、认亲等，与原住民相互融合。因此，大部分汇茂村民与启东、海门、江阴等地渊源颇深，甚至平时说话也夹杂着很多苏北话。

汇茂村经历了从无到有、从小到大的发展历程。1930 年，人口仅 200 人，后通过生育、迁入等，至新中国成立时已有 600 多人。到 2009 年撤村时，人口增至 781 户、2074 人，其中，男性 983 人，女性 1091 人。

新中国成立前后，各户开垦的土地归自己管理、耕种和收益，抗风险能力差。1950 年，汇茂村农民开始同其他地方一样，进行土地改革，农民自发组织成立带有互助性质的农业初级合作社，几户人家自愿将土地合并在一起，共同耕种，共同管理，共同分配收益。这种形式从一定程度上解决了部分困难户、缺劳力户的耕种困难，也增加了抵御自然灾害的能力，是集体经济的萌芽。1957 年，原汇茂村若干个初级农业合作社，组织成立高级农业合作社，称为汇茂六社。1958 年成立人民公社。因为有了集体经济组织，汇茂人民的生活有了根本的保障。随着集体经济不断壮大，农民的生活也越来越富裕。据统计，1958 年全村人均收入为 20 元，1970 年为 147 元，到 2000 年已达 6000 元。

汇茂村住房条件改善也很明显。据老一辈人讲，不管是原住民还是外来移民，初来开垦时都是住在塘脚下的“环洞舍”，这种棚子用芦苇茅草编成，环成半圆形，固定在土地上，下雨漏雨，刮风漏风。我们小时候在海边也经常看见这种居住棚舍，主要是作为渔民临时的栖息地。新中国成立初期直至果园园艺场成立，汇茂村民居住比较分散，而且房子也很简陋，一般都是就地取材，用芦苇、茅草、稻柴做主要建筑材料，梁一般都用毛竹代替。房屋建造在各自之前开垦的土地上，零零星星，没有规划。新中国成立后，随着人民生活的好转，出现砖壁结构的茅草房，后来是瓦房。特别是 20 世纪 80 年代开始，汇茂村也逐步出现农民造的二层小楼房。当时建筑材料十分紧张，特别是政府限量供应，根本无法满足汇茂村民的需要。汇茂有不少群众利用果园柴比较多的条件，到浙江的平湖、嘉善等地，用柴换回砖、瓦盖房。我也去过三次，1979 年我家的四间瓦房，就是用这种方式建成的。

场部成立后设置村、工区，实行集体生产。二工区分别划分成 9 个生产单位，也就是 9 个生产队。每个生产队都有自己的活动场所，包括房屋、场地、仓库等，大家习惯把每个生产队的活动场所叫“仓库场”，这是村民每天出工集中、队长分配任务的地方，也是后来进行水果加工和生产队储存粮食、农具的地方，还是学习、开社员大会、进行事务决策的地方，是整个生产队的活动中心。工区党支部、大队部则是全工区村民的活动中心。汇茂村党支部、大队部，包括之后的村委会，设址在汇茂 5 队范围，土地收归集体，进行统一规划。种植后，工区生产队对所有土地重新进行整理、规划，并修建了强大的排灌防涝水利设施。汇茂村以县级河道白龙港、随塘河和镇级河道日新河、彭公河为支架，自南向北，间隔 200 米左右，又开挖若干条河面在 10 米左右的小支河，同时在全境范围内又挖了不少南北走向的排水沟。这些支河排水沟形成“井”字形，将全工区土地整整齐齐划分成上百块，每块约 15 亩。河沟既解决了排水，又方便了各生产队的水果运输销售。小支河一般都穿生产“仓库场”而过，所以此后村民再建房屋或翻建老房子，一是根据工区规划，二是自愿靠小支河及镇、县河道旁建造，于是各队慢慢形成相对集中的居住区。从建房质量、外观上看，每一个阶段的房屋变化，代表了汇茂村的发展和成就，也反映了汇茂村人民生活水平的不断提高。汇茂村的发展，实际上也是整个芦潮港发展的缩影。

20 世纪 90 年代开始，汇茂村居民的居住条件向更高档、更舒适的方向发展。不少农民都拆掉原来居住的瓦房、小楼房，建起别墅小洋房。据动拆迁资料反映，2003 年动迁时，95% 以上的年轻人都建了楼房，人均居住面积达 47.5 平方米。

交通出行方面，从汇茂村出行主要有三条路线：一是靠近白龙港的旁边有一条南北走向的道路，沿着这条路可以到镇上去乘公共汽车；日新河旁的道路也是我们的主干道；靠东边彭公塘河旁边还有一条路，这三条路是村民出行的基本道路。

出行工具上，我们小时候全部是步行。如果要拿一点重东西，就用独轮车，轮子是用木头做的。开始围垦的时候，运输全靠这种小的独轮车。到 20 世纪 60 年代，自行车慢慢出现。80 年代末 90 年代初，开始出现摩托车。到 1995 年，摩托车已经比较普遍，并慢慢有了汽车。

五、芦潮港文化教育的发源地

从开垦形成人员聚居后，汇茂人接纳包容外来文化，并发展创造自己的教育事业，积淀了一定的历史文化底蕴。汇茂村在新中国成立前集中了芦潮港仅有的两处宗教活动场所：天主堂和天妃宫，这也是境内最早办学的地方。

1933 年，天主教上海公教会在现汇茂 5 队购入 0.33 万平方米土地作为宗教用地，建造教堂，收信徒，从此天主教正式传入汇茂乃至整个泥城地区，汇茂天主堂也逐渐成为标志性地名，只要讲到“天主堂”，就知道是指汇茂村。汇茂天主堂创办之后，还利用教堂房屋办起一个教会学校。当时汇茂 5 队的徐茂财就是其中一位教师，人称“老先生”。他既是信徒，又是教书先生，还兼顾教堂、土地的日常管理。徐茂财年老后，由儿子徐文龙接替父亲，后人称其“小先生”。1940—1941 年间，学校教堂被土匪占用，传教办学被迫停止。抗日战争胜利后，学校恢复，校名仍为天主堂，但不再从事天主堂的宗教活动。新中国成立后，天主堂在 1952 年正式更名为“汇中小学”(初小)。

1938—1945年间，在汇茂境内还曾短暂创办过另一所小学，最初叫“启东小学”，后改名为继慈小学，1952年停办。

这两所学校为汇茂及周边地区培养了一定数量读书识字的人。新中国成立后，在此基础上，汇茂又建立了颇具规模的汇茂小学（完小）。后来，这所学校又建了初中部，名“果园公社五七学校”，后划归外中村管辖。20世纪60年代初期，由于教育事业的快速发展，汇茂现有校舍无法满足学生的入学要求，曾借部分民房作办学点，如汇茂5队施企山、陆明章家。一个开设一二年级，一个开设三年级，四年级全部进汇中校。另外，在现汇茂3队也开设过一个一二年级的复式教育班。

关于本地区的民间信仰，影响最大的是位于汇茂9组的“天妃宫”。天妃宫原是设址于芦潮港征海村5队一带的航标灯，后来由于海塌，才移址到汇茂小学原址。我印象中小时候经常在天妃宫玩耍，我姐姐也曾在那里读书。再设立时，规模有所扩大，成为居民祈祷亲人出海平安顺利的活动场所。本地区的老百姓从围垦到动拆迁，都是过着亦农亦渔的生活，大部分人耕种土地，也有一部分人靠打鱼为生，新中国成立前比较多，成立后逐渐减少，但是到动拆迁时还有一部分渔民。渔民出海的时候，都要到天妃宫祭祀，祈祷妈祖保佑出海平安、顺风顺水、鱼虾满舱。“文化大革命”时，天妃宫被毁。天妃宫自创建起就作为地名，也是历史的见证，如今宫虽不在，但地名犹存。

成陆最早的移民村落外中村

杨国林

口述人简介

杨国林，1960 年 1 月生，芦潮港人。1975—1988 年，历任外中村七组民兵排长，芦潮港镇内河水产大队治保干部、副队长，芦潮港镇对虾场技术场长，内河水产大队大队长、党支部书记。1995 年担任外中村党支部书记，1998 年担任芦潮港镇深港建筑公司党支部书记、副经理、工会主席（兼芦潮港镇动迁安置办副主任）。2008 年担任芦潮港镇海汇居委会党支部书记、工会主席（兼芦潮港镇房屋质量协调办负责人）。2018 年在芦潮港社区党委工作，2020 年退休。现担任开伦物业临港区域经理。

口述：杨国林

时间：2024 年 6 月 19 日下午

地点：上海市浦东新区南汇新城镇芦潮港开伦物业

采访与整理：上海海事大学马克思主义学院闫彩琴、王伯承、田单单、李晗娜

外中村处于芦潮港镇东北，是芦潮港最早成陆、垦殖形成的村落之一。东起人民塘，西至白龙港，南至车路港，北至泥城塘角村，与今龙港村接壤。在动拆迁和撤村撤队之前，外中村面积 3.185 平方千米，有耕地 264.3 万平方米，非耕地 54.1 万平方米。有 16 个村民小组，1129 户，3501 人。外中村内有南北向大河三条，西为白龙港、中为日新河、东为随塘河。沿河建村级公路三条，与南泥、南果、塘下公路相通。东西向 4 条支河与南北向 3 条大河相交形成河道网络。3 条南北向村级公路与 4 条支河干道路与各村民小组相连。

一、外中村的隶属变迁

外中村在新中国成立后曾经隶属汇茂乡，1958 年 12 月，芦潮港种植果树、建立果园时为三工区，隶属于上海市南汇县泥城公社果园场部管理。1966 年 5 月，果园人民公社成立。三工区隶属于果园人民公社，1984 年撤社（人民公社）建乡，名字改为外中村。到 2009 年，撤村撤队。

1949 年 5 月，南汇县人民政府成立后，外中村先隶属南汇县第六乡镇联合办事区，后隶属于江苏省南汇县泥城区汇茂乡，设外中、东新、中北、小勒 4 个小村。1955 年 4 月—1957 年 2 月，外中地区成立汇茂初级农业生产合作社，隶属于江苏省南汇县泥城区管理。1957 年 2 月—1958

年 9 月，外中地区成立汇茂第八高级农业生产合作社，高级社隶属于江苏省南汇县泥城乡管辖，建立社务委员会，设社长、总会计、社务委员。社下设立生产小组，在社务委员会领导下，组织生产、管理民生。1958 年 10 月，高级社合并，建立泥城人民公社。政社合一，实行“三化”，即生活集体化、组织军事化、行动战斗化。1958 年 11 月—1959 年 9 月，隶属于上海市南汇县[1]泥城公社 9 营。

1958 年 12 月，根据中共上海市委的指示，在汇茂地区划出万亩土地种植果树，建立万亩果园，成立果园园艺场。果园园艺场的行政建制归属泥城人民公社管理，业务上归南汇县农业局直接指导。9 营的行政建制改名为三工区，隶属于上海市南汇县泥城公社果园园艺场管理。建立工区管理委员会后，工区是果园园艺场部的派出机构，在场部的领导下，组织管理村民的生产、生活。工区下设生产队。1966 年 5 月，经南汇县政府的批准，在果园园艺场管理的境域成立果园人民公社，三工区隶属于果园人民公社。1984 年 4 月，果园人民公社更名为果园乡，三工区更名为外中村，隶属于上海市南汇县果园乡。

1993 年 3 月，原果园乡、芦潮港镇合并，建立新的芦潮港镇，外中村隶属于新的芦潮港镇。2001 年 8 月，南汇撤县建区，外中村隶属于上海市南汇区芦潮港镇，辖区有 16 个村民小组。

随着东海大桥、洋山深水港、南汇新城镇的开发建设，土地的征用量不断增加，从 1990 年 3 月—2006 年 6 月，经历四个阶段：第一个阶段，1990 年新亚集团征地，外中村 7、8、13 组部分村民土地被征用，男年满 60 周岁、女年满 55 周岁的村民享受小城镇社会养老保险的养老金。第二个阶段，2003 年 9 月，沪芦高速公路开建，第 5 村民小组整体征用拆迁、

1　1958 年 11 月，南汇县划归于上海市。

撤销建制。第 1、3、4、6、10、11、12、15 村民小组部分拆迁。第三个阶段，2004 年 7 月两港大道开建，第 1、2、3、4、11、14 村民小组整体征地拆迁。第四个阶段，2006 年 6 月因物流园区建设需要，第 6、7、8、9、10、12、13、16 村民小组整体征地拆迁。外中村所有人口都纳入小城镇社会养老保险。全村所有拆迁户都入住芦潮港安置小区，从农民转换成城镇居民。2009 年 1 月 24 日，外中村撤销村级建制。

二、主要村宅名称的由来

外中村的村宅大多是逃荒求生的外地拓荒者拖家带口来到这里定居，随着亲友的投靠迁居慢慢形成自然村落。包括原外中村第 1 村民小组的刘家宅，第 2 村民小组的杨家宅，第 4 村民小组的顾家宅，第 6 村民小组的戎家宅，第 7、8 村民小组的江阴厂，第 10 村民小组的徐家宅等。这些村宅大小不一，大的有数十户，小的有 10 多户，最小的不满 10 户。外中村地区的自然村宅，居民基本上同姓聚居，宅名多以宅内居民的姓氏取名，有的以迁移地的原地名命名，如江阴厂、徐家宅，从而使村落宅名都带有人文历史的特征。

江阴厂位于外中村 7、8、13 组，在王公塘两侧，分南江阴厂和北江阴厂。听老一辈讲，江阴厂形成于民国初期。1912 年，江苏省江阴地区遭受严重的自然灾害，为了生计，只得外出逃荒流浪乞讨，当时外中村地区刚好荡田形成。一支以沈氏为主、10 多人的江阴农民逃荒到这里，搭建简陋的棚，也就是“厂”（指没有墙壁或只有一面墙的简易房屋），聚集开垦滩涂荒地，生息繁衍。1940 年，日伪政权实行保甲制时进行户口登记，由于该地居住人家大多由江阴迁来，于是在每户人家的门牌上印上“江阴厂”字样，这块地方就取名为“江阴厂”，并流传下来。

江阴厂农民在新中国成立前生活十分贫困，1947 年有民谣：“住的滚地龙，烧的泥土灶，东南风向自开门，侧困看见走路人，抬头看见满天星，草头野菜当点心，一日三趟泪盈盈，被头帐子黑层层。”新中国成立后，江阴厂先后归汇茂乡东新村、汇茂八社、果园三工区、芦潮港镇外中村管辖。经过半个多世纪的发展，江阴厂从一个移民小村宅成为现代化的社会主义新农村。据2006年统计，江阴厂已有212户，731人，有楼房42.16万平方米，平房2226平方米，人均居住面积60.72平方米，村民常年收入万元以上。2006年，江阴厂在芦潮港大开发中整体拆迁，现在已经不复存在。

外中村10组还有一个远近闻名、人才辈出的自然村宅——徐家宅。听长辈们讲，1912年，江苏启东发生海塌灾荒，在海水的作用下，成片良田倒入长江，失去土地的村民只得四处逃荒求生。一个名叫徐志香的启东人携家带口来到了今天的外中地区，租种了大地主沈曲背的数十亩塘田，定居下来，他就是徐家宅的第一人。徐家宅经百年的传承，人口从刚定居时的5人发展到2014年的125人，家庭从1户繁衍为40多户，成为当地名副其实、人才辈出的望族。

徐家宅不仅文化人多，党员干部多，而且男女老少都有文艺细胞，琴棋书画样样精通。徐进才是徐家宅中老一辈能工巧匠，他在家中创建的进才工艺室深受当地百姓的青睐，前往他家参观游览的客人络绎不绝。教师出身的徐琴虎退休后专攻书画，作品在全国的各种比赛中屡屡获奖，成为当地颇有名气的书画家。1991年，在果园乡第一届艺术节上，徐家宅歌咏队获得一等奖。2012年，徐琴龙、徐勤虎、徐琴官、徐琴标、徐萍五个家庭代表徐家宅参加上海市“乐在申城”家庭才艺大奖赛，获浦东新区第一名，并代表浦东新区参加市决赛。擅长跳国标舞的徐琴官，2010年参加上海市“同济”黑池杯国际标准舞大赛，获“常青组”第六名的好成绩。

三、种植业的发展

外中村地势平坦，属海洋性气候，四季分明，降水充沛，光照充足，土质属粉砂性，透气性好，肥力充足，但保水性能欠佳。由于成陆时间不长，土地盐碱度较高，除了水稻外，特别适宜种植棉粮果蔬等作物。外中村有句俗话："一熟黄豆一熟麦，种到头发雪雪白"，很形象地描述了外中村地区的耕作。玉米、棉花、黄豆称"大熟"，大麦、元麦、小麦统称三麦，外加油菜为"小熟"，为增加田效，两年中间隔种一熟，绿肥一般为草头、蚕豆。由于盐碱比较重，没办法种植水稻。

1958 年 10 月，根据市政府的要求，在泥城汇茂创办万亩果园，外中地区就成为果园园艺场的第三工作区，简称"三工区"。按场部规划，北部的 1、2、3 队种植苹果树，品种有青蕉、黄蕉、红蕉、大小国光、祝光、秋花皮等 10 多个品种，南部的 7 个生产队都种植梨树，品种主要有二十世纪、菊水、博多青、铁头、黄花梨、八云、香水等 20 多个品种，种植时全村统一正南方向测量定位，形成四五转方，也就是 4 米 ×5 米、横平竖直的网格化种植格局。定出果树种植面积后，其余土地仍种粮、油、棉等作物。果树成林后，农作物基本取消。工区配有植保员、粮管员、棉管员，生产队配备果树队长，成立园艺队，培育专业果树管理队伍。

经过三年努力，1961 年秋，水果开始上市。1965 年，果树进入盛产期，在上海外贸公司的牵头下，外中村的优质蜜梨连续多年远销海内外。70 年代开始，调整种植结构，翻掉苹果树和部分梨树，开始种植桃、葡萄、橘子等多种果树。桃树品种包括早熟中的一点红、江山早生、雨花露，中熟的品种为白凤、凤露、蜜露，晚熟的品种主要是玉露和国庆桃，还有部分黄桃。葡萄以制作红、白葡萄酒的北醇、北凤等为主。70 年代开始，外中地区的农田水利得到了很大的改善，全村建电灌站 3 座，修建地下渠道 3000 多米，农田几乎全部改造成为旱涝保收、稳产高产的良田。

1984 年秋，外中村实行土地承包责任制后，村民们摸索出在果树底下种植青菜的新路子，全村几乎家家户户都种植，提高了土地利用率、产出率。

四、养殖业的发展

新中国成立前，外中村地区的老百姓主要养殖家禽、家畜。新中国成立后到农业合作化之前，外中村养殖业都是私人经营的。农业合作化之后，私人经营和集体经营并存。人民公社化之后，以集体经营为主。20 世纪 70 年代末 80 年代初，以个人租赁集体棚舍承包经营为主，并出现养殖专业户。

俗话说："靠山吃山、靠海吃海。"外中村在刚开垦时由于盐碱重，农作物的产量很低，为了解决温饱，不少人只得向大海讨生活。一来二往，就形成了忙时务农、闲时出海捕鱼的生活习惯。在互助组的时期就有几人合伙张"网仓"、张"提高网"的个体组织。牵兜网、小插网、花虾网、海钩子便是家家都要有的捕鱼工具。农闲时，男女老少跑海滩，钓蛏、挖蟛蜞、拾插网脚捉泥螺。从"掠大"拾胀胶黄鱼，牵兜网、海丝网捉海鲻鱼，发展到 20 世纪 80 年代后的张网捕鳗苗。

外中村是一个典型的江南水乡，境内河道交错，渔业资源丰富。开垦初期，因人少自然河道多，捕鱼方便，所以没有养殖意识。合作化以后水利建设又开了很多大河道，所以村民一般只能在自己的宅沟宅河内搞一些养殖。成立人民公社后，境内大型河道都归属了公社的水产大队（内河捕捞大队）集体养殖，只有生产队的小排沟才归属生产队集体养殖。每到年底，生产队组织力量车沟捕鱼，捉到的鱼一般都按人口分配。

1984 年实行家庭联产承包责任制后，不少农户受到镇对虾场试养白对虾成功的影响，少数农户就先在自己的承包田上开挖鱼塘、虾塘、蟹塘进行养殖作业，并取得了成功，增加了收入。后来不少农户纷纷效仿，1995—1996 年是开塘养殖的高峰。后来就有不少农户在取得经验后，走出家乡，在异地承包土地发展养殖业。

五、村民生活的变迁

新中国成立前，外中村地区是远近闻名的穷地方，老百姓生活极端贫困。20 世纪初，芦潮港仅外中村有少量居民。在以后的 30 多年，来自江苏启东、海门及崇明等地的贫苦农民，在外中村地区安家落户，开荒种田。到 1949 年，外中村地区有居民 315 户，共 1441 人。但由于土地是租种的，产量低、收入少，人民生活贫困，住的是芦苇搭建的草棚，俗称“滚地龙”“环洞舍”，烧的是“泥涂灶”，吃的是草头、高粱、玉米、麦粞（也就是麦粉），穿的是土布破衣衫、草鞋，如遇上台风旱涝，更是颗粒无收，不少人家靠做长工、打短工或讨饭度日，若遭遇荒年，常以野菜充饥。

新中国成立以后，外中村经过土地改革，农民生产积极性空前高涨，收入逐年提高，生活得到进一步改善。特别是党的十一届三中全会后，百姓的衣、食、住、行都发生了深刻变化。1982 年，外中地区的人均年收入达到 331.5 元。在居住方面，昔日的芦壁茅屋已被瓦房和楼房替代，至 1984 年，当时的外中村有瓦房 729 间，楼房 894 间，人均居住面积达 32.35 平方米，手表、自行车、缝纫机等逐渐进入农民家庭。

随着农村改革开放的不断深入，土地承包到户，农民的生活日趋好转。外中村人民的生活水平不断提高，1984 年秋，第一次土地承包到户后，农民的生产积极性得到调动，收入也不断增加。1985 年，全村农民人均年收入776元。20世纪90年代后，改革开放政策给农民带来更多的实惠，全村农民围绕“保粮、增值、富民”的目标，调整种植结构，大力发展经济作物和养殖业，私营经济也进入一个高速发展时期，农民收入显著提高。1990年，农民人均年收入1033元。1999年第二轮土地延包后，农民收入又有大幅度提高，据2001年统计，农民人均年收入已达4949元。其中，企事业职工年平均收入1.01万元。在储蓄方面，1984年底，全村居民存款39万余元，人均存款237元；至2009年末，全村居民有银行存款近亿元，人均存款已达近3万元。全村天然气用户率100%，有线电视安装率100%，基本实现小康生活。

从旧时“穷汇角”到今日新农村的汇角村

杨国芹

口述人简介

杨国芹，1958 年 2 月生，芦潮港人。1974 年参加工作。1979 年 3 月加入中国共产党。历任果园乡汇角村党支部书记、乡中心幼儿园园长、乡计划生育助理、社区事务受理中心党支部书记，2013 年 2 月退休。现任汇角村党支部委员、生产队队长。

口述：杨国芹

时间：2024 年 6 月 27 日下午

地点：上海市浦东新区南汇新城镇芦潮港社区果园居委会

采访与整理：上海海事大学马克思主义学院闫彩琴

我 1981 年嫁到汇角村，在汇角村工作过 8 年，1988 年 9 月—1991 年 3 月曾担任汇角村党支部书记，后来又到镇政府机关工作，现在已经退休 12 年。接下来我结合个人工作、生活经历介绍一下汇角村的历史变迁。

一、汇角的形成

汇角村是从海里长出来的年轻村落，成陆至今 130 年左右。位于芦潮港镇西南，东以芦潮港水闸河为界，西邻五七农场（后改名为芦潮港农场），南靠远征村，北依泥城镇兴隆村，兴隆港内河和南芦公路延伸段南北纵贯全村。汇角原属泥城镇，果园与芦潮港撤二建一后划归芦潮港。汇角又名汇角嘴，是南汇陆地不断向大海延伸过程中先后形成的四个沙角（角又称嘴）之一（四个沙角是南汇嘴、老鸹嘴、塘角嘴、汇角嘴）。数百年来，长江水流入东海后折而旋南，和钱塘江交汇，又受海潮顶托，大量泥沙沉积而成陆，因此叫作“汇角”。汇角的形成是一个漫长的历史过程，至今仍不断向东延伸，形成新的“南汇嘴”（今临港“南汇嘴观海公园”F 点）。从海岸线推算，清光绪三十一年（1905 年）前，南汇陆地向东扩展缓慢，向南扩展迅速。清光绪十年（1884 年）筑彭公塘时，塘身向西已达泥城南角。1906 年筑李公塘（人民塘旧基），而汇角地区即在彭公塘和李公塘之间南段。史载清末泥城汇角一带渔民、农民因抗捐抗税，清廷曾派兵驻防戒严，也证明了这一点。

二、汇角村的隶属变迁

1953 年，汇角地区成立初级农业生产合作社，最早的初级农业生产合作社是由顾雪华组织成立的。顾雪华（1895—1980 年），祖籍江苏启东，1947 年迁居汇角江北棣（1985 年时汇角村 1 组）。新中国成立初期是芦潮港著名植棉能手，1952 年响应人民政府号召，带头改种“小花”为“岱字棉”，首次采用农药除虫，都取得好成绩，为推广作物新品种和新技术作出重要贡献。同年被评为江苏省劳动模范，获银质奖章 2 枚；1953 年出席华东地区劳动模范大会，获金质奖章 1 枚和奖旗、金笔、奖金；同年组织翻身农民成立汇角地区第一个互助组、第一个初级农业生产合作社。顾雪华于 1954 年加入中国共产党；1958 年受聘于泥城公社红专大学，任指导员，传授农业生产经验。此后，年岁虽大，仍积极参加集体劳动。1980 年，顾雪华因病去世。

1957 年，初级社合并为高级农业生产合作社，汇角地区为汇茂一社，隶属于泥城大乡。1958 年 9 月，泥城大乡改建为泥城公社，实行军事化建制，公社设团部，下辖营连，汇茂一社隶属于八营，至年底废除军事化建制，八营改为红旗大队，隶属于泥城公社。1959 年 10 月，红旗大队划归万亩果园园艺场，也就是后来的果园，改称四工区。当时这边没有村，果园园艺场一共设 5 个工区，后来庙港村、汇角村部分划分到芦潮港之后，改为 5 个村 1 个镇，一工区改为庙港村，二工区改为汇茂村，三工区改为外中村，四工区改为汇角村，五工区因为靠海改为征海村。1965 年 8 月，果园园艺场单独建立果园公社，跟泥城彻底分开，这个时候还叫“四工区”。1984 年，撤社建乡，隶属于果园乡；1985 年 3 月，四工区正式定为汇角村。

1985 年，汇角村有 15 个村民小组；1989 年，1、2、13 组划归到芦潮港村；1997年，10、11组撤制，就近并入果园镇居民委员会；2001年，全村有10个村民小组，606户，1606人，总面积179.2万平方米，耕地面积96.33万平方米。2003—2008年，3、4、5、6、7、14村民小组撤制，所在地建成为临港产业区。到2010年，全村只剩下4个村民小组940户、2092人未拆迁。到目前为止，汇角民房已全部拆迁，村民们已全部入住安置小区，但南汇新城镇成立时保留了唯一的一个汇角村，村里还有土地230亩，种的是树木和水稻。在册户籍人口863人，老年人口（60岁以上）351人，其中80岁以上43人，90岁以上10人。

汇角村村民最初大多是成陆后由塘西迁入的农民，一部分由崇明、启东失地农民迁入。1944—1946年，汇角外围建套圩，也就是围塘，开垦滩涂荡田后，川沙六团等地农民13户、30余人迁入套圩内，江苏吕泗、盐城、海门等失地农民27户、83人也先后迁入。他们共同租种马厂地主沈曲背土地，形成村宅。汇角村姓氏比较多，陆、施、黄、陈、刘、金等都是大姓，大约占总人口将近一半。因大部分人都来自长江以北，说话语言是江北语系，人们称其为“江北棣”，主要是原汇角村1、2组，到现在有些老年人讲话的江北腔调还很明显。

三、汇角村的经济发展

汇角村在新中国成立前和成立初是远近闻名的“穷汇角”，土地脱盐晚，碱性重，种出来的作物产量很低。以种植旱作物为主，产量低，元麦亩产30—100公斤，棉花亩产仅25—50公斤（籽棉）。农民以草头（苜蓿）、麦粞充饥，靠讨帮工活命，新中国成立前，有三分之一农民长年讨饭，三分之一农民季节性讨饭，当时流传于南汇县东南沿海的《讨饭歌》就来自汇角。《讨饭歌》里唱道：

手拿根破竹棒，一手提起讨饭篮。
拖儿带女哭一路，寒风刺骨冻脚板。
讨饭讨到二灶港，乡丁恶霸似虎狼。
讨饭讨到外三灶，日本强盗路上挡。
讨饭讨到潘家泓，小囡小郎饿断肠。
西村大娘救我命，穷人只好穷人帮。
冷粥冷饭讨一碗，回家还要把公婆养。

1959年，汇角村区域划入果园园艺场后，以种植果树为主，经济迅速发展。1984年树种调整后，全村栽种桃树72万平方米，橘树10万平方米，其他水果树3.33万平方米，常年产值190余万元。1983年，果园公社平均劳动力年收入729元，列当年全县26个公社第二名（第一名周西公社），比1970年增长188%；这一年汇角村区域的劳动力人均年收入又高出果园公社劳动力人均年收入20%，为875元。1984年，汇角村实行家庭联产承包制，村民经济收入进一步提高。1990年，汇角村人均年收入达2200元；2000年人均年收入为6300元。

1984年是汇角村发展历史上的一个重要的转折点，就是实行了家庭联产承包责任制。在家庭联产承包责任制之前，水果由上海市统一收购。为了帮助农民把水果销售到上海市，村里面办了一个水果收购站。我当时是村里负责计划生育的委员，这段时间每天跟着运输车辆押车，晚上出去，早上回来，很辛苦，但是我们要为农民做事情，帮助农民卖掉水果。1984年之后，水果自产自销了，镇里面办了一个水果交易市场，由外面的人来收购，根据品质分等级，也有一部分用冷藏车运到南方去。我们也要帮助他们销售，每天早上摘好，加工处理后送到水果收购站，有人来收购就挺好，没人来的话就要等，有时等到（下午）两三点，有时要等到晚上，没日没夜。

过了几年有些树都死掉了，因为有一种叫天牛的虫，它是咬根的，冬天需要捕捉，懒惰的人不捉，树被虫咬坏根后，就死掉了。大家一起做的时候干多干少一个样，效率不高。包干到户后，一些人因为懒惰就无法生存，但是勤劳的人就致富了。当时我也分到土地，我一个人种地，一个人摘桃子卖桃子，很辛苦。

1972 年前后，汇角村曾创办电镀厂（镇级）、皮鞋厂、纺织器械厂、饲料加工厂（镇级），规模小，效益不好，于 1995 年先后转制停办。境内也曾办中心饲养场，1984 年解散。1972 年办林木花圃，常年供苗木 10 万株，到 1984 年停办。

四、汇角村的教育、社会事业发展

汇角村区域曾有 3 所小学，1958 年创办红旗小学、兴隆小学、汇角小学，红旗小学、兴隆小学都于 1991 年停办。秋萍（汇角）小学是为纪念“汇角之战”中牺牲的周大根（周秋萍）烈士，于 1939 年创办，一度改为“汇角小学”“果园中心小学”，是南汇地区唯一一所以烈士名字命名的学校。1991 年学校名称再次更名为秋萍小学，1999 年与芦潮港中学合并为九年一贯制“秋萍学校”，就是现在的秋萍中学。新中国成立前及成立初，村民文盲率为 98%，到 1997 年，全村 7 周岁以上村民中，不识字或识字很少的，占 12.9%，全村义务教育率 100%，有大专及以上文化 12 人。

汇角于 1959 年创办工区卫生室，1964 年停办，1968 年恢复；1998 年正式建成汇角村卫生所；2000 年，卫生所迁址于水果交易市场南。1964 年开始，村民医疗费纳入园艺场一级核算的供给制，后一度停止；当时全县只有我们公社实行一级核算制，就是所有的东西由公社政府统一安排、统一支付。1994 年全村实行合作医疗制度，2008 年合作医疗投保率为 100%；2003 年后，各撤队村民由政府统一安排或享受小城镇待遇，男性年满 60 周岁、女性年满 55 周岁，按国家规定享受征地养老待遇，并全部迁居入新建安置小区。小城镇的待遇跟拆迁之前的农保待遇相差比较大，农保待遇女性也要 60 周岁退休，每个月只有 1000 多元，但是小城镇待遇女性可以 55 岁退休，每个月要 2600 多元，相差一半。所以我们这边的农民也是有保障的，就是年龄特别大以后也是会有一份保障，大家都很开心。2010 年，汇角村液化气、电话、有线电视入户率 100%；村民学校、老年学校、村民活动室、健身场所器材已一应俱全。

五、红色文化的传承

汇角有着光荣的革命历史传统，芦潮港的红色文化基本上集中在汇角，资源非常丰富。比如发生在 1930 年的泥城暴动，领导者是沈千祥，他组织的群众大部分来自汇角，当时的江山路都是芦苇荡，据统计调查参加泥城暴动的汇角人有 100 多个。1938 年著名的“汇角之战”也是在这一带。“汇角之战”的同一天，侵华日军在汇角地区制造了骇人听闻的血案。

汇角是“汇角之战”发生地，也是周大根等烈士的战斗地和牺牲地。后来，经上海市浦东新区新四军历史研究会决定，汇角村成立了“红色汇角陈列室”，2024 年 6 月 20 日下午正式举行了揭牌仪式。同时，我们还举办了“铭记革命史，唱响主旋律”2024 年歌党颂国“七一”活动。浦东新区新四军历史研究会会长周亚南为到会人员带来一堂红色党课，主题是“为有牺牲多壮志，汇角战斗留青史”。另外，还举行了文艺演出，有舞蹈、独唱、情景剧、女声小组唱、大吟唱等七个种类。其中值得一提的是我们汇角的原创情景剧《汇角支部领导下的塘脚反霸斗争》，这是前段时间汇角村为了纪念“二五减租”运动的胜利而编排的情景剧，反映了当时彭公塘开荒种田农民在东南区委书记沈肖方同志率领下，与地主恶霸陈田霸展开一场“二五减租”运动的斗争故事。这部情景剧的演员都是汇角村的党员和村民，共 11 人组成，这支队伍年龄最大 76 岁，最小 53 岁，平均年龄 66 岁。我们 11 个人里面有 8 人从来没有上台表演过，只有 3 个人参加过村里的舞蹈队。6 月 21 日，这个情景剧参加了芦潮港社区举办的“铭记革命史，唱响主旋律”比赛，参加单位有 8 个，我们汇角村获得了两个奖项：最具特色奖、一等奖。在这部剧里，我本人扮演了汇角村党支部书记。

勇于征服大海的征海村

蔡友根

口述人简介

蔡友根，1958 年 6 月生，1990—1994 年，任征海村委会副主任，1995—2002 年，任征海村委会主任，2002 年调任芦潮港动迁办，历任拆迁科科长、动迁办党支部副书记、动迁办党支部书记，2018 年退休。

口述：蔡友根

时间：2024 年 6 月 13 日

地点：上海市浦东新区南汇新城镇芦潮港社区海汇清波苑

采访与整理：上海海事大学马克思主义学院闫彩琴、田单单

一、征海村的基本概况

征海村是位于芦潮港镇最东边的一个小村。属地在人民塘以东，最东边靠近东海农场八五塘，西为林场界河，南接芦潮港村，北至东海农场18 连。征海村境内有南北向的随塘河、汇角水闸河、西林场界河外，还有东西向的农场 18 连界河及 7 条东西向支河。村里的主干道路为南北向，总长度 2.5 千米，宽 3 米，南边与果路相通，北连接绿荫路相通。征海村境域原是涨滩的芦苇荡，村民大多数从外地陆续迁徙而来。村民小组有 4 个，就是下面有 4 个生产队，总户数有 347 户，人口有 964 人。

征海原名果园园艺场五工区，成立于 1966 年 2 月。芦潮港一开始叫果园乡，当时是个小乡村，1964 年政府组织人员花了两个冬天用扁担肩挑背扛围垦一个很大的农场，也就是果园园艺场。两年之后，成立果园园艺场五工区。1984 年撤社建乡时，果园园艺场五工区改名征海村，也就是征服大海的意思，此后一直沿用。1989 年 3 月，根据南汇县政府文件，将第 1、2 生产队划入芦潮港镇的芦潮港村，原来的 6 个生产队变成了 4 个。到 1993 年 3 月，果园乡、芦潮港镇撤二建一，征海村属新建立的芦潮港镇，下辖 4 个生产队。2001 年 8 月，南汇撤县建区，征海村属南汇区芦潮港镇，辖 4 个村民小组。2009 年 4 月，南汇区整体划入上海市浦东新区，征海村隶属于上海市浦东新区芦潮港镇，下辖 4 个村民小组。

随着洋山深水港开发建设，土地征用量不断增加。自 2001 年起，因

建东海大桥、修沪芦高速公路、建商务广场等重大工程，土地陆续被征用。经上级有关部门批准，征海村第3、4、5、6村民小组于2003年10月20日撤销建制，撤销村民小组。2009年，征海村经上级有关部门批准撤销村级建制。

二、征海村的产业与经济发展

征海村的产业结构分为两部分：一是种养业，二是村办企业。征海最初的经济作物是果树和棉花，这是主要产业。由于是盐碱地，碱分很大，种的庄稼长不高，棉花只能长到30厘米左右，一棵上面只有两三朵棉花。白天种田的时候，旁边就有螃蟹在爬。田里到处都是野兔，很荒凉。所以，当时有句顺口溜是“蟛蜞到操场，野兔到工厂”。由于棉花产量太低，到1984年开始改种稻子。

征海村1975年试种桃树，1979年正式投产，到1983年扩大种植，并且增加橘树、梨树等品种。1984年，实行土地承包。1989年10月，征海村第1、2组划入芦潮港村。由于盐碱地产量偏低，果树土地变薄，持续到1998年，果树大批量枯死，产量逐年降低，农民的收入也随之降低。当时我担任征海村的村主任，大批农民需要自找出路，就自己用推土机开挖鱼塘、虾塘、蟹塘。到2000年，村里向镇党委提出申请，经政府同意，正式批准开挖虾塘、蟹塘，自谋产业。我当时分了六亩土地，也开挖虾塘，养过两年。到2001年，有50%的农民自行开挖虾蟹塘，提高了收入，年产值由原来的六七十万元提增到100多万元。另外，根据统计，2001年全村有农业承包户281户，栽桃20万平方米，橘20万平方米，梨、葡萄13.3万平方米，纯粮田地18万平方米。有鱼、虾塘17.37万平方米，蟹塘2.03万平方米。种养业之外，农民勤劳致富，还有其他收入。农民家家户户发展副业，譬如养猪、养兔、养鸡鸭等。为了提高生活质量，有些老百姓还种蘑菇，常常是半夜里打水摘蘑菇。我也种过蘑菇，养过兔子，样样都干过。

征海村办企业开办较早，1972 年开始办仪表加工厂，属于芦潮港最早的村办企业之一。后来又办起了电风扇网罩厂、水厂、皮革厂、标准件厂等，后来由于种种原因，到 1985 年左右基本上关闭。当时皮革的行情比较好，只有皮革厂后来被镇政府收掉，并且扩大经营，一直到 2004 年动拆迁为止。我在任时，为增加村民收入，还招来上海龙珠公司（做万能胶），这家公司后来在动迁时停业。

三、村民生活的变化

1966 年果园园艺场五工区成立后，要开发种田，因为五工区没有劳动力，所以首先从各工区召集青年突击队 30 多人来参加劳动。青年突击队建了房屋，就开始征海，要向大海要粮食。当年 5 月，又在南汇县委、县政府号召下，从南汇四大镇惠南、周浦、新场、大团召集社会青年 30 多人落户五工区。这是第一批征海人。当时条件十分艰苦，住的是茅草棚，睡觉“着地铺”。为便于生产，根据征海村南北长、东西短的地形特点，从南到北依次分为 6 个作业区，也就是生产队的前身，每个作业区产生了队长、副队长等组织班子。由队委班子带领青年负责生产管理。当时主要工作是在荒滩盐碱地开沟洗碱后种植棉花。因劳动力严重不足，1970 年，果园公社动员各工区农户搬迁到五工区落户垦荒。1972 年，经南汇县政府批准，五工区向外招收各乡镇农户 100 户、本公社农户 100 户。后来实际招收户数为 11 个乡镇总户数 198 户，其中本镇户数 90 户。按一家三口算，共 600 多个人。我家也是那个时候从一工区 1 队搬到了五工区，当时我才 14 岁。

征海村人口不多，总人口为 964 人，其中男性 438 人，女性 526 人，非农业户居民 63 人，大中专以上文化学历的 110 人。从收入来看，征海村 1985 年全村年人均收入 100 元，到 1990 年提增至 2000 元，2001 年人均收入 4500 元，再到 2007 年人均收入 6300 元，为 1985 年的 63 倍，增长幅度很大。

2003 年征海村撤队时，被撤村民小组的农村户籍人口全部转为非农业户口，男性满 60 周岁，女性满 55 周岁，享受小城镇社会养老保险的养老金，土地归新镇集体所有。到 2009 年撤村时，由于大批的农民被征地，当时市里出了一个政策，叫农民以土地换劳务。政府为了配合离地农民的安置，成人学校和上海市劳动局联合对农民进行了职业培训，南汇区有三所成人学校是和上海市劳动局合作的，一个是周浦，一个是惠南，一个就是我们这里。政府花钱买培训，离地农民有什么需求就开什么班，持证上岗，为离地农民的安置作了很大贡献，使人人都有工作做。拆迁时按照市委的要求，比如这个村子有 300 亩土地，这 300 亩土地就是集体资产，被土地储备中心收购，按照耕地、非耕地等进行补偿。

征海村原有一个卫生室，建于 1968 年，有两名“赤脚医生”，后到 1990 年停办。还有一个幼儿园，1976 年建成，到 1994 年停办；征海小学建于 1972 年 2 月，到 1989 年撤并。

曾经的棉花高产典型远征村

王文祥

口述人简介

王文祥，1940 年 1 月生于泥城，1959 年加入中国共产党，1966 年迁居远征，1970—1976 年，任远征大队党支部书记；1977 年 12 月—1980 年 12 月，任中共泥城公社委员会副书记和泥城公社革命委员会副主任；1980 年 12 月—1984 年 4 月，任泥城公社管理委员会副主任。1996 年退居二线，任芦潮港港口居委会党支部书记至退休。1977 年出席中国共产党第十一次全国代表大会，1978 年获评“上海市劳动模范”称号。

口述： 王文祥

时间： 2024 年 6 月 18 日上午

地点： 上海市浦东新区南汇新城镇芦潮港社区海芦汇鸣苑

采访与整理： 上海海事大学马克思主义学院闫彩琴、田单单

一、浦东最年轻的村落

远征村位于芦潮港镇最西南端人民塘两侧，东起南汇县林场，西至芦潮港农场，北与芦潮港村界河相交，南为杭州湾。与征海村一样，20 世纪 50 年代末 60 年代初，远征村才刚刚成陆，此后在人民塘外筑圩围垦后，1966 年人口、土地达到一定规模，形成村落，可以说是浦东最年轻的村落。

远征村村民主要来自泥城公社人民大队、苏桥大队、塘角大队和部分原泥城、彭镇外洋捕捞大队渔民家属。首先是 1959 年人民公社化后，泥城公社外洋捕捞大队迁至芦潮港港口。年底，泥城、彭镇公社外洋捕捞渔民家属落户芦潮港港口，成为该地最早居民。1959 年 10 月，泥城公社在汇角南滩建立牧场，职工和家属同时落户于此。1960—1964 年，人民大队、苏桥大队、塘角大队志愿农民 188 户、404 人举家迁居于此。到 1966 年建大队时有 228 户、536 人。我就是 1966 年时响应号召支援芦潮港，离开家乡，从泥城人民大队 3 队来到远征战天斗地。远征开始的名字叫远征小队，1966 年 6 月组建成生产大队，属泥城人民公社，下辖 6 个生产队，后来形成远征村。

远征大队成立后，成为泥城人民公社最边缘的大队。为便于土地和人口管理，1975 年，将 6 个生产队缩并为 5 个。1984 年 2 月，泥城公社撤社建乡，远征大队改为远征村。1989 年 11 月，远征村由泥城乡划归新建

的芦潮港镇。1993 年 3 月，芦潮港镇和果园乡“撤二建一”，合并为新的芦潮港镇，远征村下辖其中。同年，芦潮港镇开始大开发、大建设。在 1 组境内建特别贸易区、杭州湾餐饮一条街，2 组建香港街。1、2 组土地被征用，1993 年 10 月撤队。1994 年，3 组土地被征用，全组村民“农转非”。4 组征用南芦公路延伸段临港建设用地，5 组土地也被征用。到 2010 年，远征村共有 3 个村民小组，土地总面积 44.57 万平方米，总人口 478 人（属 3、4、5 组）。自 1995 年 7 月—2009 年 3 月，3 个村民小组分别撤销小组建制。2011 年 6 月，完成撤村工作，远征村不复存在。

二、辉煌一时的棉花种植业

远征村是艰苦创业、围海造田形成的村落。当年围海造田，维护期要两到三年，过水平线之后土地就可以开荒耕种。1966 年，在芦潮港南滩开垦荒地共 52.8 万平方米。远征村当时是芦潮港条件最差的，寸草不生。远征大队成立后，开始有计划地开河、筑路、兴修水利、种绿退碱。后来，远征大队学习华西村经验，实行两级核算，建造农民新村，进行科学种田。但境内成陆晚，土地脱盐也晚，种植业开始时都以旱作物为主。

1982 年之前，远征大队主要种植粮棉，尤其是棉花。1967 年至 20 世纪 70 年代中期，远征大队可耕地的 95% 都是棉田，这段时期是棉花高产期。特别是 70 年代，远征大队有过 6 年棉花高产巅峰期，曾是全国棉花亩产高产单位，亩产棉皮超过 116 公斤，成为上海市郊棉皮产量最高的大队，全大队人均年收入位列上海市郊第一名。为此，1971 年 5 月，《解放日报》曾以《远征万里不停步》为题，发表长篇报道，介绍远征大队艰苦创业、成为棉花高产典型和市郊农村分配收入最高大队的事迹。

实际上，上海的气候多风多雨，并不适合种植棉花。远征村能在这样的气候条件下，在贫瘠的盐碱地种出高产棉花，是非常不容易的，靠的就是艰苦奋斗。当时远征大队土地少，生产工具落后，没有机器，主要靠人工劳作，而开垦耕种都是重活累活，加上土地条件也不好，长出来的棉花苗很小。我们就整天琢磨怎样提高产量，调动农民的种棉积极性。

经过几年的艰苦创业，我们总结出“三性三易三黑三黄”一整套远征大队棉花高产经验。所谓“三性”：一是“天性”，观察天气的变化、节气温差的变化、雨量多少、雨期长短，控制苗株生长；二是“地性”，远征土壤为砂夹黄、黄夹砂、黄泥土，根据土质差异，采取不同的施肥时间和数量；三是“作物习性”。棉花“三易”是指易疯长、易倒伏、易烂铃。“寸花不怕一尺水，尺花最怕一寸水。”“三黑”是指夏季黄花期叶子黑、入伏暑期叶子黑、花蕾期叶子黑，要早通风，早光照。“三黄”是指6月20日叶子发黄，7月20日叶子退黄，8月20日叶子落黄。

远征大队棉花高产经验中关键在于：促全苗早发，控蕾期疯长，力争带桃入伏；促花铃期旺盛，控过早封行，力争伏桃满腰；促早熟老健，控迟熟早衰，力争秋桃盖顶。促控结合，促弱控旺，控中有促，促中有控，天促人控，天控人促，夺取高产。还有一点，就是通过绿肥种植来改善土地质量。主要绿肥作物是蚕豆和苜蓿，也就是草头。绿肥对土壤能起到保湿松土的作用。一般10月下旬播种蚕豆，次年4月深翻到棉花苗畦下30厘米。

为了总结、推广棉花高产经验，我们还编了一首《种棉歌》：

绿肥杂草洗碱地，沙土盖地变良田。畦头大小定尺寸，绿肥种足是关键。

隔年计划早安排，播前半月地深翻。不误农事播好种，浅沟毛底落籽匀。

细土薄盖不露籽，一次播种花苗齐。勤施薄肥促苗壮，雨水流淌沟沟通。

寸花不怕水一尺，棉田保湿增肥效。基肥有效叶黑壮，鸡蛋铃子挂满腰。

叶子变黄通风早，防病治虫抓得早。不见烂铃夺高产，高产丰收六年连。

经过艰苦努力，远征大队的棉花栽培取得了卓越成就，成为南汇地区的样板，棉花高产经验则成了全国的典型。1975 年 10 月，农林部在南汇召开 18 个省、市和有关农科院参加的全国棉花丰产栽培技术座谈会。会议期间，代表们专程参观考察了远征大队。1979 年 9 月 5—20 日，农业部组织长江流域 8 个产棉省市 100 多名代表到南汇县考察学习棉花高产技术，也参观考察了远征大队棉田。同时，远征大队的年终分配也成了上海市郊农村的第一名，当时远征大队一个生产队一年能够分配 1 万块左右，一个男劳力一年能分到 500 块。

1982 年 12 月，远征村提前实行家庭联产承包责任制，各承包户棉花种植面积减少。至 2010 年，已基本改种水稻为主。1988 年调整承包土地，多余土地建立远征农场；1989 年农场撤销，土地归队。

三、远征村的劳动模范

在这个过程中，远征大队也出现了一批植棉能手、劳动模范，成为地区知名人物。特别值得一提的是，我们一个生产大队选举产生了两位党的全国代表大会代表，这在全国农村也是罕见。其中一位是被称为“铁姑娘”的邱秀英。邱秀英是泥城外洋捕捞大队家属，1964 年参加围海造田，1966 年迁居刚成立的远征大队 1 队。1966—1976 年，任大队长、妇女主任；1978 年 10 月—1980 年 12 月，任泥城公社革命委员会副主任，中共泥城公社委员会委员；1977—1979 年，任中共远征大队党支部书记，被评为上海市“三八红旗手”。1978 年 5 月，南汇县召开光荣称号命名大会，远征大队邱秀英被授予“植棉能手”称号。20 世纪 70 年代还被市、县评为“种棉状元”。1973 年当选为党的全国代表大会代表。

另外一位是我本人。我自己很喜欢种田，即使是当了大队支书，甚至是后来在公社担任领导职务，我还是和其他人一样要下田干活。作为干部，事事都要起带头作用。1978 年 11 月，我获评“上海市劳动模范称号”，奖励了一个收音机。在那个年代，钢铁、粮食、棉花是一个国家强大的重要物质基础，我深深地盼望国家能够繁荣发展，粮食丰收，棉花高产，国家富强。因此，后来我就以钢铁、粮食、棉花三大产业给三个孩子改了有时代特色的名字，大儿子取名为王钢，大女儿取名王棉，二儿子取名王粮。1977 年，我当选为中国共产党第十一次全国代表大会代表，8 月到北京出席党的全国代表大会。

服务港镇开发的芦潮港村

沈永娟

口述人简介

沈永娟，1952年10月生，1984—1990年，历任征海村村委主任、芦潮港村党支部书记。1990年后，曾任芦潮港镇农副公司经理、芦潮港镇计生助理员。

口述：沈永娟

时间：2024年6月19日下午

地点：上海市浦东新区南汇新城镇芦潮港社区海芦月华苑居委会

采访与整理：上海海事大学马克思主义学院闫彩琴、王伯承、李晗娜、田单单

我曾在芦潮港村刚成立的时候担任过村党支部书记，这里主要介绍的是芦潮港村的历史和发展情况。芦潮港村的地理位置原来在果园乡的最南面，1、2、3组和4、5、6、7组中间隔了一条南北水闸河。4、5、6、7组和8、9组中间隔了一条南北向的随塘河和一个海塘。1、2、3组西面是农场，8、9组东面靠近海，真所谓西靠农场、东临海洋，中间有桥梁。西岸、东岸的村民出行比较远，全靠自行车和电瓶车进出。

一、芦潮港村的基本概况

芦潮港村是1989年建村。当时的背景，先是1986年5月成立芦潮港开发区管理委员会，到1989年4月，经上海市人民政府批准建立芦潮港镇。为适应芦潮港镇的开发需要，当年9月上级批准将原果园乡邻近芦潮港的汇角村1、2、13组，庙港村1、2、3、14组，征海村1、2组，共9个村民小组划拨给芦潮港镇管理，取名芦潮港村。汇角村的1、2、13组改为芦潮港村1、2、3组，庙港村1、2、3、14组改为芦潮港村4、5、6、7组，征海村的1、2组改为芦潮港村8、9组，老百姓一般简称芦港村。芦潮港村刚成立时，镇党委把原来在汇角村、庙港村、征海村里任职的三个人抽调组建筹备组，一个是我本人，担任村党支部书记，一个是黄海平，担任村主任，还有一个是姚宏宝，担任大队长。

村子刚建立的时候条件比较差，没有办公场所，镇领导向手表厂借了2间仓库做临时办公点，5个月后领导向防汛工程队借2间楼房作办公用房。1990年第十届县人代会上，代表向陈文泉县长争取到3万元经费，镇里又配了资金，1992年3月建造了芦潮港村的办公大楼，上下两层，共10间房子。为方便村民办事，房子建造在4组土地上，靠近老芦公路，后面直通4、5、6、7组的水泥路，取名渔港路778号。

芦潮港村8、9组是原来五工区的1、2队。1964年，果园公社组织农民围海造地。1966年组织本地的青年开垦荒田。1970年，果园乡动员本地有劳动力的农户落户，成立五工区。1971年，五工区1队成立知青队，把原来插队在果园乡各工区内的一部分知青抽调到一起管理。他们来自周浦、新场、惠南、大团，一共36人，队长由乔正国担任。公社特地为他们造了8幢房子，2个人一间，半房半灶，配有灶头和集体食堂，樊健康专门烧饭，还设有乒乓室，食堂到1975年底结束。1975年，果园公社向外公社招收有劳动力的农户到五工区落户，知青队原来只有4户当地农民，一下子招收22户人家。1976年，知识青年逐步上调，到1979年12月，知识青年全部上调。有的回老家安排工作，有的不愿回去，还有已经结婚的青年留在了本公社，大多数安排在供销社、木业社工作。

当时的五工区1队都是盐碱地，地面上一层白色的盐花。还有零零星星的芦苇，只能种棉花。但是土地贫瘠，种出的棉花很矮。由于人少地多，公社里派学生帮摘棉花。1975年，果园乡又派了各队社员来1队开挖鱼塘40多亩，集体养鱼苗吸碱，改良土地。上调前的知识青年大多参加了鱼塘开挖。当时的生活条件很差，但他们每个人都能吃苦耐劳，个个都是干活的好手。

1976年后，大队全面布局，为五工区1队下拨桃苗、生梨苗，种上了果树。当时五工区1队，隔个海塘就是大海，晚上睡觉能听到海浪拍岸声音。房子里有蟛蜞出入，床底下有芦苇长高，非常荒凉和艰苦。芦港村9组同样多是从书院、万祥、黄路、三墩、大团、泥城等外公社搬过来的农户，他们为建设五工区作出了重大贡献。

芦潮港村1、2组居民都是外来移民。大部分是从江苏盐城和川沙、六团等地来开荒定居，当地农民习惯称江北棣。3组的原有土地是汇角村各生产队的远征地。果园公社根据实际种田情况，动员和鼓励有远征地的农户移民就近管理，成立了13队。4、5、6、7组的村民也是由江苏海门、启东、崇明等地方逃荒过来，大家都称“大沙人”，也叫“沙上人”。其中5组是原来一工区、二工区的远征地，同样为了方便管理，公社鼓励有远征地的农民移民造房定居，组成14组。当时各组的人口情况是：1组73户183人；2组57户143人；3组61户154人；4组63户157人；5组62户155人；6组60户250人；7组99户270人；8组36户97人；9组95户239人。

1989年9月，芦潮港村组建后，在镇党委和政府的领导下，立即着手按照村民委员会组织条例的规定组织村民机构，主要是党支部、村民委员会和相应的群众团体。1989年9月—1993年2月，这些机构归老芦潮港镇党委政府领导，芦潮港镇和果园乡撤二建一后，1993年3月—2009年1月30日，属新芦潮港镇领导（党委、政府）。

芦潮港村的党支部在建村同时建立。自1989年9月—2009年1月，一共换届选举五次。因开发和“撤二建一”的原因，党支部书记调动频繁，往往未到任期就有变动，先后共有7位同志担任书记，分别为沈永娟、姚宏宝、黄峰、董宝观、唐德龙、陈宝清、潘宝国。委员同样变动较大，先后由姚连龙、吴应弟、徐菊平、陈宝清、潘宝国、俞伟华等人任职。芦潮港村共有党员52人，分别由9个小组划入而来。1、2、3组12人，4、5、6、7组26人，8、9组9人，开发区其他单位5人，其中，男性党员 43 人，女性党员 9 人。

二、芦潮港村的经济发展

在农业生产方面，芦潮港村属于果园乡万亩果园的一部分，所以村民以原有种植的果树为主。桃树品种有早熟品种仓方桃、江山早生、雨花露，中熟有白凤桃、湖景蜜露、塔桥、半斤桃、玉露桃，晚熟有国庆桃，共有桃树面积 82.33 万平方米，其中白凤桃和玉露为当家产品，糖度高、果型好、产量高，深受外来客户的喜欢。建村后，各组对桃树品种做了调整，淘汰了大部分的早桃，保留了质量较好的中熟桃。

每年桃子上市季节，村民们很辛苦。桃子销售好比打仗，时间短，任务重，村民压力很大。大家去果园收购站销售，一部分村民要卖个好价钱，自行挑担乘着公共汽车外出到外乡镇销售，有的寻找单位自销。村里领导也花了大量精力组织人员外出联系客户，联系外省市的单位，帮助解决销售难问题。他们常驻收购站，不分昼夜，为农户排忧解难。

芦潮港村建村时，农民种的橘子一共有 18.26 万平方米，分散在各村民小组。橘子大多数是温州蜜橘，分早熟、晚熟两种，一般是 11 月份成熟。橘子主要靠村民自销，因为比桃子好存放，销售压力相对小一些。大多数由小贩进门收购，部分自行到市场销售。2000 年后，市场柑橘品种猛增，竞争越来越激烈，村内不少农户砍掉橘树改种桃、葡萄、西瓜，有的还种植蔬菜，蔬菜大部分销往洋山、嵊泗，一部分供应本镇市场。

水产方面，1999 年土地承包后，芦潮港村有不少农户淘汰了经济收入不高的果树，开挖鱼塘，养鱼、养虾、养蟹。全村除 4、5 组以外，每组都有部分农户开了鱼塘。其中 9 组开挖面积最多，达 174 亩，水产养殖成为村民经济来源之一。拆迁时，村里共有鱼塘、虾塘、蟹塘 29.2 万平方米，养殖户 45 户，都是自产自销，大多数上门收购。另外，部分村民外出包塘养鱼、养虾、养蟹，经济收入也很可观。9组还有几家人有渔船，经常出海捕捞，收入高，但很辛苦。

工业方面，芦潮港村建立后，村委尝试办了几个小厂。一个是宝石工艺品厂，一个是印刷包装纸品厂，一个是砂石经营站。宝石工艺品厂由于销路问题于1994年关闭，印刷包装纸品厂和砂石经营站分别于1994年转为私人企业，直到拆迁。

三、芦潮港村的典型人物

芦潮港村建村时共有人口1615人，总户数597户。撤村时人口1929人，总户数714户。

村里比较有名的人物，其中一个是黄火根。他是芦潮港村4组村民，18岁时会制作鸟哨。新中国成立前，因生活困难，经常到海滩芦苇蒿中捕捉野鸟补贴家用，练就了一套诱鸟捕鸟的好本领。他能识别20多种野鸟，用鸟哨模仿鸟叫声音，诱而入网，围而捕之，是捕鸟高手。20世纪80年代后不再捕鸟。他制作的鸟哨色泽鲜明，完好无损，吹奏时音色清亮高亢。2007年，鸟哨成功申报市级非物质文化遗产，他作为主要代表性传承人，曾多次在南汇电视台录制节目，在社区文化宣传活动中也多次参加演出，吹奏鸟哨，受到村民的欢迎。

另一个是顾春官。他是芦潮港3组村民，创办的水产养殖公司成为广东省珠海市水产行业的龙头企业。养殖的河豚、巧嘴红鱼等水产品已销往全国各地。顾春官17岁时外出创业，做过泥水匠、水果批发，把水果销往外省市，为果农作出很大贡献。1998年，他放弃水果生意投入水产行业，养起了河豚。他勤学肯干，很会钻研。第一年养的河豚上市质量特好，上市后供不应求，20亩鱼塘赚了30万元。2006年，全家搬到珠海，承包700亩荒地，开挖24口鱼塘，投放600万余河豚苗，年底上市净赚

900多万元。2007年、2008年分别增加到1200亩、3000亩，产能千万以上；同时还养殖了巧嘴红鱼、罗氏沼虾。他大胆创新，科学养殖。2010年中央电视台第二套《致富经》报道介绍了顾春官创业致富的事迹，也为家乡芦潮港增光添彩。

四、芦潮港村的拆迁和撤村撤队

2004年7月，芦潮港开始实施拆迁，芦潮港村9个村民小组按需分5批进行。拆迁时，对村民的拆迁房屋、青苗等按政策进行补偿，对劳动力、60周岁以上退休人员及住房进行安置。

2006年12月，9个村民小组进入撤队准备工作。2007年1—12月，成立撤制工作小组，村组常务代表处理资产（土地补偿费），公布各村组面积农龄，撤制队就资产的分配向村民进行核对、公布，得到上级批准、村民认可后实施。2007年12月，撤队工作顺利结束。2009年1月24日，南汇区人民政府批准撤村。撤队撤村过程中，村党支部、村委会领导带领撤制小组人员认真办事，踏实工作，为撤队撤村作出了很大贡献。撤村后，居民已逐步进入到各个安置小区，虽然有所分离，但仍旧在芦潮港镇党委、镇政府的领导下，各自享受着拆迁开发带来的福利，过着安居乐业的生活。

第四章　芦潮港的农业与渔业发展

芦潮港是上海著名的渔港和边防要地，成陆百余年间，农业与渔业发展写满了岁月的印记与时代的变革。生于斯长于斯的百姓，以切身记忆串联起芦潮港从新中国成立时的蹒跚起步到新时代蓬勃发展的历程。“万亩果园桃李香”，不仅是大自然的慷慨馈赠，更是芦潮港农业蓬勃发展的生动写照。以桃花为媒的南汇桃花节，在岁月长河中承载着深厚文化底蕴与经济交流使命，成为芦潮港独特的文化标识。“包产到户”政策的推行、家庭联产承包责任制的落地生根，如春风化雨，激发了农民的生产热情，让广袤土地焕发出全新活力。在芦潮港的发展进程中，渔业同样书写着精彩篇章。“渔舟唱‘晚’”，一位老渔民的亲身经历，勾勒出芦潮港渔业从传统捕捞到现代渔业转型的奋进轨迹。农业与渔业相互交织，共同绘制芦潮港的繁荣画卷，谱写着这片土地上的奋进之歌。

王根郎的芦潮港记忆

王根郎

口述人简介

王根郎，1930 年生。中共党员，原果园乡老干部，亲历芦潮港地区的土地改革，现“百姓讲堂”优秀学员。

口述：王根郎

时间：2024 年 5 月 21 日上午

地点：上海市浦东新区南汇新城镇海芦镜湖苑

采访与整理：上海海事大学马克思主义学院李秀芳、苏月秋、闫彩琴、刘泽等

我姓王，1930 年生，今年 95 岁，我的祖先是江苏江阴的。迫于生计，父亲在 18 岁时背井离乡，长途跋涉，来到芦潮港，后来和我的母亲结婚。来芦潮港之前，父亲在无锡读书，还差 3 个月要毕业时，生活所迫，不得不离开家乡。我生于芦潮港，长于芦潮港。1948 年，我 18 岁，与我的妻子结婚，并相伴一生。

一、上海解放后我与芦潮港共成长

大家都知道，上海是在 1949 年 5 月 27 日解放的。这一天，上海市区大街小巷红旗飘扬，公共汽车也被打扮得五彩缤纷。人们沉浸在喜悦中，载歌载舞，庆祝上海解放。过了不久，上海还举行了庆祝上海解放的大游行。[1] 当时我 20 岁，担任 3 个村的民兵排长。到 1950 年 10 月，担任了 3 个村的民兵副连长。那时候，我拿过 3 年枪。

上海解放后，国民党军队的飞机经常对上海进行骚扰轰炸，尤以 1950 年 2 月 6 日为最。这一天，国民党军队的飞机对上海进行了大规模的狂轰滥炸，使上海军民遭受重大伤亡，给生产生活造成了严重困难。

在那个动荡不安的年代，国民党特务特别猖獗，他们逃窜到洋山、舟山等地，企图继续侵扰上海。我们这里离洋山、舟山近，首当其冲，深受

1　这里指的应该是 1949 年 7 月 6 日上海军民为庆祝上海解放而进行的大游行。

其害，被他们搅得鸡犬不宁。因此，消灭国民党特务，遏制他们的破坏活动，成为一项特别要紧的大事儿。我记得，当时我抓了6个特务，并将他们枪毙掉。到1953年，我做代理副连长，携13杆枪，在地方抓坏人。当时有了社会主义教育运动，南汇派下来的工作队到我们这里开展教育活动。从这个时候开始，我担任连队的副连长。1954年后，还当了3年会计，后来当了16年队长。

我曾经评上过两次劳动模范，一次是生产队给我的，还有一次是大队里给我的，也是劳动模范。当时，我们这里没有文化的人很多，和我一样岁数的人几乎都没有文化。1954年，顾雪华创办小学，两个乡的孩子都来这所学校上学，因而是比较出名的。我当时上小学，六年级差3个月就结束的时候，因为母亲去世，没有条件继续读书，就辍学了。老师也因我母亲去世来过家里慰问过我，对我比较好。

我的出身成分叫作上中农，我是1970年入党，入党不是太早。那时候讲阶级斗争，从阶级斗争上讲上中农不好入党。在当时的社会背景下，上中农拥有较多的土地和生产工具，能够通过自己的劳动实现自给自足，属于农村中的中等收入群体。但是，被划为上中农成分的人及其子女，在招工、提干、升学、入党等活动中，都受到一定的限制。入党前，大队书记找我谈话，并给我写了入党报告。但是那时候上中农入党很少，我记得只有两个我这种成分的人入党。党委书记做介绍人，这种情况在之前是没有的，还有一个其他组的党支部书记做我的介绍人。入党以后，要一年才能成为正式党员。当时，我们办互助组，我担任互助组组长。1992年，我才退休，至今已经退休33年。

二、芦潮港地区的土地改革

近代以来，芦潮港地区的行政建置从闾邻制、保甲制、乡、人民公社、镇，发展到目前的社区，几经变化。境域范围也自北向东南逐渐延伸、扩展。我下面来讲芦潮港的发展，芦潮港是在60年代开始叫“芦潮港”，以前叫“角头港”，那边有个叫庙港的，因为有个庙就叫庙港，后来叫汇茂乡，汇茂乡政府设在天妃宫（汇茂村9组北）。2004年我们这里开始拆迁，现在都改造了。我家是2006年开始拆迁，已经过去18年了，现在生活越来越好。

新中国成立前，芦潮港地区大约有400万平方米土地。这些土地，一大半以上都由地主耕种，550户农民，只能种到200万平方米左右，且都是质量比较差的茅柴、芦苇密布的荒地。当时，老百姓就从地主手里去租地，种地主的土地，向他们缴纳地租。土地里种100斤的农作物，有50多斤要交给地主。

1950年3月，芦潮港开始进行土地改革，一直到1954年结束。当时，我们8个村整掉6个地主。这些地主危害老百姓，欺压老百姓，也有洋山逃过来的。因为洋山、舟山解放了，他们就逃到我们这里来。我们在这里追，一个也跑不掉。那时候，老百姓生活条件太艰苦，没有饭吃，大团那边都是讨饭的。政府也没有什么办法，政府力量还很薄弱。毕竟，上海也刚刚解放不久。当然，政府还是尽力发放糕团、面团这类食物，给老百姓吃。那个时候我已经20岁了，所以记得很清楚。我们这里90%以上的人到大团讨饭。

党的十一届三中全会以后，实施家庭联产承包责任制，这实质上这是一件好事情。那时候家家养猪，我们讲“每亩地里一头猪”。同时，还要养鹅、养鸭。那时候我去崇明“捉鸭子”，养鸭、养鸡，都是集体的，后来个人就可以养了。养成之后是集体去卖掉的，卖到食品站。那时主要是养鸡、鸭、猪，后来也有兔子。为了养这些家禽、家畜，我们还成立了农业组、副业组和工业组。

三、芦潮港翻天覆地的变化

1958 年开始，政府为了提高南汇人民的生活水平，搞基础建设，种植水果。周浦也在大力地发展果园，但周浦地方太小，就到这里来办了。我们这里靠海，土壤比较好，适合果树生长。果园都是集体的，那时候生活水平低，办果园种树苗，就是为了提高人民生活水平。

老百姓都要到果园里去劳动，果园里种着橘子、梨、苹果等。这些果树和生产出来的水果都是公家的，大家挣工分。办果园一直到了第四五年，工资水平上去了，老百姓的生活水平提高了。和养的鸡、鸭、猪一样，这些水果都卖到市区。

水果卖出后，一部分钱分配给老百姓，收得多，产量高，分红肯定高。办果园之后，老百姓的生活就好了，工资就多了，生活水平就高了。还有一部分钱归集体，用来办企业、办工厂。当时，我们办了个 1000 多人的大工厂，钱都是集体出的。我记得是 37.5% 的收入归老百姓，剩下的归集体所有。

当时，我们住的都是草屋，你们看，2006 年拆迁后，我住进了这宽敞明亮的楼房。我现在发现，像我这个年龄的人都差不多走了，没有多少了。我现在记性也还可以，听力也还可以。我正式入党是 1971 年，2021 年正好是入党 50 周年。2021 年，正好是我们党成立 100 周年，党中央还颁发了“光荣在党 50 年”纪念章。你们看，就是这枚。从旧时代走到今天，此时此刻，我特别想唱一首歌，就是《没有共产党就没有新中国》。现在，我唱给你们听：

没有共产党就没有新中国

没有共产党就没有新中国

共产党辛劳为民族
共产党他一心救中国
他指给人民解放的道路
他领导中国走向光明
他坚持抗战八年多
他改善了人民生活
他建设了敌后根据地
他实行了民主好处多
没有共产党就没有新中国
没有共产党就没有新中国

芦潮港的土地改革和农业合作化历程

施　斌

口述人简介

施斌，1949年生，秋萍学校退休教师、《芦潮港志》编写人员，原芦潮港教办主任，现为临港新片区理论宣讲员，文明实践项目“百姓讲堂”主要负责人。

口述：施斌
时间：2024 年 7 月 4 日上午
地点：上海市浦东新区南汇新城镇海汇和丰苑
采访与整理：上海海事大学马克思主义学院李秀芳、任仰昊、刘泽

一、芦潮港地区政权建立与土地改革

我叫施斌，是土生土长的芦潮港人，今年 75 岁了。在我成长的过程中，目睹了芦潮港土地改革和农业合作化的过程。因此，今天我来谈谈芦潮港土地是如何从私有发展到公有的。

1949 年 5 月 27 日，上海迎来解放。新中国成立以后，在党的领导下，芦潮港地区各个村建立起了基层政权。根据党和政府的要求，芦潮港建立了小乡和小村。当时芦潮港的乡叫汇茂乡，汇茂乡下面有 6 个小村，包括外中村、新东村、汇中村、汇东村、汇南村、汇安村，其中汇安村便是现在的芦潮港地区。还有当时的汇角村也建立了两个小村，一个是开龙村，一个是新农村。所以芦潮港地区新中国成立之后的政权建设就是建立了 8 个小村，同时建立了一个乡，就是汇茂乡。

到了 10 月份，芦潮港地区以小村为单位进行土地改革，也就是把地主的土地分给贫苦农民耕种。当时的分地方法有两种，一种是大平均，另一种是小平均。大平均以乡为单位，比如汇茂乡原来有 1000 亩地，共 300 人，每人平均下来是 3 亩多土地。汇茂乡下面又有 8 个村，各个村的人口和区域又不同，那么便又要进行小平均，也就是小村里面也要平均一下。这个平均数不能过高，也不能过低，要和整个乡的大平均基本相符。按照这个数字，每户每人分地。

当时分地的工作组，都是以乡村的干部为主。他们深入农家进行调

查，通过调查来制定土地改革的方案。像芦潮港地区，因为人少地多，所以每个人的平均数是比较高的，每个人（包括所有的大人和小孩）能分3亩多地。对于长期没有土地的农民，一个人分得3亩多地，如果是三口之家，一家就是近10亩地。因此，当时的老百姓都是“翻新股”，都感谢共产党的伟大。原来种地主的土地要交租，现在每人有了属于自己的农田，家家都有自己的土地耕种了，所以农民的积极性很高，可以说是空前高涨。

二、芦潮港互助组的产生与合作化基础的建立

1950年10月，中国人民志愿军出兵朝鲜，抗美援朝。战争发生后，全国人民积极参军，支援前线，到朝鲜去打仗。芦潮港地区有56位青年人踊跃报名，参加中国人民志愿军，其中有9位青年人在朝鲜战场上牺牲了。

当时，分着土地的农民固然高兴，但是一家三口，丈夫去当志愿军，到朝鲜打仗去了，剩下一个媳妇和一个小孩，刚刚分下来的土地该如何耕种呢？这成为一个很棘手的问题。这时候，我们当地的党组织就开始号召农民之间互相帮助。所以根据党的号召，芦潮港地区的第一个互助组，就在汇角村产生了。成立互助组，目的就是为了扶持有人参加抗美援朝战争的家庭，帮这些家庭耕种家中的土地。这就是芦潮港地区互助组的来源及产生的背景。

当时，互助组还有一个名字，叫作“代耕代种代收”，就是村子里的群众帮助军人家属进行土地耕种的一种行为，后来逐渐形成一种模式。芦潮港地区的第一个互助组就是汇角村的劳动模范顾雪华在1952年组织的。从此，在党的号召之下，各个村的互助组便如火如荼地建立了。那时，芦潮港地区的互助组可能已经发展到了几十甚至近百个。农民自己出来互帮

互助，这个互助组实际上就是合作化的基础。

三、芦潮港初级合作社的成立与发展

我们大家都知道，抗美援朝从1950年的10月开始，到1953年的7月双方签订《朝鲜停战协定》便结束了。1954年2月，党的七届四中全会在北京召开。在七届四中全会上，我们党批准了中央政治局提出的党在过渡时期的总路线。总路线的内容主要就是“一化三改”。所谓“一化”，就是工业化，“三改”分别是对农业、手工业和资本主义工商业改造。这条总路线的实质是改生产资料的资本主义私有制为生产资料的社会主义公有制。

1953年开始，国家按照自愿互利和示范的原则，把农民组织起来，走上了合作化道路。1954年，当时成立互助组的汇角村村民顾雪华，又组织成立了芦潮港地区第一个初级合作社，取名为“翻身社”。在顾雪华和“翻身社”的鼓舞和带领下，芦潮港地区先后成立了21个初级合作社，当时叫初级社。顾雪华带头组织互助组，后来又带头成立初级社。同时，他一直用心钻研农业，带领农民进行了“种子改革”。

什么是“种子改革”呢？当时芦潮港地区种植的棉花叫小花，花型很小，产量很低。1952年，上海从美国引进“岱字棉15号”，1955年普及，替代中棉和其他陆地棉，成为当家品种。[1]但是老百姓转不过弯来，于是，顾雪华便带领老百姓种植“岱字棉”，取得了好收成。所以顾雪华是芦潮港地区第一个省级劳动模范，当时被评为华东地区的劳动模范。我们小的时候，称顾雪华为“光荣伯伯”。这里不得不提的是，1953年秋，顾雪华种植的南瓜丰收，其中1只重达38千克。这只南瓜，还被带到上海市农

1 《上海的棉花生产》,《解放日报》2024年3月22日。

业展览馆展出。

在我们党的领导下，芦潮港地区合作化的进程迈开了一个大步，到1954年底，已经成立了21个初级社。所谓“初级社”，在当时就是把原来每人分得的土地作为股份，包括每家的大型农具，以及耕牛、水车等进行估价（比如一头牛300元，一辆水车是100元）。估价以后，作为资本投入到初级社当中，然后大家集体劳作，集体收成。收好之后，一年下来按照每人的工分来进行分配。1954年，加入初级社是完全自愿的，没有任何强迫，上面的政策规定是不能强制入社。当年，这21个初级社当中就有95%的农户自愿加入。就这样，1954年，芦潮港地区就完成了初级社的改造。

四、芦潮港高级合作社的组建与合作化完成

到了1957年，为响应党的号召，要在初级社的基础上办高级社。所谓“高级社”，并不是简单地在初级社当中改动一个字，而是把21个初级社进行合理的组合，组合成芦潮港地区的4个高级社。汇角村当时叫汇茂一社、二社、五社和八社。1957年，就成立了4个高级社。当时高级社的规模相当于现在的村，甚至比村还要大一点。

1958年，我们这里的初级社很顺利地过渡到了高级社，到高级社全部成立的时候，芦潮港地区的农民便全部加入了合作社，因为他们通过这四年的初级社，看到了集体力量的强大。通过对比，老百姓看到还是入社好，所以1957年办高级社的时候已经水到渠成，得到了老百姓的拥护，这便是一个合作化的过程。

五、万亩果园的创建与芦潮港地区的发展

1958年，国务院批准将江苏省的上海县、嘉定县、宝山县、川沙县、

南汇县、奉贤县、松江县、金山县、青浦县、崇明县共10个县划入上海市，上海市的辖域面积由606.18平方千米扩大到6185平方千米，这是上海市历史上规模最大的一次行政区划调整。[1]南汇从江苏省划入上海市，是在1958年11月。

江苏10县划入上海市后，当时的上海市委第一书记柯庆施看到人们的生活水平在不断提高，对于水果的需求也大大增加。为了解决上海人吃水果的问题，各级领导几经考察，就选中了芦潮港，办万亩果园。办果园之后，原来的4个高级社就没有了，变成了工区。当时庙岗村是一工区，汇茂是二工区，汇中是三工区，汇角是四工区。汇角成为四工区，是最后加进来的，当时汇角村归泥城领导，因为市里要求办一个万亩果园，三个工区加起来不满1万亩，只有8000多亩，泥城领导认为把汇角村并到果园就够了，加上汇角，刚好凑够1万亩，所以以工区为建制，成立了四个工区，这种建制一直持续到1966年。1966年，经过县政府批准，原来的果园园艺场成立公社，即果园人民公社。其他地方的人民公社早在1958年就有了，但是果园人民公社直到1966年才建立。万亩果园的创建确实改善了汇角村贫穷、芦潮港地区落后的面貌，老百姓受益多多。因为果树是经济作物，它的价钱比较贵，从1958年开始办果园，三年（1961年）结果，1961年以后果实的品质慢慢地提高。而且当时的外贸很少，只有万亩果园的果品能够出口。当时，诸如香梨、桃子、苹果，加上后来的葡萄、柑橘等出口到东南亚等地，为国家创造了很多外汇。这些水果在国外商店里卖到1美元一个，而且还被抢着买。万亩果园的建设给芦潮港的老百姓带来了好处。

1 王健、贾璐阳:《1958年江苏省十县与上海市的行政区划调整》,《史林》2019年第1期。

万亩果园的创办历史

曹月明

口述人简介

曹月明，1955 年 12 月生，《芦潮港志》编写人员，曾参与芦潮港地区果树种植与栽培工作。南汇桃花节举办期间，曾开办农家乐，为当地经济文化发展贡献力量。

口述：曹月明

时间：2024 年 7 月 9 日下午

地点：上海市浦东新区南汇新城镇芦潮港社区

采访与整理：上海海事大学马克思主义学院李秀芳、任仰昊、刘泽

我叫曹月明，很荣幸能够和大家分享芦潮港的历史。说起来我自己也70 岁了，对我而言，有些事情确实是年轻时候的亲身经历。我们现在的南汇新城镇芦潮港社区，就是以前的芦潮港镇，是 1993 年由果园乡加上芦潮港两个村和一个居委会合并而成。这里原来有华东最大的平原地区的万亩果园，这里的果园，是全国为数不多的乡镇级别的专业果园。

我是土生土长的芦潮港人，出生于庙港村 1 组。拆迁前，我家在芦潮港村 7 组。我们那个组比较大，有至少 583 亩果园，还有耕地 70 多亩，加起来总共有 650 多亩地，在我们芦潮港地区讲起来可能是面积最大的，范围就是现在芦潮港公园到国际花园、333 弄和 350 弄那块。这些地方，当时都是我们村的。以前，“村”也曾经是“生产队”。我们生产队的土地都是农地，到 2006 年拆迁以后，包括芦潮港社区卫生服务中心，都在我们生产队的范围之内，当时这个面积也比较大。2006 年拆迁的时候，我们组的人口是 272 人，有 99 户人家。

芦潮港村 7 组的前身是庙港村 1 组，该组大部分是江苏、启东逃荒过来的灾民。1958 年，万亩果园建立时，庙港村为一工区，为一工区一队。1984 年果园公社改乡时，一工区一队改为庙港村 1 组。1989 年，庙港村 1、2、3、14 队并入芦潮港村时，1 队改为“芦潮港村 7 组”。也就是说，1984—1989 年我们是庙港村 1 组。从地理上讲，我们队其实是果园的最东南端。

一、万亩果园的起步

上面我介绍了我们生产队的基本情况，下面就讲一下咱们今天的主题：万亩果园的创办历史。

讲到这个就要提一个重要的时间——1958 年。那时候，国家实行“大跃进”、人民公社化运动。1958 以前，我们这里属于江苏省。1958 年，上海郊区的 10 个县由江苏省划归上海市。上海作为一个拥有 600 余万人口的一线城市，水果的供应依靠外地调运是不可想象的。华东局、上海市委决定，要在南汇县建一个万亩果园。南汇县委为彻底改变汇角沿海地区贫困落后面貌，确定把果园创建在汇茂乡。经过县乡领导的大量工作，在县农业局技术人员和周浦园艺场技术人员的规划指导下，芦潮港地区群众苦战一冬春，第一期栽种桃、梨、苹果等 426.6 万平方米，共 12.8 万株。种果树这件事，不比种棉花、粮食，从定下数量、品种，再到果树幼苗的培育，不会一蹴而就，没有两三年的前期准备，很难实现目标。当时，田块需要整理，行距、田头需要改造，这是一项比较大的工程。当初的情景，在我的记忆里，还依稀可辨。

1958 年 12 月，开始栽种果树，平整土地。1958 年是第一次种，当时规划是要一万亩，结果没有达到。因面积不足万亩，1959 年，泥城公社党委将泥城红旗大队，原泥城一社，即后来的汇角村，划归果园。第二期种树 268.7 万平方米，果园规模初具，面积近 695.3 万平方米，10400 亩。栽有桃、梨、苹果等果树有 36.51 万株，定名为“南汇县泥城果园园艺场”，场部下设 4 个工区（即大队或村）。1966 年，又增加了围海造田形成的果园园艺场五工区。1975 年，五工区试种果树成功，增加果树面积 53.3 万平方米。至此，全公社有 5 个工区，56 个生产队，果树面积 1.1 万余亩。

万亩果园建立后，党政领导归口泥城人民公社，技术业务由南汇县农业局指导，经济上独立为一级核算体制。当初，就全国来讲，人民公社经济核算体制为“队为基础、三级核算”。一级核算的核心其实就是以场部为主，各工区、各生产队的分配由场部，也是后来的公社统一分配方案。由于种植果树品种的不同，各工区、各生产队的经济收入差距悬殊，比如桃树种下去后，一般三年以后可以有产出，生梨种下去要经过四五年时间，苹果则要五六年的培育才有收入。所以，一级核算的经济体制，有助于全体群众的收入不至于过度悬殊，趋于比较平均的状态，更加体现了社会主义的“一大二公”，做到人人有饭吃，人人有衣穿。

我记得那个时候还有一种供给制的形式。1968 年，果园公社在一级核算的基础上，学习江苏镇江江心洲公社的经验，实行以粮食为主的半供给制，比如理发、成衣等按人口发放。一级核算赋予了公社统一分配的权力，同时也暴露了弊端，体现不出多劳多得的原则，一定程度上打击了高收入单位的生产积极性。过度的平均主义、大锅饭，对生产力的发展，带来了不利影响，也造成了队与队之间、工区与工区之间的矛盾。每年年终制定分配方案，都是一个很难解决的问题。随着经济社会的发展，这种一级所有制方式也逐渐式微。1984 年，实行家庭联产承包责任制，分田到户，果农自收自得，一级核算制彻底退出了历史舞台。

万亩果园初建时，栽种桃树 1600 亩，梨树 7000 亩，苹果树约 1800 亩，还有一些葡萄等小杂果。当时，因种果树而导致农作物面积大量减少，而果树又一时不能产出，老百姓面临经济收入减少的困难。为解决这种困难，果园园艺场创建后，提出“以短养长，以农养果，以果为主”的办园方针。1959 年 12 月，果园创办了第一家集体企业——糖厂。各生产队在果树的间隙种植大量的甜菜，甜菜是一种含糖量较高的作物，看上去跟现在大头菜一样，收获后由糖厂加工制糖。记得有一年端午节，我们每家每户还分了些糖浆。这些糖浆看上去黑乎乎的，拿来蘸粽子吃。还有就是种菊花，每到秋天，地里一片金黄、香气四溢，社员每天早上开始采菊花，送到糖厂烘干。现在的果园，我们以前习惯称它为“场部”“糖厂”，随着时间的推移，这种叫法也越来越少。此外，我们还种了榨菜，成立了榨菜厂。水果上市以后，质量稍次的梨，制作水果酒。

二、群众的支持

那个时候种果树，会影响到种棉花、种粮食。果树是多年生植物，一开始种下它不会马上结果。老百姓有的就有想法，在盐碱地上，怎么能种成水果呢？我记得当时有人说：“吃到我们种的水果，灵台的脚也烂掉了。”也就是说，老百姓认为我们种不成水果，吃不到果子。老百姓有这种心态也正常，我们这里以前没有种过果树，所以大家都怀疑，没有信心，对新鲜事物比较抵触。在这种情况下，组织上就下来给老百姓做工作。

从1961年开始有水果产出了，那时候只有500多吨，后来逐年增加，到1968年开始好转，水果进入了丰产期，产量就上去了。1968年，水果产量达到6200吨，1980年是9750吨，到2000年就是1万多吨的产量了。从1968年开始，芦潮港地区真正成为上海的主要水果生产基地。在为城市提供新鲜优质水果的同时，农民得到了相应的经济收益，生活开始改善。

总起来说，万亩果园的建立、投产，迅速改变了“穷汇角”的面貌。芦潮港地区新中国成立前地瘠人贫，是远近闻名的穷汇角，人民生活在南汇处于最低水平。民间有“宁可往西一里，不愿往东一尺”的说法，与当初上海市区人讲的“宁要浦西一张床，不要浦东一间房”的说法类似。1965年，果园园艺场一级核算时人均收入261元。1979年，果园园艺场人均分配529元。这样的收入，现在听起来不算什么，但在当时大城市人均月工资普遍36元的情况下，我们这里的农民已达到平均每月40元。1982年，果园公社平均每个劳动力分配720元，这高于周边的泥城、书院、彭镇等公社，在全县仅次于周西公社的809元，列全县第二。

三、克服困难进行农业技术推广

当时，其实面临很多困难，技术尚不成熟，生产力水平比较低。但是，我们想方设法，克服重重困难。比如，当时丈量土地的尺子不够，我们便用芦苇秆来测量间距。放眼一看，整个果园，芦苇秆横平竖直地插在果园里，果树整整齐齐。在处理果树和农业的关系方面，我们做得比较好。当时，要确保果园能三年见果，五年进入盛产期，果园管理经营部经过研究，提出在小树旁边留一米，保证果树有足够的营养面积。这一米老百姓不能侵占，不能种黄豆，种玉米。随着果树的生长，它的营养面积一年年往外扩，粮食种植面积随之逐步减少。到最后长成大树了，树与树之间几乎交叉了，粮食作物自然就退下来。

其实，一棵树占地面积很大，我记得一亩地只能种27棵桃树。如果密度过大，会影响桃树的生长和产量。可以说，当时将桃树的生长和产量放在首位，任何人都不能影响这件事。以前，农民有一个不良习惯，在地里干活热了就把衣服脱下来。脱下来后，总有人把衣服挂到树上。工区开大会规定，谁把衣服挂在树上，就要罚款。小树苗很稚嫩，把衣服挂上去，今天弯掉了一个枝条，明天弯掉一个枝条，果树就长不好了。当时，有一个很严厉的党委书记。有一次，他到生产队去检查，看见一个农民随手把衣服挂在树上，他看见之后便说要教育这个人。

办果园，说到底还是要技术。万亩果园建立不久，上级先后调派到果园的果树栽培技术人员有10人，园艺技工两人，记得当初有任老师、庄老师等。这些技术人员，培养了620多名果树技工，组成“园艺场场部—工区—生产队”三级技术网。每个生产队都成立了园艺队，生产队还有专职的园艺队长，有园艺队员人数不等，像我们生产队常年保有园艺队员20多人，如有出嫁的、退休的，立即培养新手，补上缺额。

1960年开始，全县各公社相继组建果园，一般每个公社组建一个生产大队为果园队。1960至1968年，每年冬春，全县各果园都派人到万亩果园接受技术培训。我们的技术人员还定期到各果园指导，传授技术，参加江苏、浙江等地果园的技术交流。万亩果园成了南汇果树栽培技术发展、交流的基地。芦潮港开发以后，万亩果园遗留了大量的技术人员。但是，这些人也没有闲着，作为经验老到的技术人员，至今还有人活跃在南汇、上海市区甚至周边的江浙地区，参与当地的果树修剪、套袋等，有时还忙不过来，收入也很可观。

我们生产队是2005、2006年开始拆迁的，地也都征收了。2013年，我在泥城租了300亩地，搞了一个小的果园。我发现，技术员都很忙，比较难请，就像我前面讲的，技术精湛的技术员都前往江苏、浙江、福建等地，发挥余热，发挥特长，为当地的果园提供技术支持。如果没有过去的培养，也就没有这些技术精良的果树技术员。

四、合力打造水果品牌

万亩果园的建立，促使南汇形成多个有影响力的水果品牌。一是“上海蜜梨”。果园建立时，栽培了265.3万平方米的梨树，占到当时果树面积的一半以上。1968年，产梨2400吨，1978年产梨5700吨，当初的梨品种比较多，比较杂，一共有26个品种，主要有二十世纪、今春秋，还有比较少的品种如八方、开菲、晚三吉、长日朗、博多清、二宫白、鸿影。不知大家根据品种的名称是否注意到，其中有不少品种来自日本。70

年代初期，我们国家与日本建立了外交关系。根据中日双方政府间协定，两国互派人员学习交流。果园公社公派两位同志赴日本学习，他们学习回来带回了比较先进的栽培技术和管理经验，在桃子、苹果、葡萄等方面均有体现。山东烟台产苹果，我们的老农也到烟台去学习，去参观、取经，因为果树的成长，果树的管理，它的知识含量比较高。

早期，有两个品种的梨成为出口的“上海蜜梨”品牌。我们生产队当时也有出口任务。为防止水果搬运过程当中的磕碰，把纸切成像面条一样的纸条，垫在箱子里。每个箱子装10—20个梨。这些水果卖到香港、东南亚，为国家创造了外汇。老农民生产的东西也能创造外汇，我们感到骄傲和自豪。

我们生产队以生产生梨为主，全队380亩土地，生梨有350亩，生产的梨质量上乘。上海蜜梨的外观漂亮，肉质细嫩，含糖量极高，吃一只梨，手上、嘴上粘的全是糖。缺点是果形小，单果重仅125克，就是一级果了。同时，管理难、病害多。20世纪70年代，开始淘汰，生梨品种换成了二宫白、新世纪、秋蜜景。这些品种比较容易栽培，品质也不错。现在，南汇、奉贤庄行等地以种植浙江农科院培育的翠冠梨为主。其特点是果形大，单果重400克以上，很多达到500克以上。水分足，糖分高，耐运输，耐储藏，7月底、8月初上市，相信大家都品尝过。

同时，还有享有盛名的南汇小蜜桃。20世纪60年代开始，上海市区销售的南汇小蜜桃，最早形成于万亩果园，主要是由改良过的“玉露水蜜桃”和“晚白凤水蜜桃”组合而成。南汇水蜜桃在上海市场上有很大影响，是市民家喻户晓的品牌。万亩果园建园时，桃子就成为果园的主要品种。首期栽种了1400亩，品种也比较多、比较杂，其中不乏从日本引进的品种。2013年，我在泥城新建的小果园，就种植桃研所（中日桃子研究所）培育的川中岛。这种桃子的特点是果形大，含糖量高，缺点是不能自身授粉，病虫害多。当初我们种有20多个桃品种，在20多个品种中，早生、雨花露扬州二号、早白凤、塔桥、白凤、玉露栽种面广，上市量大。湖景蜜露、锦绣黄桃、半斤桃则是后来发展的新品种。经过不断选育、改良，优胜劣汰。20世纪80年代以后，以玉露、白凤、湖景蜜露等为主。

到了2000年，桃的种植已一枝独秀，梨存100多亩，还有少量的柑橘等品种，真是万亩果园桃梨香，桃梨飘香惹人醉。现在的芦潮港新社区第17区，即芦硕路，在动拆迁以前连接着庙港1、2、3、14组。1989年原芦潮港镇建立后，连接这4个村民组的路名叫“桃梨路”，路两旁全是桃子、生梨，面积达到1000亩，每到清明时节，道路两旁的桃花梨花竞相开放。桃红梨白，香气四溢，微风过处，落英缤纷，农舍村落，鸡犬相闻，颇有晋代文豪陶渊明笔下“桃花源记”中的味道，而到了桃子、生梨收获季节，这条路上运送桃梨的拖车络绎不绝。可见，这条“桃梨路”名副其实。

五、克服果树种植中的卖水果难问题

1984年分田到户后，果农有了种植、经营的自主权。万亩果园本来属于计划经济的产物，现在走向了市场经济，老百姓以市场为导向，什么作物经济效益高，就多种什么作物，果园的种植结构开始了大调整，以种植桃树为主。1984年，我们家分得7.2亩土地，其中，玉露桃2.2亩，早桃1亩，生梨4亩。因为管理成本高、收益低，4亩生梨先后全部淘汰，就增了玉露桃2亩、柑橘2亩，柑橘品种为宫川、新津（均为日本引进品种）。2亩柑橘高产时每亩达到7000多斤，品质也不错，但由于受大环境影响，柑橘的经济效益很不理想，最终时每个收购价仅0.18元，做了桩亏本买卖。后来，再改种桃，当初产的一亩早桃因品质差、价格低，改种了柿子。1990年后，由于各乡镇大量种植桃子，一度出现了卖桃难。老百姓对种植的品种难以把握，所以出现了乱种植的现象。

到了桃子成熟的时候，桃梨路就开始繁忙了，你想这么多的产量，一亩地要差不多两吨，产量很大。从早到晚，桃梨路上基本都有车不断地运输，运输都是拖车，那时候还没有汽车，都是老农民用拖车一车一车地运出去。像我家，那个时候产量也比较高，种得也比较多。这个时候，出现了一个比较大的问题，就是销路难问题。

计划经济时期，果园的水果销售模式是：生产队组织社员采摘，采摘好了后，用船运到果园收购站，然后由果园公社的两个团队，把水果运到上海果品公司，果品公司再分销到各区县。因此，老百姓没有销售的压力，反正采摘下来交到公社，公社组织卖给果品公司。土地承包以后，农民积极性高了，原来的销售渠道打破了。果园拆迁了半个生产队，搞了一个果品交易市场。老百姓用拖车拖着水果，到果品交易市场叫卖。这时候，本地的农户化身小贩，做起收售水果的生意。为了解决销售难题，政府给各个村也下达指标，要各村帮助果农收桃子。因此，各村也有自己的收购站。可见，从计划经济向市场经济的转换，老百姓的种植的思路、政府的管理都要进行相应的调整，以符合社会主义市场经济体制的运作规律。

在不断地探索调整之后，我感觉还是优质的桃树有市场、有效益，最终定位以玉露为主，兼种湖景等新品种，这是我家经过不断调整后形成的种植结构。经过一段时间的阵痛，我家的收入不断增加，生活水平不断提高。两个孩子，先后上了大学，所需要的学费、生活费，家庭的经济建设，几乎全靠这些桃树的产出。果树，真的成为农民的“摇钱树”，大地也成了“聚宝盆”。由此，农民彻底摆脱贫困，走上了富裕的道路。这里，我们要感谢党的改革开放的政策，感谢党的正确领导，让农民过上了好日子。

六、创办南汇桃花节

万亩果园的创建，不仅给农民带来了丰收的喜悦，促进了当地经济的发展，还给广大市民创造了踏青赏花的好去处。每年春暖花开的时候，方圆十里都是桃花，真可谓是“万亩果园万亩花，香飘十里映天红”。改革开放的春风，唤醒了这一大片沉寂已久的宝地。1991 年，首届南汇桃花节在外中村 2 组正式拉开序幕。2001 年，升格为上海桃花节。我本人也有幸成为亲历者、参与者和受益者。

首届桃花节期间，来自上海市区和四面八方的游客，通过随塘河上临时架设的竹桥观赏桃园的美景，人流涌动，川流不息。我再强调一下，我们生产队处于果园的最东南端，而我们家在我们生产队的最东南角。临时搭的竹桥正好连着我们家东北面的小路，游客沿着随塘河过来，必须经过我们家。根据乡里的要求，我们组 10 户人家搞农家乐，我们家是其中的一家。游客来到我们的宅院，观赏美景，品尝美食。我们组是首批在政府组织培训后提供“农家饭”接待点。大量的游客涌入芦潮港，仅有 10 户人家接待，接待能力明显不足，根本无法应付。有一位陈姓记者在《新民晚报》发表了一篇宣传文章，让更多的市民慕名而来，指名道姓要品尝我家的农家饭。他们说：“就是这家店啊！”我自己都不知道我上报纸了！我家的门牌号是 479 号，他们来了，赶都赶不走，我说：“这实在不行，你们到后面几家去！”他们说：“不行，我们就要来你家！”来的人实在太多，一时又无法推掉，而他们也愿意等。最多的一天，翻了 100 多桌。我们通过多配备食材、增加人手、扩充接待能力，最大程度地满足了游客的需求，特别是双休日，累得手酥脚软，当然经济上也小赚一笔。

当时，我们做摊饼、三黄鸡、咸肉菜饭，主要以供应咸肉菜饭为主。我们做农家乐讲究诚信经营，咸肉买很贵的，米也是买最好的。吃过菜饭后的游客说："哎哟，长这么大还没吃过这么好吃的菜饭！"你看，这个评价相当高。我做这个生意大概三年，后来我也要上班，就没有再做下去。其实，每年时间不是很长，就是桃花节期间，大概三个星期吧。销路最好的是三黄鸡，一天要卖掉几十只鸡。最多的有一桌客人要了四份。我们用大铁锅做，烧的都是桃树枝，做的饭确实好吃。

2004年，洋山深水港建设启动。2005年，深水港陆域配套建设全面铺开，而万亩果园则处在深水港陆域建设的最前沿。随着开发建设的加快，我们生产队也进行了动拆迁，整个万亩果园陆续拆迁后，果园果农转化为社区居民，历经了半个世纪的万亩果园，从此成为历史。现在，芦潮港公园内的那座"桃花源"牌楼（当初建在我的承包地上），还在默默地诉说着它曾经的辉煌，见证着灿烂的明天。

果园动拆迁，确实是舍小家为大家。老百姓原来收入很高，而且果园投入也很高，现在老人每个月两千七八百元的养老金。拆迁时三四十岁的人，没有文化。镇里办了个中等文化技术学校，开始大量培训农民，政府补贴，读书不要钱，拿到证还给200元钱，以解决农民的后顾之忧。临港地区企业多，到处都需要工人，但是要持证上岗。而持证上岗，就要经过培训。现在大部分农民没有文化，只能做"三保"，也就是保健、保安、保洁。

南汇桃花节的前世今生

倪金标

口述人简介

倪金标，1955年10月生，芦潮港人，大专学历，1972年参加农村工作，1980年6月加入中国共产党。历任南汇县果园公社汇茂村党支部书记，芦潮港镇党委委员、纪委书记、人大副主席；芦潮港镇、书院镇人民政府副镇长。2015年10月退休，现担任南汇新城镇离退休干部党支部书记。

口述：倪金标

时间：2024 年 7 月 10 日下午

地点：上海市浦东新区南汇新城镇芦潮港社区管理服务中心办公室

采访与整理：上海海事大学马克思主义学院李秀芳、任仰昊、刘泽

我叫倪金标，曾参与了首届南汇桃花节的创办，目睹了从南汇桃花节到上海桃花节的变迁。今天由我来谈谈“南汇桃花节”的创办经过。大家知道，南汇地处上海市东南部，东临东海，南接杭州湾，四季分明，雨量、光照均适应植物的生长。土壤偏碱性，透气性好，非常适合部分水果的生长。20 世纪 50 年代，为满足上海市民品尝时令鲜果的愿望，发展上海的水果生产基地，南汇县实施“乡乡有果园”计划，市农委在东海滩盐碱地开始试种桃、生梨、苹果、橘子等。

一、“南汇桃花节”的设立

经过三年的培育，首批桃子以耐病害、品相好、产量高，在当地获得推广种植。尤其是玉露水蜜桃，以糖度高、口感好得到了市民的普遍喜爱。于是，以桃树种植为主的经济林在东海滩逐渐成形。据统计，1958 年春，全乡果树面积已达近万亩，种植株数达到 33.6 万株，其中，水蜜桃有 2000 余亩，形成了上海地区最大的桃子生产基地，果园园艺场也由此成立。当时的《解放日报》等市级报纸曾用“万亩果园桃梨香”“华东第一桃园”作为标题，刊登了这一消息。果园乡人民也不负众望，每年盛产的鲜果通过水路或陆路源源不断地运往上海市区，成为上海市民购买水果的首选。

在计划经济体制之下，芦潮港地区的人们日复一日种植果树，售卖水

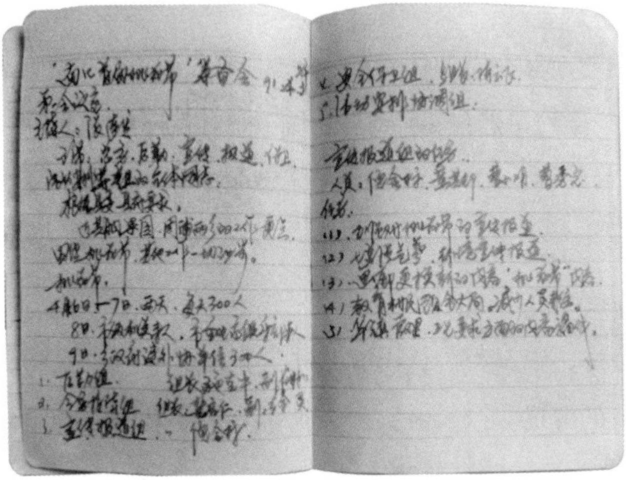

倪金标关于桃花节筹备会的笔记

果。依靠果树种植，家家户户的收入有了实质性提高，人民生活发生了巨大改变。改革开放后，市场经济的发展为这片土地上的人们带来了新的机遇。党和政府计划在原来果树种植基础上，把该产业做大做强，进一步提高居民收入和人民生活水平。人们发现，每年的阳春三月，芦潮港桃花盛开，红云连绵，满树的桃花竞相吐蕊，争芳斗艳，远远就能闻到花的香味，放眼望去，满地遍野，花团锦簇，微风吹拂，粉红色的桃花在桃林飞舞，一片花的海洋，令人心旷神怡。当地党和政府决定利用这一独特的自然景观，吸引上海市民来这里旅游观光，继而开展经贸洽谈，进行招商引资。

说到这里，不得不提到当时的果园乡乡长李塘龙。他代表果园乡党委，向南汇县委提出了开办桃花节的大胆设想。这一设想得到了县委领导的肯定和高度重视，县委要求南汇桃花节是当时的工作重点，其他工作都要让步。1991 年 4 月 3 日上午，果园乡政府召开首届南汇桃花节筹备会，会上决定成立后勤组、会务接待组、宣传报道组、安全保卫组、活动安排协调组。

当时，我在乡党委从事宣传工作，按照安排，我担任宣传报道组组长，主要负责现场报道的工作，包括邀请记者的工作和对应邀前来的记者进行接待的工作。现场要写的东西，我们要根据领导的要求提前写好，将统发稿发给记者。然后，记者再根据现场看到的一些东西，进行整理和加工。当时我们和新闻媒体的关系很好，包括《解放日报》《文汇报》《新民晚报》，因为能够感到媒体的力量真的很大，我们也把一些香港、澳门的记者邀请过来了。

二、首届南汇桃花节的举办

经过大量的前期准备工作，1991 年 4 月，首届南汇桃花节如期举行，而主要的景点就设立在果园乡外中村 2 组。为什么设立在外中村呢？因为外中村 2 组三面环河，大批新生的桃树正是壮年期。东侧延绵数千米的翠绿色的水杉林带[1]与成片的桃花交相呼应，形成了一种和谐、宁静、协调的自然生态。正如当时被借调到南汇桃花节办公室的陈连官所言：“当时的南汇桃花，以果园乡为最多。万亩桃花，遍开乡野，景点便选在了靠近海边的外中村。那里，陈毅主持修筑的人民塘蜿蜒海边四十余里，随塘河浇灌着塘内的果树。”[2]

桃花节筹备组设计团队经过实地考察，利用该村自然的地形地貌设计了“花海荡舟”“寿桃闹村”“曲径通幽”“鸡鸣翠园”“桃林水车”“新桃花源”等十二大景点，供游客观光游览，参与互动。桃花节期间，应邀前来的新闻界、文艺界及驻沪美、日、德、澳等国家的友好使节和夫人全程参与了桃花节。热情淳朴的村民精心准备了富有地方特色的咸肉菜饭、农家

1 即“塘下公路”。——编者注
2 陈连官：《对一只水蜜桃的多维追寻，源自一朵花的温柔》，载上观新闻网，2019 年 7 月 12 日。

三黄鸡、南瓜塌饼、雪菜黄鱼汤、荠菜馄饨等农家饭菜招待来宾，游客被安排到接待的农户家里吃农家饭。市级机关、市企业家俱乐部、乡政府邀请的外协单位等也前来参加。后来，每次上海的一些企业到我们这里来签订投资协议的时候，我们都要开招商会。开招商会的统发稿是我写的，写好之后发给来的记者，发给电视台、报社等。内容都是介绍我们这块地方，让大家熟悉了解。实际上，南汇桃花节就是以桃花作为媒介进行招商引资。

经过媒体的宣传报道，大批的上海市民利用双休日，携老带幼，前往外中村踏青赏花，大量游客慕名而来，使外中村应接不暇。为了认真做好接待工作，乡党委动员全体机关工作人员和邻村的党员干部利用双休日协助做好桃花节期间的交通维护、现场维护等接待工作，确保游客高兴而来，满意而归。

为了更好地满足广大市民对桃花节的要求，当地领导也做足了准备，在景点布局、场景设置，以及歌舞表演的时间安排、游览线路的指引上都做了精心的设计和考虑，游客漫步在田埂小路上，徘徊在鸟语花香中，或踏水车，或划游船，或欢乐垂钓，或摄影留念，置身于桃花的海洋之中，仿佛进入了一个美轮美奂的童话世界，使每一寸肌肤呼吸着大自然清新空气。据不完全统计，南汇首届桃花节期间，共接待游客达到 11 万人次，仅外中村景点就接待近 3 万人次。

在首届桃花节的外中村景区，一农户家中还专门设置了“国韵墨社”书画室，供游客进行书画交流。各界政要、名人、贵宾都纷纷留下墨宝，其中不乏精品，如著名文学家郑拾风和同济大学倪景梅教授共同完成的诗配画。当时，华东师范大学原副校长周原冰、上海市文联副主席姜彬、上海人民美术出版社副主编江南春等在现场或作诗，或作画，留下了参观的感想，用书画的形式赞美了这一独特的自然景观。《解放日报》

资深记者许寅还专门为南汇首届桃花节书写了碑文《新桃花源记》，这篇文章于1992年桃花节开幕式举办之前立于外中村村口。《新桃花源记》写道：

桃花，瑞花也，近之多福。桃实，寿果也，食之添寿。

我国种桃，历史悠久。考之典籍，“桃之夭夭，灼灼其华”，见诸《诗经》；“晏平仲二桃杀三士”载诸《晏子春秋》，距今已经二千六七百余年矣。陶渊明作《桃花源记》，写“晋太元中”事，已亦一千六七百余年矣。

自唐以下，俞种俞盛。东西南北，名种迭出。燕京蜜桃，冀州六月桃，肥城方桃，金陵时桃，黔中血桃，渭南甜桃，皆个中佼佼者。迨至清代，江南水蜜桃后来居上，成为桃中极品。此族故乡，本属春申龙华。无锡、奉化实其分支。解放以前，屡遭摧残，龙华桃已成陈迹。新中国成立以后，上海市辖区扩大，易地发展，方始复兴。

杭州湾北，水土宜桃。南汇县借地利尽人谋，一九五八年迄今，全县先后植桃万余亩，树逾百万株。方圆六百余平方千米内，二十七个乡，乡乡有桃园。清明前后，沪南交通线上，“两边桃花夹驰道”。一路行来，周浦、下沙、航头、新场、惠南、黄路、三墩、大团、泥城，直至果园，连绵百余里，“千朵万朵压枝低”。远观，片片红云，浮动蓝天之下。近觑，“可爱深红爱浅红”。粉红、紫红、绛红、绯红，重重叠叠，层层密密，却又参差错落，互相辉映。陶渊明笔下，“夹岸数百步，中无杂树，芳草鲜美，落英缤纷”，佳句千古传诵，意境自是非凡。但论实景，今日南汇境内，仅大治河畔一隅，足令其小巫见大巫矣。

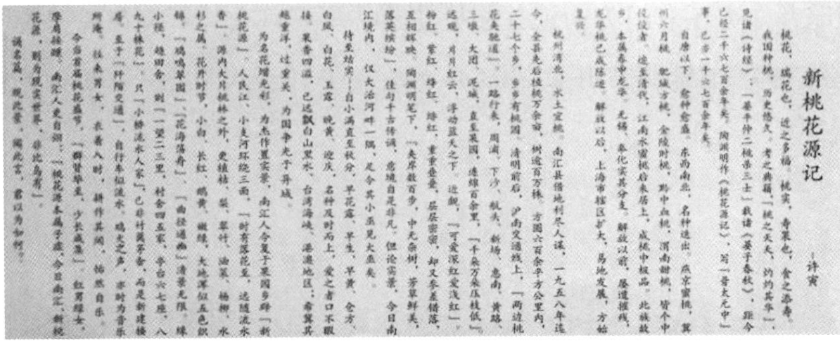

新桃花源记

——许寅

桃花，瑞花也，适之多福。桃实，寿果也，食之添寿。我国种桃，历史悠久。考之典籍，「桃之夭夭，灼灼其华」，见诸《诗经》；「晏平仲二桃杀三士」，载诸《晏子春秋》，距今已经二千六七百余年矣。陶渊明作《桃花源记》，写「晋太元中事」，已亦一千六七百余年矣。

自唐以下，名种愈盛。东西南北，名种迭出。燕京蜜桃，冀州六月桃，肥城方桃，金陵时桃，鄞中血桃，渭南甜桃，皆个中佼佼者。迄至清代，江南水蜜桃后来居上，成桃中极品。此桃故乡，本属春申龙华。无锡、奉化实其分支。解放以前，屡遭摧残，龙华桃已成陈迹。解放以后，上海市辖区扩大，易地发展，方始复苏。

杭州清泉，水土宜桃。南汇县借地利尽人谋，一九五八年迄今，全县先后植桃万余亩，树逾百万株。方圆六百余平方公里内，二十七个乡，乡乡有桃园。清明前后，沪南交通线上，「两边桃花夹驰道」。一路行来，周浦、下沙、航头、新场、惠南、黄路、三墩、大团、泥城，直至果园，连绵百余里，「千朵万朵压枝低」。远眺，片片红云，浮动蓝天之下。近觑，「可爱深红爱浅红」。粉红、紫红、绯红、绛红，重重叠叠，层层密密，却又参差错落，互相辉映。陶渊明笔下，「夹岸数百步，中无杂树，芳草鲜美，落英缤纷」，佳句千古传诵，意境自是非凡。但论实景，今日南汇境内，仅大治河畔一隅，足令其小巫见大巫矣。

待至结实——自小满直至秋分，早花露、早生、早黄、仓方、白凤、白花、玉露、晚黄、迎庆，名种及时而上，爱之者目不暇接。果香四溢，已远飘白山黑水、台湾海峡、港澳地区；希冀其越重洋，过重关，为国争光于异域。

为名花增光彩，为杰作置实景，南汇人今复于果园乡辟「新桃花源」。人民江、小支河环绕三面，「时有落花至，远随流水香」。源内大片桃林之外，更植橘、梨、翠竹、油菜、杨柳、水杉之属。花开时节，小白、长红、鹅黄、嫩绿，大地浑似五色织锦。「鸡鸣翠园」、「花海荡舟」、「曲径通幽」，清景无限。缘小径，趋田舍，则「一望二三里，村舍四五家，亭台六七座，八九十株花」。只「小桥流水人家」，已非竹篱茅舍，而是新建楼房。至于「阡陌交通」，自行车似流水。鸡犬之声，亦时为音乐所淹。往来男女，衣着入时，耕作其间，怡然自乐。

今当首届桃花盛节，「群贤毕至，少长成集」。红男绿女，摩肩接踵。南汇人更自诩：「桃花源本属子虚，今日南汇，新桃花源，则为现实世界，非比乌有」。

诵名篇，观此景，闻此言，君以为如何？

许寅《新桃花源记》

待至结实——自小满直至秋分，早花露、早生、早黄、仓方、白风、白花、玉露、晚黄、迎庆，名种及时而上，爱之者目不暇接。果香四溢，已远飘白山黑水、台湾海峡、港澳地区；希冀其越重洋，过重关，为国争光于异域。

为名花添光彩，为杰作置实景，南汇人今复于果园乡辟“新桃花源”。人民江、小支河环绕三面，“时有落花至，远随流水香”。源内大片桃林之外，更植橘、梨、翠竹、油菜、杨柳、水杉之属。花开时节，小白、长红、鹅黄、嫩绿、大地浑似五色织锦。“鸡鸣翠园”“花海荡舟”“曲径通幽”，清景无限。缘小径，趋田舍，则“一望二三里，村舍四五家，亭台六七座，八九十株花”。只“小桥流水人家”，已非竹篱茅舍，而是新建楼房。至于“阡陌交通”，自行车似流水。鸡犬之声，亦时为音乐所淹。往来男女，衣着入时，耕作其间，怡然自乐。

今当首届桃花盛节，“群贤毕至，少长成集”。红男绿女，摩肩接踵，南汇人更自诩：“桃花源本属子虚，今日南汇，新桃花源，则为现实世界，非比乌有。”

诵名篇，观此景，闻此言，君以为如何？[1]

1　参见陈连官：《对一只水蜜桃的多维追寻，源自一朵花的温柔》，载上观新闻网，2019 年 7 月 12 日。

三、“南汇桃花节”的延续

1992年的桃花节，除保留外中村2组的景点外，为方便游客参观，开始调整布局，同时开放了庙港村1组景区，并增设了“观花踏青”“桃园舟渡”等景点。1993年3月，随着原果园乡和原芦潮港镇合并，桃花节又增添了不少景点，增设了“超级迷宫”[1]“渔村一条街”等景点，让游客在参观游览桃花节时有了更多的选择。

为了更好地展示美丽的田园风光和淳朴的民风民俗，更好地推动当地旅游事业和经济的发展，在以后的几届桃花节举办期间，芦潮港又开辟了“港区新外滩”“海上走廊”等多处新景点。1996年，利用芦潮港码头这一海上通道，推出了“芦潮港—嵊泗两日游”“芦潮港—大小洋山一日游”等新的游览线路，受到了游客的普遍欢迎。这些举措，也使1996年成为芦潮港镇桃花节最兴旺的年份。

桃花节是政府搭台、桃花为媒、广引游客、发展经济的旅游项目。随着桃花节知名度的不断扩大和提升，芦潮港镇党委政府借助万亩桃园这一自然景观，“以花为媒、以花会友”，加大宣传力度，吸引中外宾客来芦潮港投资创业。1993年10月18日，由当地农民自筹资金7000余万元建设的芦潮港车客渡码头[2]在芦潮港港口打下了第一根桩基，揭开了芦潮港大开发大建设的序幕，在以后的几年里，芦潮港开发建设的步伐持续加快。

---

1 芦潮港迷宫位于果园集镇南老果公路东侧，1994年芦潮港镇政府出资30万元建成，占地7000平方米，内设亭、台、楼阁、迷宫曲道。1995年后，迷宫对外开放，2001年拆除。参见《芦潮港志》，方志出版社2003年版，第192页。

2 该码头位于浦东新区芦潮港路1969号，主要为上海市与浙江省舟山群岛之间的陆岛交通运输服务，路线主要涉及芦潮港至舟山、嵊泗、衢山、宁波等地。1993年10月18日，芦潮港车客渡码头举行开工典礼，上海市副市长夏克强参加。1995年6月17日竣工并交付使用。

随着芦潮港联合发展总公司[1]的成立，一大批与旅游相关的产业不断涌现，与之相配套的宾馆、餐饮、商场等旅游设施相继建成。据不完全统计，截至2000年，上海锦江、衡山、新雅、上海商业一局等沪上知名企业相继在芦潮港投资兴业，建造度假村、培训中心等，落户企业达到30家。

为了进一步扩大桃花节的影响力，2002年起，南汇桃花节升格为上海市桃花节，成为本市首个以花命名的群众性节庆活动。但芦潮港仍设主要景点，主要凸显万亩桃园、千亩林带、世纪海塘等生态景观。当年的桃花节举办期间，各景点接待游客55万人次，实际营业收入达到1200万元。

2003年，芦潮港地区规划为国家级开发区。随着开发建设的推进，农民的土地不断被征收，征地动迁彻底改变了农民的生活方式，万亩桃林这样的自然景观也随之消失。但芦潮港人民首创的桃花节，还在浦东大地年年精彩盛现，范围扩大到原南汇县的大团、老港、滨海、周浦、惠南等地区，经久不衰。

1 该公司成立于1993年4月，即原芦潮港镇、果园乡“撤二建一”成立新芦潮港镇后，目的是统一指挥、统一管理，加强芦潮港地区的开发和建设。

家庭联产承包责任制在芦潮港的实施与发展

陆友明

口述人简介

陆友明，1954 年生。曾担任芦潮港镇汇角村党支部书记，参与领导汇角村实施家庭联产承包责任制过程中的土地分配工作。后在南汇县土地管理所芦潮港镇土地管理分所工作，担任芦潮港镇延包办公室主任。

口述：陆友明

时间：2024 年 7 月 10 日下午

地点：上海市浦东新区南汇新城镇芦潮港社区管理服务中心办公室

采访与整理：上海海事大学马克思主义学院李秀芳、刘泽、任仰昊

我叫陆友明，原来在芦潮港镇机关工作，现在已经退休了。芦潮港万亩果园 1958 年建立，是上海市最大的水果生产基地，正因为这样，我们的生产基地于 1958 年与泥城乡分离，单独成立了果园人民公社。经过果园人民几代人的努力，把果园乡建设成为春有花、夏有果的花果之乡，集体经济得到增长，果农收入逐日提高。在 1983 年之前，我们果园乡的农民收入高于周边地区，利润排在全南汇县第二名。1961 年到 1983 年，全公社为市民提供优质新鲜水果总数为 94470 吨。对于这样的成绩，我们老百姓都很自豪，很满足。

一、协助县乡两级政府制定土地分配方案

随着改革开放的深入，1983 年，全国推行家庭联产承包责任制。果园乡党委政府根据市、县对家庭联产承包责任制的政策要求，通过多次调查研究和反复认证，并请示了县政府同意，决定于 1984 年秋季，利用几个月的时间，在全乡范围内，实行家庭联产承包责任制。

当时，根据工作要求和本乡的实际情况，果园乡制定了切合实际的、符合民意的分地政策。为了顺利开展工作，乡党委和政府首先成立了领导小组和工作小组。为了加强基层的工作力量，乡里的机关干部全部充入到村组，帮助村民落实家庭联产承包责任制。同时，要求各村成立以党支部书记为主的领导小组和工作小组。各村民小组也成立了家庭联产承包责任

制的工作小组，在乡村干部的协助下，负责处理本组的日常工作。

根据市、县的政策要求，果园乡制定了本乡落实家庭联产承包责任制的规定，确定了具体分配对象，也就是我们说的“制定政策”。当时，经乡里梳理，主要包括五点：第一点是户口在册的农民户口每人分 0.2 亩的口粮地。第二点是户口在册的农业人员，我们当时说的是“劳动力”，分全额的土地。全额的土地是按照本身参队的劳动力平均下来的。比如是两亩的就是两亩，一亩的就是一亩。第三点是户口在组、在册的村级干部和半劳动力（当时是指几十岁以上的老人、几岁以上的小孩，称为“半劳动力”）是按照劳动力的比例来分的。第四点是在乡村两级企业工作的这些职工，他们不享受土地，因为他在企业工作。像施斌老师[1]是不分土地的，因为他是居民，不是农业人口。分地的对象就是农民，施老师分不到，因为那时候他是教师。第五点是承包期，当时确定的承包期是 15 年。这是我们果园乡当时分地的几条规定，也是根据市、县的政策制定的。

二、在土地分配中发挥党支部的战斗堡垒作用

当时我在汇角村担任党支部书记，尽力参与这次农村经济体制改革的落实。我们具体的做法是：根据乡党委、政府对落实家庭联产承包责任制工作部署和政策要求，党支部及时召开村级班子人员和乡里派下来的干部的会议。会议对具体落实分级党委的一些工作部署、实施方案、承包过程当中会碰到哪些问题、怎么来解决等问题进行了研究和探讨。我们村有 15 个生产队，根据各个生产队的情况，我们进行分析研究。大家认识到，落实这项工作是中央对农村经济工作的重大决策，也是重大改革，是提高生产力、解放生产力的重大措施，也是提高农民生活水平的必由之路，所

1 在采访陆友明老师时，施斌老师在场。

以我们感觉到责任重大，大家表示，只准做好，不能失败。

当时我们研究的第一个问题是如何把土地分好。土地分配涉及我们每一个家庭、每一个人的切身利益。尤其是果园乡种植的果树，品种不同，树龄不同，形状不同，非常复杂，更是增加了工作难度。

为了“打好这一仗”，党支部首先是做好思想工作，根据每个生产队的实际情况，针对性地派村干部和上级派来的机关干部。他们每人承包一个生产队，加强下面的力量，协助做好这份工作。

其次是做好宣传发动。党员干部要统一思想，提高认识，摆正位置，要在群众当中起到先锋模范作用和标杆作用。因为共产党员是一面旗帜，在农村，只要党员、干部带头去做，老百姓就能自觉地跟你走，所以我们突出的是做好宣传发动，统一党员干部的思想认识。

再次是依据乡党委和政府的政策实施要求、工作计划，制定全村的工作计划和实施方案，做到果树作价基本统一。因为果树是多年生作物，不是一年一插的。这些树树龄不同、品种不同。比如，有的桃树处于培育期，有些处于生产期，还有的是老树，这个都进行分类，然后分别进行评价。譬如，最高的一棵树作价 20 元，差的是 5 元，小的是几元，基本上有个统一的标准。因为我们镇要做到统一，享受分地的比例做到统一。我刚才讲的是半劳力、老人能够分多少土地有个比例，比例上做到统一。

最后是工作程序和完成时间统一。我们是全村一起搞的，所以整个生产队之间基本上做到同一时间结束。村党支部召开全体党员和生产队长会议，就推进落实家庭联产承包责任制作了动员，宣布落实家庭联产承包责任制的实施方案、工作计划、操作程序、完成时间节点，要求全村的党员干部上下一条心，苦干两个月，用高度政治责任心，保质保量完成这项政治任务，不拖全乡的后腿，全体党员干部有信心、有决心完成这项工作。

三、尊重群众利益，生产队建立分地工作组

我刚才讲到，党员是一面旗帜，我们主导上下，跟老百姓联系起来。因为这项工作确实很难做，所以我们比较慎重，比较周到。在第一阶段，我们在开会时要求各个生产队，即现在的村民小组，在开展这项工作的过程中要开好生产队的社员大会。社员大会是我们分土地的农民参加的。

第一是要做宣传发动，以生产队为单位，组织群众，把上级的这些政策和乡里面的一些政策向老百姓宣传，让老百姓做到心中有数，人人知道，包括对一些工作程序要有了解。第二是以生产队为单位推荐3—5名代表。我们生产队有一个工作小组，工作小组里有部分干部，还需要一些老百姓参加进来。老百姓能够代表农户，也代表他自己。代表能够判断这个政策搞得好不好，对他有没有利，或者有什么损失。所以要把自尊心强、语言表达能力强、老百姓能听的、办事公道的人推荐到我们工作小组来，成立生产队的工作小组。第三是公布生产队耕地面积，包括果树面积、耕地面积是多少，应该享受分土地的人员名单。比如，我们有100个人，劳动力有100亩土地，就是一人一亩土地，老百姓要知晓。第四是搞清楚每块土地里面种植的果树的品种。桃树、梨树，是我们的两大主要种类。此外，还有些小品种，包括柑橘、葡萄，把这些品种要搞清楚，然后指定每块土地的编号，如1号、2号、3号、4号、5号、6号。这一阶段就是做这些基础性的工作：一是宣传发动，二是推荐社员代表，组成生产队工作小组等。

第二阶段就是公布土地的编号，因为涉及后续的抽签。果树的操作程序，包括果树作价是多少钱，桃树有桃树的，梨树有梨树的。同样的果树，有好的品种，有差的品种，掺在一起，把这个要搞清楚。如果在1号土地，这棵桃树是盛产期，拿到土地的社员能采摘水果，肯定要价钱高。

这些要全部告诉给老百姓听，让老百姓能够接受。摸到几号地就是几号地，这是公开的，不能不透明，不透明人家要反悔，到时候不接受，那怎么办？还有，抽签的程序是按照人家原来的排序来抽，还是怎么抽，都要告诉给老百姓，要给老百姓做好详细说明和解释，在老百姓一致认可的情况下，方可实施土地分配，这是我们村一级做的工作。由于前期准备工作比较充分，在全体村民的积极配合下，全村 15 个村民小组在规定的时间内圆满完成了 1984 年土地承包责任制，并且签下了合同。

四、解决分地中出现的棘手问题

在实际工作过程中，我们也碰到一些比较尖锐的、难以处理的问题。其中，第一个问题也是最难处理的就是果树品种问题。我们当时种植的桃树里面有好多品种，南汇水蜜桃就是我们这里生产的。中期是白凤，晚期是玉露，这些品种是消费者比较青睐的，也是村民认为好的品种。但是有的人家全部抽到的是比较差的品种，销售起来挺难。有的人家拿到的都是老树，一棵树两根枝条，一棵树一个大枝。遇到这样的树，农户虽然钱出得少，但是对他的生产、收入肯定带来影响。这个矛盾，是比较突出的。有时我们会有些倾斜，比如说，你拿到的树是挺差的，那我们就看看能不能免掉一些钱，但也要经过全体村民同意的，不同意就不能免。

第二个问题是，离我们村子比较远的一些土地，管理上会有些问题。特别是果子成熟了，周围农场的那些小青年，有的时候贪小便宜的，随手就摘了，所以带来管理上的问题。这个问题，实际上我们很难解决。

1984 年实施家庭联产承包责任制的时候，生产队可以留一定比例的集体土地。当时我们生产队是作为养猪的饲料土地来区别的，所以这个问题，还是要少一点。但是从面上来讲，当时果园乡有 64 个生产队，基本上都在规定时间里完成。全乡有 10432 亩果树面积，2655 亩耕地面积，全部落实到位。这是 1984 年的家庭联产承包责任制落实情况。总起来说，我们从准备到结束大概有两个月，但是前期工作做了很多。

五、家庭联产承包责任制调动了农民的积极性

土地承包责任制落实到位后，广大果农有了自主经营权，极大地调动了他们的生产积极性。实行计划经济时，不管我们生产出来多少东西，国家全部收购，不管果品如何，哪怕亏本也收，所以农户生产的水果并不愁卖。但是，到了 80 年代，计划经济改为市场经济，打破了国家收购的政策，这种情况就不存在了。老百姓卖东西，都是要拣好的卖。他们有了经营自主权后，种植那些市场上热销的品种。经过老百姓 30 年的精心培育，大批产品陆续上市。

计划经济时期，每个村设有收购站，收购老百姓生产的水果。收购好后，集中到公社收购站，我们再用车子送到上海市区，每个村都有一个对口销售的单位。实行市场经济后，老百姓真的什么交通工具都用，把水果拉到临时销售场地，比如拖车、汽车，甚至还有农户自己用肩膀扛过去。每年的 6、7、8 月份，水果集中上市，包括周边泥城的、书院的、奉城的都拉过来，因为当时我们已形成了一个市场，他们那边没有形成市场，所以都要到我们这边来，一度造成交通堵塞。后来党委、政府考虑到老百姓的利益，给农户建立了一个稳定的交易市场。1992 年，在我们汇角村，用一万平方米土地，建了一个南汇东南片的水果交易市场，各个村都在里面设有生产收购点。一方面，我们村里有销路，便组织人员把老百姓的水果收过来，再运出去，如果自己没有人员卖水果，就给一些大的商贩提供场地，请他们来收购。当时，我们的桃子除供应上海市场外，还销到广东、浙江、江苏等地，这样做也解决了老百姓的销路问题。现在，这个交易市场已改作他用了。

总的来说，农村实行家庭联产承包责任制以后，生产力得到了发展，家庭收入逐年提高，人民生活水平得到进一步改善，幸福指数在上升，这就是党中央改革农村经济体制给老百姓带来的实实在在的好处。

六、1999 年的土地延包

从 1984 年到 1999 年，家庭联产承包责任制第一轮承包期限为 15 年。到 1999 年，第一轮承包到期。党中央为了稳定土地承包关系，在第一轮土地承包到期后，再延包 30 年。所以第一次叫承包责任制，第二次叫土地延包。

当时老芦潮港镇跟果园合起来了，就是后来的新芦潮港镇。根据上级的规定，结合当地的实际情况，我们也出台了一些相关政策：第一，重新界定承包对象。原来承包对象是村农户，即在农村种地的农户。1999 年，承包对象是本村村民小组最初的全体人员。第二，分土地的基础是以 1984 年承包土地面积为基础，把家庭人员、农业人员人口跟 1984 年土地的面积合起来。比如讲，1984—1999 年，某户人口是 5 人，1984 年分到土地是 3 亩。现在平均下来一个劳动力是 1 亩，那么，这户人家要分得 5 亩土地。他原来分到 3 亩，那再补给他两亩。当时，主要就是多退少补。第三，取消 1984 年的口粮地。第四，原来中心场的苗圃、竹林，原来是集体土地，现在全部划归为原来生产队的面积，把土地全部退回到原来的生产队。第五，人均不足 0.4 亩，村民小组暂不实行土地延包。第六，镇里对延包这件事也很重视，成立了芦潮港镇土地延包领导小组和工作小组，下设了一个土地延包办公室。延包办公室根据各级党组织和政府的政策要求，开展工作。

首先，延包办对全镇 69 个村民小组进行了核对。原来有 64 个村民小组，再把原远征村的 5 个小组加进去，一共 69 个村民小组。延包办全面梳理后发现，已经有 6 个生产队撤掉生产队建制了。在前期开发的时候，这 6 个村民小组的土地被征用了，已撤销建制。有 3 个村民小组，土地不足 0.4 亩。最后，延包办确定芦潮港镇有 60 个生产队需要进行土地延包。各个村根据镇延包办的统一安排，成立了 1999 年土地延包工作小组，开展了前期的准备工作，就是把所有土地总面积核对清楚。实际上，里面还涉及比较差的土地。当时，我们有的河滩，能种植，但是质量比较差。其次，核对在册的农业人口，即核对清楚在册的农业人口到底是多少人。这个问题非常关键。再次，制订工作方案。村民小组开会，把上述两个问题确定好，还要确定实施延包的方案。当然，上面有总的要求。为了推进全镇的土地延包工作，延包办针对性地选择了两个村民小组进行了试点。在实际操作过程当中，主要碰到了三个难题：

第一个问题是 1984 年未分到果树承包地的农户，现在接收的土地都是从别人家划过来的。就是原来分不到土地的人，现在要分土地了，因为原来他父母可能在企业工作分不到，现在人人有土地，那他的土地来源就是别人家的土地。比如，原来平均下来每人一亩地，现在只有 8 分地，有的农户土地多出来了，就要划给人家。而接受土地的人，接受的就是人家划出来的，这是一个矛盾。

第二个问题是果树作价问题。1984 年果树是集体的，钱也是集体的，所以没有什么矛盾。但是土地延包时，作价费是农户对农户的，是人与人之间的，那就会产生一定矛盾，有的说价钱高了，有的说价钱低了。在这个问题上，延包办专门以农业公司为基础，聘请一些有经验技术的，成立作价小组，凡是村民小组不能解决的，由他们去解决，但是脱离不了我们生产队的一些农户代表。他们讲的话可能老百姓也要听点，所以就用这个方法来解决矛盾。我们镇里面的农业公司出个中心价，两家人也写上各自的价格，最后两家农户协商确定，不是我们来定的。

第三个问题是土地质量问题。土地有一、二、三等的差别，所以存在差地与好地的矛盾。在实际过程当中碰到后，我们就要予以解决。我们先要搞预测，就是你一户人家，譬如有父母亲的，有哥哥有弟弟，有双胞胎，把他们一家人的土地捆起来内测，自己在里面排方案，测下来这家人正好的话就把几户人家合起来，这几块土地，按照现在的面积，你要划分哪里，都是划给自己的，用这个办法减少矛盾。同时，还要做工作，尽量把划掉土地与接受土地的农户放在一块。1984 年分地的时候，有的人家可能有几块地，现在要划掉一点，造成小地亏得比较多。接受土地的人家，比如有三四亩土地，那要接受好几块土地，带来管理上的不便。而且他们接受的都是差的，因为不要肯定稍微差一点。所以延包办还是要做工作，尽量把这一户人家减下来的放在一起，大家都能接受。对于比较差的地，比如讲两亩土地收一亩半的钱，半亩不算，实际上种两亩土地，账上只有一亩半，因为差地还要经过人家的努力改良，才能获得丰收，所以就用这种方法来调节。总的来说，在解决这个矛盾时，延包办主要用了这两种方法。

七、在延包办工作的日子

我当时在镇里的延包办，担任延包办主任一职，负责全镇 60 个村民小组的延包工作。在全体村民的努力下，延包工作还算顺利，但有的村民小组时间可能比较长一点，因为有几个生产队比较难，特别是部分人均 0.4 亩的村民小组，也要分地。部分村民担心，1984 年分地的时候，我没有土地，那我以后 30 年怎么办？我没有办法在企业工作，没有土地怎么吃饭？吃什么？因此，1999 年的延包工作，时间拉得比较长，但总算是完成了。这种问题，我们也没有办法。上面政策也是 0.4 亩土地，你要土地，我没有办法调过来，因为我们都是以村民小组为基础的。我的土地就是我的，我不能调出去。

我记得整个过程前前后后持续了大概三个多月，在此过程中做了好多工作。最终，村民们签了30年的承包合同。1999年实行土地延包以后，广大农户、承包户热情高涨。我刚才讲过了，我们这里的人要土地，因为有土地才能产出水果，才能有可观的收入，所以村民们热情高涨，干劲十足，收入水涨船高，整个芦潮港地区一派丰收的景象。

2003年，随着国家战略出台，洋山深水港、临港新城和东海大桥建设项目启动，广大农户服从洋山深水港建设的需要，舍小家为大家，主动投入动拆迁当中去。到2009年10月，芦潮港地区的农地几乎全部被国家征用。现在，除了汇角村还有一个村民小组的土地没有征调，所以有汇角村的存在。如果没有土地，应该也没有这个村级单位了。原来的组织体制，全部被撤销。现在，“农民”改称“居民”，“村委会”改称“居委会”。土地联产承包责任制，在芦潮港已经圆满地画上了一个句号。

八、实施家庭联产承包责任制也要因地制宜

家庭联产承包责任制的实施也需要因地制宜。当时，我们附近的泥城镇，经常会调整土地，每隔几年就调整一次。但我们这里就不能这样，因为我们种的是果树。果树成长成熟周期比较长，如果土地频繁地调过去调过来，今年种的明年给了别人，就很不好操作，也会影响农民的收益。按照我们的理解，也正因为我们这里比较特殊，土地承包实施起来困难重重，当时果园乡启动家庭联产承包责任制，分配土地时，比别的地方晚了一年。别的地方是1983年，我们是1984年。利用这一年时间，乡党委和政府在县委、县政府的领导下，进行深入的调查研究，而后因地制宜地制定实施方案。

前面讲过，万亩果园是1958年起步的，被称为华东地区最大的水果

生产基地。我们当时还是泥城乡，后来，单独成立果园人民公社。从那个时候开始，果园人民公社是一级核算单位。当时我还小，理发不要钱，有发的理发票。因此，芦潮港的果园乡还是很有名的，分配比人家高。得知要实施家庭联产承包责任制后，老百姓心中有两种想法：老百姓中有能干的，也有一些不太能干的。不太能干的，担心自己干不好，落在别人后面；还有些人家担心分到的果树品种不好，影响自己的收入。对此，我们按照抽签程序，1 号、2 号，抽到几号就去对号。比如这块土地是 10 亩，那你第一个人抽到 1 号，你们家要 6 亩土地，那就减少 6 亩，余下的 4 亩给下一个人。而下一个人要 5 亩，刨去 4 亩还有 1 亩。这 1 亩可能会给比较差的，也有可能的。抽得好的肯定开心，抽得不好的肯定难过。所以那个时候老百姓也担心，这个政策好不好，能给我们带来什么实惠。

我们上面说的这些方案，果园乡也给了一定的指导。当时，果园乡党委、政府进行了好几个月的调查研究。乡里派下来的一些干部，也倾注了自己的精力，有的时候都要晚上开会。实施家庭联产承包责任制，我们这里比别的地方晚了一年，老百姓也在这一年的时间里，有了心理准备，了解了国家的大政方针，他们也会问我们这里分土地怎么分。

九、现代城市的开发建设给芦潮港原住民生活带来的影响

到了 2003 年，老百姓配合建设洋山深水港的国家战略，修建洋山港、临港新城和东海大桥。芦潮港地区的老百姓要把土地拿出去，就相当于要动拆迁。长期以种植果树为生的芦潮港老百姓，很担心拆迁后家里的生活问题。为解决这个问题，我们采取了三种办法：第一，政府补偿青苗费。2003 年，政府要修筑沪芦高速。当时拆迁的是外中村的五组和征海村的六组。拆迁的时候，政府给老百姓支付了青苗费。第二，政府尽量提供一

些工作岗位，让老百姓有活干，能够养家糊口。第三，自我独立。政府给了大概两年的工资，由老百姓自我调节。有的人既不到退休年龄，又因为岁数大进不了企业，只能自己想办法，打工维持生活。因此，对芦潮港地区的开发，绝大部分老百姓是欢迎的，从长远来看，老百姓是受益的。

家庭联产承包责任制的实施，是中国农村经济体制改革的重要里程碑。在我们这一代人的亲身参与和见证下，这一制度在芦潮港镇汇角村得到了深入实践，并取得了显著成效。家庭联产承包责任制的推行，极大地调动了农民的生产积极性，促进了农业生产力的快速发展。那个时代的农民们，在党的政策指引下，满怀热情地投入农业生产中，用自己的双手创造着美好的生活。大家齐心精心培育果树，提高果品质量，不仅满足了市场需求，还远销外地，为芦潮港的发展注入了新的活力。

同时，家庭联产承包责任制的实施也带来了农村社会的深刻变革。农民们拥有了自主经营权，可以根据自己的实际情况和市场需求来调整种植结构，提高了农业生产的效益和农民收入。此外，这一制度还促进了农村劳动力的流动和转移，为农村经济的发展和城市化进程提供了有力支持。更为重要的是，家庭联产承包责任制的实施体现了党的群众路线和实事求是的工作作风。党员干部们深入基层、了解民情、倾听民意的身影。他们根据实际情况制定政策，尊重群众利益，解决棘手问题，确保了政策的顺利实施和群众的满意认可。

展望未来，我们应该继续坚持实事求是的原则，尊重群众主体地位，发挥群众首创精神，推动农村经济社会的持续健康发展。

见证芦潮港的渔业发展

周海明

口述人简介

周海明，1942 年 10 月生，原芦潮港地区渔民，捕捞大队成员，现已退休。

沈永娟，1950 年 1 月生，周海明的妻子，丈夫外出捕鱼期间，在家织渔网，进行农业生产，为丈夫的捕捞工作做好后勤保障。

口述：周海明、沈永娟

时间：2024 年 7 月 4 日上午

地点：上海市浦东新区南汇新城镇海汇和丰苑

采访与整理：李秀芳、任仰昊、刘泽

我叫周海明，老家在隔壁的泥城，这是我的老伴沈永娟。我 17 岁跟随我父亲一起来到芦潮港。我父亲之所以选择到芦潮港来，是因为这里可以捕鱼，从而吸引了周边地区的大批渔民来到这里，打造渔船，进行近海捕捞。父亲带着我过来后，我们就以海洋捕捞为生，靠捕鱼养家糊口，维持生活，所以我就算渔民家属、渔民子弟。

一、从小舢板子到机帆船

20 世纪 50 年代，芦潮港没有现在这么大，只有 3 个鱼塘、3 个码头，到处都是荒滩。当时这里也有渔民，主要是个人做个小舢板、两只渔网，放在海里。捞到鱼后，把鱼放到船上。上岸后，走街串巷，挑着担子，到大街上去叫卖。当时，鱼很多都烂掉，那时候真是有鱼，没钞票，老百姓也都很苦恼，生活水平不高。

合作化时期，泥城汇茂乡[1]等沿海渔民利用地理条件，靠海吃海，自发组织办起了渔业互助组，成立了捕捞队，进行小规模的集体近海捕捞。此后，附近的彭镇、书院等地的渔业互助组也相继建立。1958 年人民公社化后，泥城、彭镇部分渔业组在芦潮港联合办起泥城外洋捕捞大队。这些

1 1950 年 8 月，设泥城区，在泥城集镇设立泥城区人民政府。1957 年 7 月，南汇县撤销泥城区，建立泥城大乡，隶属南汇县，汇茂乡为泥城大乡下辖的 4 个小乡之一。

海洋捕捞队，前往舟山渔场乃至更远更广的海域，从事海洋渔业，渔业活动十分繁荣。我们这些捕捞队都是属于大队的，属于村里的。我和父亲就属于泥城公社外洋捕捞大队的。1959 年 10 月，泥城公社在汇角南滩建立牧场，家属同时也在这里落户。1966 年，捕捞大队及其家属组成生产大队，就是“远征村”。

我刚刚开始打鱼的时候，渔民们外出捕鱼的渔船基本上都是木质材料的小舢板子。这种小舢板子，大约有 1 吨重，体量小，吨位小。出海后，小船就在风浪中摇来摇去，随风飘摇，抗风浪能力不足，现在想想其实也蛮危险的。小船也没有机器助力，全靠人用双手划船，拉网装船数量十分有限。红星捕捞队用的船要大一些，有十一二吨重，船来拖网拖鱼。当时，我们有 300 多个人，也没有什么机帆船，后来发现人太多了，分开来才能赚点钱。

除了彭镇、泥城、书院外，后来还有两个大队，一个是老港队，一个是新港队。为了发展，我们买了两个小拖轮，拖轮上面带着渔网和机器。于是，我们的捕鱼大队变机动队了。当时捉带鱼用网了，我们就到嵊泗，去捉带鱼。现在想想，真是危险得很。我记得我们捕捞队当时应该有二三十个人。那时候的老大，就是大队长，他姓陈，老早就去世了。捕捞队就这样一步步发展，从小舢板发展到机动队。在这些捕捞队中，书院的捕捞队相对来说发展得比较慢，泥城捕捞队发展得最快，捕到的鱼最多。整个芦潮港地区船的数量，要在 30 艘以上了。

海洋捕捞分为近海捕捞和远洋捕捞。大约 1964 年，我们开始使用机帆船。这就意味着，我们可以从事远洋捕捞了。近海捕捞，涨水的时候进港，落潮的时候出去捕鱼。远洋捕捞，一网下去有 40 吨，两艘船配合，很快跑到嵊泗。往南跑得远一点，花费一个多月的时间，都到金门去了，舟山都算近的了。收购站的船跟在我们的渔船后面，只管收购。也就是说，一艘船专门收购运输，另外的专门捕鱼，这是配套的。当时有个叫徐国民的船老大，开到钓鱼岛去下网，网到很多剥皮鱼。捞起来一看，都是这种鱼，就直接倒到海里去了。以前，我们很多人不吃剥皮鱼，现在每千克要卖到 30 多元。

刚才说了，每艘船有两个队，因为是拖网，一个网有两个端点，需要两组人员才能把网张开，船才能拖住，一艘船上最起码要 25 个人。我们的船小，有一艘是专门负责拉网过来的，人少一点，上面有 7 个人，另一艘则要有 18 个人。船上都是男性干的活，没有女性，女的就在家里种田了。比方我家老太婆，就在家里做麻线。那时候的网都是麻线织的，没有用塑料线做的，也没有尼龙网，都是麻网，自己家制作的。做这个麻线网时，一根线要粗一点，另一根线要细一点，第三根还要再更细一点，有时候要四根粗线。

以前在徐汇区，有个收购海货的点，好的鱼卖到上海市区去，差一点的在我们这里自己卖，或者留着自己吃。但那时候的海产品真的好便宜，像带鱼，国家收购价是一角五分钱。这样的价格，在今天真的很难想象。把鱼打回来后，果园公社便派人过来收购，我们把鱼卖给公社。上岸前，公社收购鱼的船停在湾的外面，停在凹里。公社买了后，我们就把鱼交付给他们。公社有个水产收购站，他们收购我们捕上来的鱼之后，便从这里运到城里的徐汇区去，卖给徐汇区的收购站。老早的水产收购站在我们这里。以前，我们这里的梭子蟹很多，渔民用船三吨五吨地装到生产队，把它们都丢进坑里，用来做肥料。这么大的梭子蟹，没有人吃。我们到嵊泗捉带鱼，能抓到很大的梭子蟹。当时觉得这些螃蟹影响捉带鱼，很讨厌，都放掉不要。有时候，好一点的梭子蟹会拿到家里去吃，地道的梭子蟹的味道真赞。

二、渔业资源需要保护

那时候，东海海域渔业资源十分丰富，海里的鱼多得不得了。我们捕的粗扁鱼（就是鲳鱼）、乌贼鱼肥得不得了。我记得当时还有银鱼，现在都已经吃不到了。海蜇也非常多，腌制好的海蜇皮16分钱每千克。很多人都去捉带鱼，多的时候我们一网下去能捉到七八百条带鱼，渔网在船后面拖得长得不得了。但是，现在海里的鱼少得不得了。

为什么鱼会变少？我想有两个方面的原因：一个是气候的原因，另外一个原因则是捕鱼技术进步了。现在网好了，捕鱼技术进步了，更高效的捕鱼工具和方法，如大型拖网渔船、声呐探测技术等，使得捕捞鱼类变得更加容易和高效，导致长期的过度捕捞。当捕捞的压力超过了鱼类种群的恢复能力时，就会导致资源的枯竭。因此，现在政府开始保护渔业资源，在规定的时间和水域内禁止或限制捕捞活动。2025年的禁渔期是5月1日到9月16日，长达四个半月。在禁渔期，渔民不能外出捕鱼。不能捞鱼的这几个月，我们就休息了，像浙江、江苏的渔民都休息了，全国都是一样的。

三、捕捞生活及其后

船上的生活真的很辛苦，有的时候就冷水泡饭，随便吃一点中饭和晚饭。辛苦是辛苦，但能捕到鱼，还是很开心的。我们也会经常吃鱼，但吃得多了，就不想吃了。我觉得带鱼吃着苦唧唧的，没什么意思。浅水里的鱼有点肥肉，味道比较好，深水里的鱼不大好吃。

机帆船兴起后，开始进行远洋捕捞，一走就要很久。大家都知道，远洋渔业捕捞是世界上最危险的职业之一。80年代，我们捕捞队里因意外死了两个人，一个是拖网的，晚上掉海里，当时也没有救生衣，活生生被淹死了。后来捕捞大队补偿了一万元钱，了结了这件事情。

当时的捕捞大队，是一个属于镇里的集体企业，相当于一个乡镇企业。我们卖鱼所得的钱，都是集体的。那时候，我的工资大概是 30 元钱。在捕捞队里，大家拿到的钱都差不多，最多差个几毛钱，差距还是很小的。1996 年，我从捕捞大队退休。退休的时候，镇里的捕捞大队也解散了。就好像农村土地承包，工厂转制，转给私人生产。捕捞大队转制，成为私人企业。当时，把队里的船卖给私人，让他们自己去捕鱼。这是符合历史发展潮流的。那时候，我已经 60 多岁，不能再去外海捕鱼。退休后，我承包了我家附近的内河，专做内河养殖，主要养甲鱼、虾苗。

刚开始退休的时候，工资也不多。后来，芦潮港地区动拆迁，农民变居民，土地换居保。现在，我们夫妻两个人的退休金也够用了。我们这些人都是苦过来的，生活上很节约，不会滥吃滥用的。我蔬菜买得少，蔬菜的价格还是蛮贵的，水果根本不买。我喝水很厉害，一天要喝掉两热水瓶的水。所以，这些钱也够我们养老了，但你们小青年肯定不够的。靠国家来养老，我的幸福感很高。感谢党，感谢国家，每个月都给我发养老金，我们现在感觉睡觉都在笑。中国共产党是为人民服务的，给了我们这些老年人看得见的福利。

四、渔民妻子的生活

我叫沈永娟，作为渔民的妻子，我主要是给老伴做好后勤保障工作。刚才我老伴说了，他们出海捕鱼的时候，我们这些家属就在家里织麻线网。织渔网的技术很复杂、很麻烦，需要耐心、技巧和精细的手法。不同的渔网编织方法有不同的手法，如平纹、斜纹、打结等。这么复杂的技术，需要经过一定的实践积累和技巧磨炼。但是，我记得，我们千方百计织好的麻网，拿到收购站只能卖 35 元钱。

渔船回来后，我们这些妇女就要去渔网上捡鱼。大家把鱼分门别类地放在门板上，大鱼和大鱼放在一起，小鱼和小鱼放在一起，有的鱼卖 4 角钱每千克，还有的卖 1 元每千克。老早这个东海里产的带鱼质量真好啊，估计现在要卖 100 多元。此外，一般还有小鲳鱼等。有时候捕上来的鱼太小了，卖不成钱，我们捡了拿回家，也不需要付钱。但实话实说，我们也应该给点钱的。但是，毕竟大家都是渔民的家属，船一来，大家就全都去帮忙捡鱼。

我们这一代人，有 18 家做渔民的。这就意味着，有 18 位渔民的老婆。那时候，渔民的生活真的很苦，有很多渔民娶来的老婆，过不惯这种生活。当时由于离海太近，芦潮港地区的水都很咸。吃水要靠天上下的雨，没有人去开采地下水。下雨的时候，就把雨水储存起来，留着后面使用。如果不够的话，就要挑着担子去挑。所以，很多新娶过来的媳妇不习惯这里靠天吃饭的原始生活，觉得太艰苦了。后来，我们买了抽水的水泵，抽地下水来饮用，解决了吃水问题，生活才慢慢好起来。

除了吃不上水之外，其实饭也吃不饱。当时，芦潮港地区是盐碱地，越靠海边，盐碱化就越严重。我们种点高粱、棉花，但是盐碱地造成农作物的产量很低。高粱是老百姓私底下种的，棉花是我们村集体种的。也就是说，我们把自己的一些地种高粱。但因为水质的问题，也不能全种高粱。棉花是后来才种的，当时的棉花，每棵上面也就三四个头，长得不好。1962 年，我们这里建了芦潮港水闸。这个水闸有两个功能：一个是排涝，另一个功能就是洗碱。黄浦江的水流到我们这里，河里的碱慢慢流出来，发大水的时候开闸放水，我们塘东地区的盐碱便会随之流到海里去。消除土地的盐碱化有两个办法，一个是种绿肥，比如茅草；还有一个就是把盐碱地里的水放到海里去，叫作洗碱。

此外，我们这些家属还要在河塘里面晒盐。1958 年，旁边的塘下公路，当时就晒盐。以前，盐作为生活必需品，由国家管控。其实，晒盐就是在木盆里盛上海水，放在太阳底下晒。晒个两三天，水没有了，下面就一层薄薄的盐。晒盐并不是产业，而是维持生活的。

所以，当时我们主要是打鱼、晒盐、种地，有空的时候养些兔子，收入十分微薄。当然，花钱的地方也不多，附近就有一个很小很小的店，这个店是由两个老头开的。一般情况下，买东西要到泥城去。我记得当时孩子路过小店，要买东西，只能花一角钱买点，多了也不舍得花。1958 年，我过来的时候，芦潮港这个地方还是比较原始的，那时候做饭都要烧柴，连煤都没有。没有机帆船，只有靠手摇的小舢板子。渔业资源很丰富，像遇到台风天，海水和河水混到一起，有些鱼遇到淡水就浮起来了，比如黄鱼。我们过去捡，最多的时候还能捡到个十几条呢！有时候，我们还能吃到长江鱼。最好玩的是青蟹，下雪天，太阳出来，雪化了，变成了溪水。这么大的青蟹躲在洞里，洞里很暖和，但是溪水很冷，水流进洞里，螃蟹感到冷，就爬出来，爬到洞口晒太阳，一动不动。这个时候去抓它，一抓一个准。现在，这种螃蟹起码要卖到八九十元每千克。

第五章　芦潮港乡镇工商业的发展

上海芦潮港位于上海市浦东新区的东南沿海，靠近东海，是上海的重要港口之一。20 世纪初，芦潮港主要依赖渔业和农业为生。由于其临海的地理位置，渔业资源丰富，乡镇经济主要由渔业和周边农业共同支撑。此时的工商业规模较小，主要以手工业为主，从事一些基础的农产品加工和渔业产品加工。1958 年冬，芦潮港建万亩果园，设立了糖厂，开始发展果园经济；后就以果园冠名，1966 年 9 月开始称果园人民公社。随着 1978 年以来中国改革开放的推进，芦潮港乡镇工商业开始逐步发展起来，尤其是在 20 世纪 80 年代，乡村经济逐渐向工业化、商业化转型。政府鼓励乡镇企业的发展，芦潮港通过引进外资、发展海运、发展临港工业等方式，促进了地区工商业的崛起。特别是临近上海市区的区位优势使得芦潮港成为制造业和物流业的重要基地，推动了港口与物流业的兴起。芦潮港在上海浦东新区开发过程中，凭借其港口优势，逐步发展成为一个集海运、物流、仓储等于一体的综合性港口经济区。20 世纪 90 年代，随着外向型经济的发展，芦潮港的港口设施逐渐完善，成为上海重要的集装箱港口之一；同时，随着中国经济进一步市场化，乡镇企业逐渐面临转制的压力。

从集体经济到股份制改革，芦潮港的乡镇企业开始进行产权改革，部分企业转为私有化或合资企业。一些乡镇企业发展成了规模较大的公司，部分企业也开始向外地甚至国外拓展市场。

进入21世纪，芦潮港的工商业发展逐渐走向多元化，形成了以港口物流、装备制造、电子信息、化工和高新技术产业为主的经济结构。随着浦东新区的快速发展，芦潮港逐步向现代化的港口经济转型，同时也带动了乡镇周边的服务业、商业、零售等行业的繁荣。近年来，芦潮港开始注重绿色环保和可持续发展，推动产业的转型升级，促进绿色经济和智能化产业的发展。总体来看，芦潮港的工商业发展经历了从传统渔业农业、果园经济到现代化港口物流和多元化产业的转型过程。如今的芦潮港服务临港自贸试验区的建设与发展，已经是一个重要的经济和物流枢纽，在上海及长三角地区的经济发展中发挥重要作用。

芦潮港果园商业的发展与繁荣

张冲官

口述人简介

张冲官，1942 年生，芦潮港人，1959 年于海南参军服役，1962 年退伍。回到果园后，他先后在果园供销社、果园生产队等地工作，见证了果园商业发展的过程。

口述：张冲官

时间：2024 年 7 月 8 日

地点：南汇新城镇芦潮港社区居委会

采访与整理：上海海事大学马克思主义学院王伯承、李秀芳、鲁思怡等

我叫张冲官，原来是个农民，1959 年我到海南当兵，在陵水机场当了三年兵，1962 年回到芦潮港果园。上海南汇芦潮港果园地区的商业历史，是上海市郊经济变革与地方发展的一部分。芦潮港果园地区是上海早期农业和渔业的重要区域之一，我今天要谈的就是果园商业的发展史。

一、果园商业的产生与发展

芦潮港果园地区以前是一个乡，1993 年 3 月经南汇县人民政府批准，原芦潮港镇、果园乡“撤二建一”，成立新芦潮港镇。受行政区划调整、港口建设、产业布局等因素的深刻影响，果园的商业发展大致经历了如下四个阶段。

第一个阶段是 20 世纪中期至 80 年代农业经济主导下的传统集市阶段。20 世纪中期，果园地区以农业为主，居民以种植水果（如梨、桃等）和渔业为生。由于交通不便，商业活动以农村集市为主要形式，满足本地居民的日常消费需求，主要涉及粮油、日用品、农具、渔具等。

第二个阶段为 20 世纪 80—90 年代乡镇企业兴起与商业发展阶段。改革开放后，乡镇企业迅速发展，果园地区也开始兴办小型企业，如果品加工、冷藏、水产养殖等。这一时期，商业活动开始活跃，乡镇供销社、个体商铺和市场开始兴起。随着南汇县城镇化的推进，这里的商业开始向集

镇和交通要道集中。

第三个阶段是2000—2008年洋山深水港开发带来的产业升级阶段。2000年后，洋山深水港的规划和建设对果园地区的经济带来了巨大影响。由于港口建设，该地区的农业用地逐步减少，部分居民搬迁，同时物流、运输和配套商业设施开始发展。果园的商业逐步向服务港口物流业、仓储业等产业转型。

第四个阶段是2009年至今现代商业转型阶段。2009年，南汇撤县并入浦东新区，果园地区的经济结构随之调整。随着临港新城的发展，周边区域的商业模式从传统集市转向现代商业综合体、物流产业园等。特别是自贸试验区临港新片区的设立，推动了港口贸易、跨境电商、航运金融等新型商业业态的兴起。

在我的记忆里，1959年我去当兵的时候，果园地区的确没有好的商业。这里人口稀少，交通不便，没有公交车，所以市场不景气。由于没有一间像样的商店，如果想要买些日常生活用品，就必须到集市上一些大的商店，譬如要到很远的泥城去，这是我当兵以前的情况。

1962年，我退伍回家了，发现家乡的商业开始有点起色，开始有卖烟糖油盐之类生活用品的小卖部。附近还有裁缝店、理发店等一些店铺，其中理发店有五六个理发师。小卖部里面有一个经理叫严水根，要到泥城去进货时，商铺人手空缺，所以请我去帮忙照看商铺的生意。他之所以委托我，是因为在物资奇缺的年代，商铺里有好吃的东西、饼干糕点之类的经常会被惦记——有的人偷走一块两块饼干，他也知道的。因为军人有铁的纪律，所以他信任我，每次进货都叫我去帮忙，然后每次给1元钱工资。那时候1元钱的工钱算很高，是很不错的收入，我也很高兴，因为之前一天只能挣几毛钱。

1964年，三年自然灾害之后，果园成立了一个信用站。因为这里以前老百姓生活困难，需要借点钱都是要高利贷的，但是老百姓受不了高利贷。有了信用站就好了，老百姓可以到信用站借钱，譬如五元十元，虽然是很小的金额，但往往都能解燃眉之急。信用站可以入股，老百姓每户可以入股两元钱，股金可以分红。信用站采用每年分红、两年还结的操作方式。分红持续了 20 年，直到 1984 年才结束这种操作方式。

1971 年 5 月，果园原来的综合商店改叫果园供销社，里面买卖粮食、油菜、水产、熟食等农副产品，还有废品收购站，收购纸头、盒子、罐子之类的。譬如当时刷牙用的牙膏壳，大概价值等同于一个馒头。供销社还有生产部、饭店、棉花收购站、邮电署等，还有农用的大粪站、氨水站。在供销社，可以购买农药、化肥、水泥、梁木、毛竹之类的。现在果园不出毛竹了，需要的话，要到浙江去买。当时，这里的人婚丧嫁娶，就需要买毛竹。如果到南汇买，距离太远了。那时我当司机，会经常帮忙运输毛竹。所以供销社能够供应毛竹，是好事，解决了老百姓的生活问题。还有棉花收购站，专门收购棉花。棉花收购站的第一任经理叫张东宝，是收购棉花的高手。棉花按品质分级，都要他来定，价格多少也要他定的，他精打细算，水平特别高。

20 世纪 70 年代，我曾经在供销社的食堂做厨师。那时很多单位的食堂都有油水，但是供销社和中学食堂除外，原因是这两个单位精打细算，饭菜价格低，没有油水。供销社是做生意的，工作人员很精明。中学老师也算得很清楚，因为学校科学文化水平高。也有的单位算账不是很仔细，但我总是实事求是，一分两分钱也要算清楚。我在供销社里打了好几次工，1974—1978 年，每年的小年夜和大年夜，一共两天和两个晚上，帮着做豆腐；平时也曾通宵帮忙搞果树种植，帮助老百姓收果实，卖果实，帮忙结算。此外，供销社之前还办过其他一些工厂，譬如百花灯具厂，但是厂的销路不好，办了一年就不办了。

二、果园经济繁荣的原因

果园靠近海边，我在海边长大。记得小时候，家的前面就是海。1958年，当时的上海市副市长到芦潮港来，要发展万亩果园，主要保障上海市区水果的供应，计划发展平原果园经济。在大众的印象当中，果园一般都是在山区的，而我们这里是平原。1958 年 12 月，果园里所有的树苗运送进来以后，长得很好，果树种植业发展得很好。但是，随着洋山深水港的开发，果园也逐渐淡出人们的视线。后来，政府决定将渔港利用起来，所以按照重新发展的需要，就改造了果园。一开始，果园街上人口比较少，商店只有两三家。我当兵回来之后，商铺就增多了，还出现了供销社。当时我在东桥头打工，那里有一位姓顾的经理，让我帮他写果园供销社这几个字。我觉得这样太显摆，所以拒绝了。因为我知道如果我写得不好，会影响他的买卖。经商广告是很重要的，特别是字要写得漂亮，是非常有讲究的。果园供销社开了之后，在芦潮港的影响不断扩大。开始时，芦潮港水闸还没有向外移动，店里卖的一般都是渔民需要的东西，比如渔网、毛竹、鱼钩等，都是适合渔民进行生产劳作的。后来，随着人流量的加大，人们的生活水平不断提升，购买力不断提高，商店里生活用品逐渐增多，商业也不停地向前发展。另外，有外地的车子装着货物到果园来售卖，售卖的东西都是一些生活用品。外地车子卖的生活用品比当地卖得便宜，有时候城管会进行管制。

集镇上只有两三个商店的时候，百姓需要物品，如果商店没有售卖，只能去泥城买。镇上开了供销社之后，如果出现缺少的物品，还需要去很远的地方买或者说统一进货到供销社。大家缺少的物品需要进行统一登记，再统一运输过来。果园供销社的生活物资基本上都能满足老百姓所需，但物品还不够全，需要去外面进行采购。譬如豆腐是供销社卖的，所以供销商店小年夜的时候还要做豆腐。供销社不仅从外面进东西来进行售卖，而且也会自己做东西去卖。老百姓可以凭豆腐票来买豆腐，如果没有豆腐票，可以拿黄豆来换。一千克黄豆，可以换几千克的豆腐皮、豆腐干。改革开放后，实施家庭联产承包责任制，农村生产力解放，农民可以自主销售农产品，供销社的统购统销逐渐取消。同时，市场经济的发展带来了个体户和私营企业的出现。随着芦潮港和果园的不断发展，临港日新月异，人们的生活也越来越好。现在，快递改善了人们的生活。2010 年以后，快递在全国迅速发展，快递的发展对芦潮港地区的城镇化进程产生了深刻的影响。随着现代物流体系的完善，果园逐步构建起覆盖城乡的快递网络，不仅显著提升了居民生活的便利度，也出现了新就业方式，快递的发展对果园有很大的帮助。人口流动量逐渐增多，越来越多的人来芦潮港工作。商业的发展需要人流量，可以通过招商引资，吸引越来越多的人过来发展。2000 年前后，上海芦潮港依托国家战略与政策红利，实现了经济快速发展。

三、果园散发着时代变迁的光辉

1987 年，果园想开辟一条马路，叫渔港路，这条路现在还保留着。渔港路建成以后，在马路的西边建了一个佳美商场。2001 年，果园的商业网开始转制至私人承包，并迎来上海华联超市。总体来说，芦潮港和果园地区的商业发展史，其实也是中国农村经济变迁的缩影。从中可以清晰地看到果园的商业在国家经济发展的大局之中是怎样逐步转变和发展起来的，也能够看到在时代洪流之下，果园的商业发展为当地普通百姓的生活带来了哪些转变，同时也可以看到老百姓又是如何面对这些转变，抓住机会追寻美好生活的。

习近平总书记指出，“新时代属于每一个人，每一个人都是新时代的见证者、开创者、建设者”，激励着人们不断奋进。

时代洪流滚滚向前，个人的发展和时代有着密不可分的重要联系，这是个人小我与时代大我之间的交互，也体现了普通百姓对于美好生活的向往。新时代，将个人理想融入党和国家的事业之中，在建设社区、建设家乡、建设祖国的实践中努力奋斗，是一份无上光荣。

社办工业与乡镇工业企业涌现

陶琴根

口述人简介

陶琴根，1952 年生，芦潮港人。1990—1993 年，担任芦潮港镇工业公司经理。1993—1999 年，担任上海芦潮港联合发展总公司副总经理。

口述：陶琴根

时间：2024 年 8 月 14 日

地点：上海市浦东新区南汇新城镇芦潮港社区党委办公室

采访与整理：上海海事大学马克思主义学院王伯承、杨志伟、王美君等

我叫陶琴根，原任芦潮港镇果园工业公司经理、上海芦潮港联合发展总公司副总经理。芦潮港乡镇工业的产生与发展是南汇地区经济变革中的一个重要组成部分，尤其是在芦潮港区域的港口开发和临港新城建设过程中，乡镇工业为当地经济提供了重要的支撑，并为区域产业结构的多元化发展奠定了基础。今天，我们一起来回顾芦潮港早期乡镇工业的产生与发展。

一、社办工业的产生

1958 年，泥城人民公社成立，果园当时属于泥城公社所辖，为泥城果园，经济上独立核算。果园主要种植水果，有雨露水蜜桃、上海蜜梨、苹果、橘子、葡萄、西瓜等；种植各种果树 695.3 万平方米，称“万亩果园”。当时，果园没有工业基础，只有一些泥工、木工和裁缝师傅等。可以说，果园一无技术、二无设备、三无人才、四缺资金。就是在这种情况下，社办工业开始出现。

1961 年 12 月，中共果园场总支委员会决定利用果树之间的空隙种植甜菜，创办第一个社办工厂——果园糖厂，糖厂主要生产红糖。糖厂的建成，标志着芦潮港地区工业的发展迈开了第一步。1969 年 4 月，由果园、泥城、彭镇三个公社联合创办果园砖瓦厂，主要生产八五红砖，解决了企

业发展需要的主要建材和农民建房材料，为改善农民生活作出贡献。1969年8月，创办果园服装厂；1970年初，以万亩果园种植的水果为原料生产果子酒，种植榨菜，成立榨菜加工厂；1970年8月又创办果园农业机械厂，修理农机，并为上海相关单位加工产品；1976年4月，经上海纺织工业局、上海丝绸公司批准同意创办果园丝织厂；1979年2月，创办果园水泥制品厂和粉丝厂；1980年4月，果园电器五金厂建成；1980年10月，果园针织内衣厂建成并投产；1981年1月，果园公社福利厂建成；是年，庙港村创办果园轧钢厂转制为公社企业。通过调整合并，截至1984年，乡办工业已形成一定规模，合计有社办企业8家、村办企业5家。其中，固定资产380万元，从业人员1800多人，工业总产值1447万元，年创利润250万元。

二、各类乡镇工业企业的快速发展

在党和政府的大力支持下，芦潮港镇立足区位优势和产业基础，各类乡镇工业企业得到了迅速发展，为区域经济注入新动能。

第一个是果园丝织厂。1976年4月，果园丝织厂开始筹建，主要设备是上海丝绸公司下属上海第一丝织厂更新的铁木机100台，主要生产丝绸产品，1977年5月投入生产，生产单一富春纺产品。1980年4月，经乡党委、政府批准，丝织厂新建一个车间，增加纺织全新铁纺织机120台，开发新产品有春艳被面、花软缎、三巾缎等中高产品，三班制生产，厂区内有职工宿舍、图书馆、职业活动室等。1987年，经上级领导批准，果园丝织厂原党支部升格为党总支委员会。1987年底，厂区总面积有1.35万平方米，建筑面积1.1万平方米。企业党总支由五人组成，设正副书记、组织委员、纪检委员、政宣委员。厂部设厂长、副厂长、计划科、财务科、供销科、技术科、设备科、质监科、劳动工资科、总务科等科室，生产有 2 个车间、准备车间、成品车间、机动车间。1981 年，建立职工代表大会制度；企业实行联产计酬，即多劳多得。年生产各类丝绸产品 300 多万米，产品销售全国各地并部分出口。1983 年 9 月，经南汇乡镇工业局验收取得“企业合格证书”，12 月被评为“文明工厂”。该厂有固定资产 216 万元，流动资金 85 万元，职工 850 人，1985 年工业总产值 1500 多万元，利润 130 多万元，被南汇县政府评为新秀企业。1986 年和 1987 年企业产值均超千万元，年利润均超百万元，被县政府评为明星企业。

第二个是果园砖瓦厂。1969 年 4 月，由果园、泥城、彭镇三个公社联合投资创办果园砖瓦厂，同年投产。1978 年增加大型烘房、制砖机等设备，提高了生产能力，年产红砖达 5000 万块以上，年产值 175 万元，年利润 70 万元。1984 年，砖瓦厂有建筑面积 8800 平方米，占地 7.13 万平方米，固定资产和流动资产 150 多万元，职工 470 人，成为南汇县主要成品砖供应企业之一。

第三个是果园阀门厂。该厂原为果园农机厂，1970 年 6 月筹建，当时加工生产小农具小五金等，1971 年开始生产弹簧安全阀，1975—1979 年，分别增加马铁车间、五金车间。1981 年，果园农机厂正式更名为果园阀门厂，以弹簧安全阀（年产 10 万多套）、水龙头（10 多万只）为主要产品，销往全国各地。1984 年，厂区建筑面积 4100 平方米，有四个车间，固定资产 71.34 多万元，流动资金 100 多万元，年工业总值 200 多万元，年利润 70 多万元，职工 240 人。

第四个是果园标准件厂。1970 年初，以果园乡种植水果为原料生产果子酒。1971 年 8 月，首批果子酒运往上海华光啤酒厂。1980 年，果子酒在市场上滞销，乡领导决定改建酒厂。1980 年 4 月，果园电器五金厂建成，主要生产电风扇等产品。1982 年，电器五金厂从上海浦江商场接受一批双头螺栓业务，1983 年 7 月，第一批地脚螺丝、六角螺栓出厂，厂名更改为果园螺丝厂。1984年，果园螺丝厂固定资产33万元，年产值35万元，利润4.5万元。1991年，果园螺丝厂被评为国家二级企业，年销售收入3000多万元、利润80多万元，有职工165人。企业更名上海果园标准件有限公司。

第五个是果园综合厂。1959年，该厂以加工粮食、饲料为主；1982年开始增加五金折床、折椅项目；至1984年底企业有厂房1950平方米，总产值127万元，利润12万元，职工80人。

三、政府机构调整后的情况

1993年3月，经南汇县人民政府批准，原芦潮港镇、果园乡“撤二建一”，成立新芦潮港镇。新的芦潮港镇成立后，地域和综合实力得到了加强，有利于芦潮港地区的开发、建设。1993年4月，经南汇县人民政府批准，“南府1993年第155号文件”决定成立上海芦潮港联合发展总公司，经济性质为一级法人资格，实行独立核算、自负盈亏的集体所有制企业。注册资金1亿元，经营范围有工业产品、房地产开发、建筑装潢、海洋捕捞、果品交易、客车出租、旅游广告、近海客运、仓储等业务。由芦潮港镇第一届政府镇长兼任公司总经理，1993年10月8日，根据南汇县114号文件关于“张连发等任职通知”的精神，总经理聘任张连发等7位同志为上海芦潮港联合发展总公司副总经理。上海芦潮港联合发展总公司日益发展成为一个机构完善、人员精干的经济实体。总公司总资金1亿元，职工99人，其中，工程师8人、助理工程师7人、会计师3人、助理会计师9人、经济师4人、助理经济师3人、农艺师1人、助理农艺师2人。上海芦潮港联合发展总公司成立后，全面启动该地区的建设和资源利用，加快经济体制改革，带动旅游和房地产等行业。

上海芦潮港联合发展总公司的成立，标志着该地区进入了一个全面建设与发展的新阶段。通过大力推进基础设施建设、优化资源配置和加快经济体制改革，该公司发挥了引领和协调的作用，推动了多个行业的蓬勃发展。第一，建设与资源利用。上海芦潮港联合发展总公司负责统筹规划芦潮港镇的基础设施建设，涉及交通、公共服务设施等项目。建设工程不仅提高了地区的整体功能性，也为未来的城市发展打下了坚实基础。与此同时，公司也注重合理利用本地自然资源，如沿海资源、土地资源等，实现可持续发展。第二，经济体制改革。随着上海芦潮港联合发展总公司的成立，芦潮港镇的经济管理体制逐步优化。包括引入市场机制、吸引社会资本、加强产业协调等。通过多样化的经济手段，促进了区域经济的繁荣。第三，行业带动作用。芦潮港镇的发展不仅局限于基础设施和经济改革，还带动了如旅游和房地产等相关产业的发展。当地依托其地理优势和自然景观资源，逐步开发旅游产业，吸引游客，并促进消费。同时，随着城市功能的提升和经济发展，房地产行业也快速增长，推动了区域人口集聚和城市化进程。一系列的举措使得芦潮港镇在经济、社会等方面取得了长足进步，逐步成为该区域的重要发展中心。

此外还有上海杭湾企业发展有限公司和上海南汇机械绳网厂。上海杭湾企业发展有限公司，1993 年 4 月由比特福服装公司、中孚房地产公司组建而成，企业占地面积 1.87 万平方米，建筑面积 2.1 万平方米，总资产 5000 万元，产值 1000 多万元，年利润近 200 万元，员工 1000 多人，产品销往美国、日本和欧洲等国家和地区。上海南汇机械绳网厂 1966 年创建，由泥城、书院、彭镇、祝桥、东海等公社联合组建，前身为芦潮港联合配修站，1970 年更名为上海海洋渔业修配厂；1984 年企业与上海绳网厂联姻，改名上海南汇机械绳网厂，成为芦潮港地区较大工业；1987 年接受五金机械制造业务，厂名改为上海芦潮港机械厂，以生产五金机械为主，制造各类车床、牛头刨床、套丝机、切管机等产品；至 2001 年，有固定资产 1000 万元，年产值有 1000 多万元、利润 100 多万元，员工 400 多人。

芦潮港地区的建设和发展，离不开各级党委、政府的关心和支持，芦潮港广大人民辛勤劳动，他们艰苦创业，不断提高技术，生产优质产品并发展企业，为建设美丽的芦潮港作出了巨大贡献。

追忆上海芦潮港联合发展总公司

蔡云飞

口述人简介

蔡云飞，1956 年生，芦潮港人，1986 年 1 月 6 日调动至果园，1993 年开始任上海芦潮港联合发展总公司副总经理，1995 年任芦潮港镇副镇书记，1998 年任芦潮港党委副书记，分管政法工作，2006 年任芦潮港镇人大主席，在南汇新城镇退休。

口述：蔡云飞

时间：2024 年 8 月 14 日

地点：上海市浦东新区芦潮港社区党委处

采访与整理：上海海事大学马克思主义学院王伯承、杨志伟、鲁思怡等

我叫蔡云飞，今天我主要介绍一下 1993—1995 年成立的上海芦潮港联合发展总公司的过程，还有就是芦潮港的特别自由贸易区的一些情况。临港新城的建设，以及芦潮港的港口开发，需要一个有力的公司来协调多方资源，包括政府资金、土地资源、企业投资、基础设施建设等。上海芦潮港联合发展总公司便在此背景下应运而生，致力于港口经济区和周边区域的全面开发。

一、上海芦潮港联合发展总公司的成立与发展

上海芦潮港联合发展总公司在芦潮港及临港新城的开发过程中，发挥了关键作用，推动了区域经济的快速增长和产业升级。我想从 6 个方面简单介绍一下上海芦潮港联合发展总公司的成立。

第一，该公司创建于 1993 年的 3 月。原芦潮港、果园乡撤二建一，成立了芦潮港镇。新的芦潮港镇成立以后，综合实力大大加强，有利于芦潮港地区的开发和建设。为了进一步调动该地区各方面的力量、便于统一指挥和加强管理。1993 年 4 月初，芦潮港镇政府向南汇县人民政府申请，要求在镇政府的统一领导下成立上海芦潮港联合发展总公司。成立上海芦潮港联合发展总公司的目的主要是两个方面：一方面是整合各方资源，比如芦潮港镇是靠近码头的，和上海市行政区划内各个职能部门的设置一

样，七站八所都在芦潮港设立机构，芦潮港地区还有派出所、边防所，要综合各方面的资源，所以地方也有其独特性需要考虑；另一方面是统一协调、统一管理，成立上海芦潮港联合发展总公司的主要目的是便于发挥出工商业发展的更大效能。后来，成立上海芦潮港联合发展总公司的申请很快得到了南汇县人民政府的批准。南汇县政府1993年第155号文件批示，芦潮港镇建立上海芦潮港联合发展总公司。公司的经济性质属于一级发展资质，为独立核算、自负盈亏的集体所有制企业，注册资金为1亿元。经营的范围是工业产品、房地产开发、建筑装潢、海洋捕捞、股票交易、客车出租、旅游广告、近海客运、仓储等。1993年4月25日，上海芦潮港联合发展总公司正式挂牌成立。

第二，关于该公司的机构设置和人事安排，1993年4月初，南汇县人民政府批准上海芦潮港联合发展总公司成立的同时，任命芦潮港镇第一届人民政府镇长李塘龙兼任公司总经理。10月8日，根据南汇县委组织部1993年114号文件关于“提名张连发等任职的通知”的精神，总经理聘任张连发、刘建国、闫才根、蔡云飞、董雪根、周慕龙、陶琴根、陈国飞为上海芦潮港联合发展总公司副总经理。

从组织内部结构划分，上海芦潮港联合发展总公司下设4个部门：

（1）劳动人事部，负责人是王新水、司秀根，工作人员5人；

（2）投资开发部，负责人是陈慧斌、杨金观，工作人员4人；

（3）经营业务部，负责人是张耀明，工作人员2人；

（4）财务部，负责人是董雪根，工作人员5人。

从组织垂直结构来看，上海芦潮港联合发展总公司下设12个分公司：

（1）公保公司，负责人是刁永平、王勤关，工作人员2人；

（2）供品公司，负责人刁薛平、朱文福，工作人员4人；

（3）旅游公司，负责人王强平、刁贵宾、陈品官，工作人员11人；

（4）芦建一公司，负责人潘翠刚、刁国兴，工作人员 4 人；

（5）芦建二公司，负责人尹水根，工作人员 4 人；

（6）汽车出租公司，负责人赵海良、周建平、宋永平，工作人员 5 人；

（7）码头建设开发公司，负责人朱林根、俞正国、董建平，工作人员 16 人；

（8）海洋渔业公司，负责人席颖氏、顾正平，工作人员 7 人；

（9）房地产开发公司，负责人施福官，工作人员 7 人；

（10）商业公司，负责人沈和平、王海华，工作人员 5 人；

（11）桃园实业公司负责人，王志康、席琳，工作人员 6 人；

（12）物资贸易公司，负责人徐文彪、刘作平，工作人员 6 人。

此外，上海芦潮港联合发展总公司下面还有 5 个实体企业：第一个是卫贸王门厂，负责人是王府城；第二个是中服时装厂，负责人是李荣民；第三个是茂盛标准检查厂，负责人是沈亚第；第四个是芦潮港机床厂，负责人是陈国飞；第五个是特别贸易开发公司，是和香港鸿翔公司联合组建的一个公司，负责人是张立明。

第三，上海芦潮港联合发展总公司确实取得了实绩。公司成立以后，开始全面启动对芦潮港地区的建设和资源的利用，加快经济体制改革，以带动原来很不发达的旅游业、房地产业等行业。

首先是打开海上通道，建成车客渡码头。总公司成立以后，根据芦潮港镇第一届人民代表大会决议，着手筹建芦潮港车客渡码头。1993 年春，上海芦潮港车客渡码头项目被上级有关部门批准，列入南汇县重大交通基础设施融合工程。1993 年 5 月开始，总公司多方筹集资金 7000 余万元。1993 年 10 月 18 日，芦潮港车客渡码头正式开工，时任上海市常务副市长夏克强来码头主持开工仪式。码头于 1995 年 6 月 17 日竣工，“海上公路”开通以后，有 65 艘客轮、4 条航线。1996 年客流量达到 8.5 万人次，货运3.8万吨，创收391.5万元。其次是带动旅游业的发展。芦潮港地区旅游业从90年代起，上海芦潮港联合发展总公司成立以后，经下属分公司努力，先后建立了汽车旅游服务公司3家、“迷宫”1座、桃花节景点11处。年接待的游客达到10万人次。1993—1995年，全镇旅游业创下了产值480万元。

最后是发展房地产业。上海芦潮港联合发展总公司下设芦潮港一公司、芦潮港二公司，也就是芦潮港建筑一公司、芦潮港建筑二公司。1993年开始发展房地产。1993—2001年，先后建立了桃园一村、桃园二村、桃园三村，还有杰才公寓、香港街、澳门街，总的住宅小区有13个，总的建筑面积达到了2.2万平方米，售房率达到95%。

第四，关于利用土地资源招商引资。1998年经南汇县人民政府批准，芦潮港吸收镇外投资企业34家，收回土地使用清理费1.74亿元。同时，建了特别自由贸易区一个，上海芦潮港联合发展总公司招商引资引税总资金达到6.26亿元。主要是在1993年和1995年，累计引进企业188家。

第五，公司不断推进镇区建设。到2001年，公司总共完成了南北两镇镇区拆迁房1.2万平方米，新建居民小区13个、港口花园1个、绿化4块，绿化面积达8583平方米；还改建中心小学一所，新建卫生院、中学幼儿园各一所；新建了1.16万平方米的集贸市场、9000平方米的水产交易市场及海关大楼等建筑设施。

第六，公司不断加快资金积累，增加财政收入。上海芦潮港联合发展总公司成立以后，促进了镇工业、农业、服务业的发展。1993年，全镇总额收入2.74亿元，1993—1995年，李塘龙镇长在任时，上海芦潮港联合发展总公司的效益是最好的。相比其他相邻的乡镇，好多工作人员都发不出工资；而芦潮港镇机关的一些日常开支，光吃利息就足够了。1995年，李塘龙调走后，上海芦潮港联合发展总公司总经理改为赵志刚，任期是

1995—1998年；后来是陈林观，任期是1998—2000年。

二、上海芦潮港联合发展总公司的改制与撤销

上海芦潮港联合发展总公司在1993—1995年运作期间，是非常成功的，经济收入也很可观，得益于领头人李塘龙同志。他很有前瞻思维，很有超前意识，带领芦潮港人发展经济。当初李塘龙在的时候，他提出了要建立特别自由贸易区。1994年，大概四五月份，时任上海市委书记吴邦国同志到芦潮港来视察。“上海市特别自由贸易区”的理念，也就是在这时候开始提出来了。之后，联合发展总公司跟香港的鸿翔公司联合开发特别自由贸易区，让我出任特别自由贸易区的副总经理，香港鸿翔公司派了张立明来任职总经理，李塘龙任董事长。

特别自由贸易区成立以后，注册了芦潮港投资开发总公司。公司当初注册的时候，工商部门不批准。原因是作为上海芦潮港联合发展总公司下属的公司，“总”字不能带。所以芦潮港投资开发公司作为分公司不能带“总”，工商部门也就没有批准。而香港的投资公司却不同意了，因为没有“总”的名称，公司听起来层次不高。后来，跟工商部门协调了以后就正式批准了，叫上海市投资开发总公司。特别自由贸易区总共征用了芦潮港镇远征村650亩土地。最开始不是征用，是采用了“使用”这个概念。镇政府表示土地使用后，需要每年给农民一次补偿；后面老百姓对此很有意见——既然这块土地已经“征用”了，就不能作为“使用”了。老百姓的反响很强烈，政府几经考虑，为了长远的发展，决定全部给“征用”。远征村650亩土地也作为特别自由贸易区的土地，全部作为征用。

芦潮港投资开发总公司是和香港鸿翔公司联合投资组建的，我是副总经理，成立了一个招商部和一个财务部。此外，成立的工程部主要是芦潮港一方担任的。有专门分管土地、电力、自来水的人员，还有具备资质的

建筑工程师，共同成立了工程部。工程部成立以后，特别是投资开发总公司成立以后，首先对土地实行“三通一平”[1]。1993年5月开始组建，组建了以后马上进行“三通一平”。到1994年上半年，“三通一平”全部完成。以后，650亩土地用网格化的形式进行转让。在区域里面建造了中财大楼、香港街、汇港大楼、民族大厦，还有荣誉小区等，出让的土地也基本上达到90%。“三通一平”以后，销售的合同里面甚至写上了“九通一平”[2]、每亩土地是32万元——也就是要买特别自由贸易区的土地所需的转让资金为每亩32万元，到1995年，90%的土地基本出售。

1995年以后，政府和香港鸿翔的合作公司出现了分歧。原因是香港鸿翔公司的业务主要是资金运作，土地销售的资金都到总部，不符合政府“加快建设的需要与资金本地使用”的期待，出现了不可调和的矛盾。因为毕竟特别贸易区土地上的建筑物好多都已经建造起来了，香港街、海关大楼都建起来了，于是政府和鸿翔公司就终止了合作。后来，特别自由贸易区运作基本停止，只能做服务性的一些工作；但是特别自由贸易区两三年的运作对芦潮港地区整个经济的发展起到了良好的作用。因为原来芦潮港地区都是一些集体企业，但是特别自由贸易区建立以后，整个公司的运作包括管理的方式、经营的理念、竞争的机制，就完全不一样了，对当地的企业和经济的发展起到了很大的推动作用，起到了引领者和示范者的作用。联合发展总公司在这段时间，特别是1993—1995年，经济的发展的确是突飞猛进，效益也是很可观的。但是后来由于人事的变动，1995年以后基本上只有支出，没有收入，企业的作用也淡化了，直到2000年公

1 “三通一平”是建设项目在正式施工以前，施工现场应达到水通、电通、道路通和场地平整等条件的简称。

2 “一平”为土地自然地貌平整，“九通”为通市政道路、雨水、污水、自来水、天然气、电力、电信、热力及有线电视管线。

司撤销。

三、上海芦潮港联合发展总公司和自贸区

1993—1995 年，是上海芦潮港联合发展总公司最繁盛、发展得最好的时候，和自由贸易区的发展是独立分开的。上海芦潮港联合发展总公司建立以后，芦潮港举办桃花节，上海市的桃花节也是芦潮港举办的，1991 年开始建立。政府将桃园里面的一部分土地批准给上海的一些集团，比如新亚集团、锦江集团、内外联集团等很多大的集团都投资到芦潮港。主要的收益是这一块，跟特别自由贸易区是两回事。后来，特别自由贸易区的上海芦潮港联合发展总公司和香港鸿翔联合组建的一个公司，上海芦潮港联合发展总公司派我作为副总经理到投资开发总公司。鸿翔公司派了总经理张立明到上海芦潮港联合发展总公司的投资开发总公司，实际上就在特别自由贸易区。我在张立明的引导下开展工作。投资开发总公司的利润要上缴到上海芦潮港联合发展总公司。鸿翔公司投入建设了“三通一平”、香港街、海关大楼。这些建筑至今还在，就在前面，一间一间造起来的。接下来，用网格化招商方式销售土地，也就是自由贸易区所属的地域。卖了以后，资金应该是用于特别自由贸易区的再规划、再发展，而不是他们把资金直接调用了。因为鸿翔公司主要是控股，负责使用、运作资金；自由贸易区联合发展总公司主要是分管建设，比如说香港街、海关大楼。所以二者之间是有矛盾的，坐下来谈过几次，没谈拢。其实“三通一平”也不是很完善，用电方面都是临时用电，还没有达到“三通一平”的严格条件。大楼如果建起来的话，电力供应出现短缺，如何应对；要利用这些资金在特别自由贸易区建设一些重大的基础设施，如何进行投资；等等。因为双方没有达成共识，所以 1995 年 1 月就停止了合作。

香港公司把特别自由贸易区后续要做的一些工作的资金链断了。特别

自由贸易区和现在所讲的自由贸易试验区应该不是一个概念。但是，差也不到哪里去。当初建立贸易区是利用了芦潮港的码头，跟广东的开发区是一样的，税收有特别的政策和优惠。大家一边想一边做起来。李塘龙镇长是比较超前的，他的前瞻性比较强，当初就想到了这一块。因为建设了码头，所以就可以给予特别政策和特别的优惠。海关大楼就建在这边，招商引资以后马上可以进入这里的海关大楼，提供特别的税收优惠。

在上海市，“特别自由贸易区”不好批，上海市也没有批准的权力，当时想是这样想的，也是这样做的，但是很可惜，没有批准。不过现在的临港新片区的自由贸易试验区，还是经过国务院批准成为一项国家重大工程，当然这个政策是后面的。而当时的特别自由贸易区相当于是走在前面，虽然现在公司已经不在，但是在当时是“先行先试”的创举。后来，特别自由贸易区没有运作之后，之前的上海芦潮港联合发展公司还是继续存在的。有房地产、有码头，还建了很多小学，都属于房地产的快速发展。到2000年，新镇长来了以后，芦潮港开始大开发了，在2002年之后进行了大动迁，基本上联合发展总公司也撤销了，一切就归政府统一监管。

1993年，芦潮港码头成立的时候，码头的运作也是归上海芦潮港联合发展总公司管理。现在主要是做货物运输，不是做旅游，但当时的用途是服务于旅游——和桃花节的举办是有关联的。桃花节结束之后，游客就要到港口去，有几条航线，比如到舟山、到大小洋山之类，当时经营很好。后来，建了东海大桥以后，从大洋山那边乘船到嵊泗就更方便了，小洋山乘船到浦东也方便了，所以码头的客流量就少了。其实，芦潮港为洋山深水港整个的发展做了很多的牺牲。比如拆迁后，芦潮港的工业没有了，旅游业也被洋山港给替代掉了。在整个临港地区大的框架当中，它原来的体系被打散了。

上海芦潮港联合发展总公司的建立、发展直至淡出市场的过程，体现了 1993—2000 年芦潮港地区在经济发展方面的发展理念和取得的成就，展现了芦潮港镇领导班子敢想敢做、敢为人先的奋斗精神。上海芦潮港联合发展总公司积极整合各方资源，为地区谋发展、为人民谋幸福，取得了辉煌的成就，如今依旧是值得借鉴和学习的历史。芦潮港服务于临港新片区的整体规划，将自身的发展优势整合到地区发展大局中，为临港新片区的建设作出极大贡献。我们需要了解这段历史，将芦潮港的过去、现在和未来串联。过去的芦潮港有辉煌、繁荣的历史，未来的芦潮港也必将在临港新片区的建设大局中发挥更为重要的作用。

芦潮港乡镇工业的转制

王仁飞

口述人简介

王仁飞，1959 年生，1993 年起是上海松湾企业发展有限公司的财会人员，后担任党支部书记，2001 年担任果园丝织厂党支部书记，2019 年退休。

口述：王仁飞
时间：2024 年 7 月 8 日
地点：上海市浦东新区南汇新城镇芦潮港社区居委会
采访与整理：上海海事大学马克思主义学院王伯承、李晗娜等

我叫王仁飞，今天谈谈芦潮港发展史。我以前是做财务的，从学生时期就开始做起，做了 40 多年，后来单位转制，从 2001 年开始做了果园丝织厂党支部书记，一直做到退休。

一、芦潮港乡镇工业转制

芦潮港的乡镇工业转制，是上海乃至长三角地区乡镇企业改制进程中的一个缩影。乡镇工业转制通常指的是乡镇企业在市场化改革过程中，从公有制或集体所有制向股份制、私营企业或其他市场化模式转型的过程。在芦潮港，这一进程受到多个因素的影响，包括浦东开发开放、港口建设、产业升级及行政区划调整等。芦潮港的转制比其他地方晚一些，因为芦潮港很小，工业企业也比较少。

芦潮港的乡镇工业转制大约是在 20 世纪 90 年代后期开始逐步推进，相比于其他地方，转制过程确实较为滞后。芦潮港乡镇工业转制较晚的原因主要包括地方经济基础薄弱、政策导向滞后、市场需求不足及缺乏足够的投资和管理经验等因素。真正转制是在 1998 年，当时企业转制中，我参加了行会企业发展有限公司，公司前身是果园丝织厂。因为当时上海有发展四大郊区工业的计划，包括新场、惠南、南汇、果园四大丝织厂，也有上海第一丝织厂，这是上海轻工业计划在郊区的发展规划的一部分。果园丝织厂最辉煌的时候有工人 1500 多人，为芦潮港果园地区的发展也作

过贡献，镇里没钱的时候厂里也帮助一下，但转制后的经营状况则越来越不占优势。1993 年 9 月，当时丝织厂已经由一个外地人来承包，但是承包者后面也做不下去了。1995 年 9 月 18 日，芦潮港镇政府决定让时装有限公司兼并丝织厂，兼并实际上是转制的开始，人事、经济、决策都由时装有限公司接管，大家都不清楚企业的性质究竟是什么。1999 年，转制开始大规模铺开，企业职工有些在职、有些下岗，这种不平衡性产生的问题在当时闹得很大。当然，这些属于群众性的内部矛盾，有职工说把青春都献给工厂了，转制后就没有收入来源了……有人闹起来之后，最后由政府出面进行缓解与调节。

当地政府考虑到企业本身经营情况不好，如果不彻底改变企业性质，丝织厂肯定越来越走下坡路，对集体经济也是伤害。当时，政府对丝织厂的转制很重视，党委开过很多会，转制的协议也起草过很多次。2000 年 7 月，丝织厂正式转为民营企业，改名为上海行会企业有限公司，因为当时企业大，所以合并了好几家企业。芦潮港地区同时转制的有七八家企业，丝织厂转制之后，剩下的一些企业也转制了。这样之后，丝织厂原来的纺织业还是留了一部分。一方面，因为纺织业是劳动密集型的企业，在郊区发展不占优势；另一方面，之前的一些设备已经落伍，在技术不占优势、劳动力不占优势的情况下，只能保留一部分纺织，其余的转为服装企业。2004 年以后，丝织厂的纺织业务基本也不做了，全部转为服装业务，最好的时候有 1200 多个人。

2004 年，芦潮港开始修建两港大道，动迁事项带来了一些矛盾。因为下岗职工知道这笔钱的分量很重，便联名写信给区政府，甚至市政府。区政府对这件事的具体情况也清楚——民众上访、信访都是为了自己的经济利益。因为芦潮港的风声弄得很大，所以南汇区成立了 36 人的调查组，包括发展改革委和公检法等。后面把所有转制相关的人做一个审查，审查弄清楚之后，也没有发现所谓的集体资产流失的情况。调查完之后就开始统计工龄，相当于把在集体企业中工作的年限统计出来，一年补贴 100 元。当时的工作人员通过填表统计，在乡办企业（集体企业）工作过的就发放补贴，才逐步理清了矛盾。2017 年开始，服装业开始不景气，企业经历了一个由盛到衰的过程。企业如果不转制的话，一直吃大锅饭是行不通的，但是转制也是有利有弊的。整个转制的过程也很复杂，国有资产、集体资产流失的情况也是普遍存在的。

二、乡镇工业转制的困难与矛盾

从集体转到私人的过程中，兼并其实还不是企业转制，当时的承包者做不下去，工人要失业了，政府才让当时做得比较好的企业，比如服装有限公司来兼并，实际上是托管丝织厂，但企业性质没有变化。还有一种形式是转到私人名下，只有一家是股份制转制的，譬如干部拿出 3 万、职工拿出 1 万，当时大家都可以参股，在动迁的时候也按照当时出钱的比例分钱，合情合理，是大家共享而不是独有。兼并其实是转制的前一步。

转制后统计工龄的部分工作，在现实中会遇到一些困难。在集体企业中一年工龄给 100 元，实际上就是工龄买断。党总支主要做些统计、校准的工作。企业是以经营为目的的，党支部也起不到太大监督的作用。当时也是因为企业大，而且企业又是芦潮港最大的一个，大家才来。后面企业做得不好，员工也慢慢转走了。原来做丝织厂、纺织业的，后面转到服装厂，人员也更换了一部分。

芦潮港之前从事农业、工业比较多，转制之后企业有工业相关的发展调整，就是丝织厂转为服装行业，90% 以上做出口——主要是送到上海港出口。以前转制的时候，四大镇的纺织厂中，果园丝织厂也是比较大的。芦潮港的农作物以前是以棉花为主，出口以丝织、服装为主。当时丝织厂是计划经济，生产的产品交给上海第一丝织厂，生产计划也是根据第一丝织厂的要求来，销售也是交给第一丝织厂统一出口。

集体企业改制后，职工的福利待遇有一定提高，老板通过一些福利来吸引员工。后来招工的时候南汇有大巴车送过来，还登过报。老板有用工方案，后来都去安徽等地招过来，很多基层岗位都是外地人。

1999 年开始全面转制，整个过程中也有一些矛盾。我作为党支部书记在调解矛盾的过程中遇到的关键问题，在员工中都是普遍的。虽然企业性质、模式不一样，但是员工的诉求就是他的待遇要上去，不要侵犯员工权益。矛盾就在于服装厂里存在比较普遍的劳动超时的问题。我作为党支部书记，一方面要正面引导，在企业生产任务和生产强度中做调节，平时正常的时候也没什么事，但是另一方面，不正常的时候要做思想工作也很难。党支部书记没有经济权，没办法在调节的时候给予承诺，比如说加薪、增福利待遇之类的。

当时企业改制的情况被其他企业模仿，具体改制的重要板块和措施不一样，因为各个企业不一样，行业、性质也不一样，芦潮港企业转制的时候各有各的问题。企业也有转成股份制的，有些工人在转制前工龄予以认可，转制后的工龄不予认可，问题比较大。也有一些转给私人的企业，老板一夜暴富。后面碰到动迁，在职工的一些问题上也有矛盾。譬如丝织厂之前出口一些产品到美国，当时出口要纺织配额，公司也是注册在香港的，由香港公司来向美国出口，公司盈亏自负。当时芦潮港做外贸的也只有上海行会企业有限公司，而现在芦潮港几乎没有发展工业的了。芦潮港解决劳动力问题的还是“三保”——保姆、保洁、保安，40 岁以上做“三保”工作还可以交保险金，也有很多人去南汇上班。芦潮港企业很少，以前转制的企业在动迁之后因为没有土地就关掉了。有一个厂现在依然存在，是因为当时土地有一些是它买下来的，当然，在当时买土地也是有产量要求的。

三、乡镇工业发展的新契机

上海原南汇县芦潮港地区乡镇工业转制与发展，是改革开放以来中国农村经济转型的缩影，反映了工业化和城镇化进程中乡村地区如何通过制度改革与产业升级实现经济发展。芦潮港作为上海的一个沿海乡镇，地理位置优越，具有一定的交通和海运优势。在改革开放之前，芦潮港的乡镇工业以小规模的手工业和农副产品加工业为主，生产力水平相对较低，工业基础薄弱。随着改革开放政策的推行，乡镇工业获得了新的发展机遇。尤其是在20世纪80年代初，国家开始实施乡镇企业改革，鼓励地方政府推动经济体制改革，激发市场活力。芦潮港地区的乡镇工业开始进行转制，逐渐摆脱传统的集体经济模式，转向市场导向的企业化运作。一方面，通过企业产权制度的改革，许多乡镇企业开始引入民营资本，企业由集体所有制逐步转向股份制或民营化。改革使得企业管理更加灵活，生产效率得到提高。另一方面，政府积极引进外来投资，鼓励各类资本进入乡镇工业领域。通过与外地企业合作，芦潮港引入了新的技术和管理经验，进一步提升了当地工业的竞争力。

在国家统配的方针下，每个乡镇都要办很多企业，有的企业发展了，有的企业自然淘汰了，尤其是党的十一届三中全会后经济模式改变了，开始了集体经济与乡镇工业转制。在党的十一届三中全会之前，计划经济体制下安排做什么衣服就做什么衣服，做好了就收上去。党的十一届三中全会后也提出了要搞市场经济，很多的社办厂只能靠政府想办法怎么救活厂，怎么养活工人，就是要从地区挑选能人，把原来集体的厂转给能人，这就是所谓的转制。实际上芦潮港的社办企业是最早的，一开始是关于提高果园地区的收入问题，后面还引进了甜菜来制糖，作为一个轻工业产品来推动经济发展。

随着市场化改革的深入，芦潮港乡镇工业逐渐从单一的农副产品加工业，扩展到包括机械制造、建筑材料、纺织、食品加工等多个领域。由于芦潮港靠近港口，具有物流和原材料运输的便利条件，机械制造和建筑材料等重工业得到较快发展。这些行业不仅满足了本地建设需求，还逐渐成为对外输出的经济支柱。芦潮港利用周边丰富的农副产品资源，发展食品加工业，逐渐形成规模化生产，为本地和上海其他地区提供食品供应。总体而言，芦潮港的乡镇工业转制与发展经历了从传统农业经济向现代工业经济的过渡过程，通过市场化改革、产业多元化发展以及区域协同效应的发挥，使得芦潮港逐渐成为南汇县的经济重镇。

第六章　芦潮港教育文化事业的发展

作为守望乡土、传承薪火的一项重要事业，芦潮港的文化教育起步很早，经历了从最初的启智民众到今天有序发展的历史过程。芦潮港教育事业始于1938年私塾性质的启东小学，以识字为上。此后近半个世纪，又出现过10余所公办、民办小学。1967年，建设初级中学。1984年，开设幼儿园。1986年，成人学校建立。至此，芦潮港形成包括学前教育、青少年教育、成人教育的教育体系。1999年7月，中小学合并，村校撤销，成立九年一贯制芦潮港秋萍学校。

新中国成立前，芦潮港缺乏群众文化活动设施，可谓文化贫乏之地。1966年，果园公社建立文化站，组织地区的文化艺术节、送戏下乡、图书阅览、广播、民间艺术、文学社团等活动，使芦潮港群众文化活动蓬勃发展。2002年10月，芦潮港镇组建成立芦潮港文化服务中心，将原有的文化站、影剧院、有线电视广播站归入旗下，进一步推动文化事业繁荣发展，使芦潮港成为名副其实的精神富足之乡。

芦潮港教育体系的多元建构

周明迪

口述人简介

周明迪，1965年2月生，芦潮港人，1984年7月毕业于上海市第六师范学校，长期从事教育工作。曾任上海市秋萍学校党支部书记、芦潮港成人学校党支部书记等。

口述： 周明迪
时间： 2024 年 7 月 11 日下午
地点： 上海市浦东新区南汇新城镇芦潮港社区海汇听涛苑居委会
采访与整理： 上海海事大学马克思主义学院闫彩琴、刘泽

新中国成立前，芦潮港一直没有本地的教育管理机构，主要是由南汇县教育科直接管理。新中国成立后，在南汇县教育局和地方政府的双重领导管理下，芦潮港的教育实现学前教育、义务教育和成人教育的有序发展。新中国成立初期，芦潮港还属泥城区管理领导，当时泥城区人民政府建立了文教机构，在芦潮港的前身——汇茂乡相应设有一名文教助理，具体负责全乡学校及业余教育。1966 年，果园公社成立，教育管理机构也与泥城分开，由公社、学校联合成立公社教卫组，领导全公社的文教工作。1978 年教卫组撤销，有一名公社党委委员分管教育工作，同时小学、中学分别建立党支部，并设校长、教导主任等职，初步形成现代教育管理模式，学校受教育局和公社双重领导。教育业务由教育局管理，经费、人员等由公社负责。

一、芦潮港的学前教育

芦潮港的学前教育起步比较晚。1958 年，人民公社生产队设民办幼儿园，类似于托儿班的形式，这也是本地区学前教育的一个雏形。当时，果园场部下辖四个工区，在工区所在地设民办幼儿园，属各工区管辖，设备简陋，由芦潮港初中毕业青年任幼儿教师。1962 年后，各工区民办幼儿园陆续停办，至“文化大革命”时全部停办。

1983 年，果园撤社建乡后，民办幼儿园开始恢复。设备、师资得到

充实。其间，村级幼儿园发展到8所，包括庙港村2所，征海村、汇角村、汇茂村各1所，外中村3所。1984年，果园乡中心校附设幼儿班。1986年，幼儿班脱离中心校独立建园，名称为果园乡中心幼儿园，这是本地区第一个有独立校舍的幼儿园，也就是今天的芦潮港幼儿园。

1993年，原芦潮港镇和果园乡“撤二建一”后，中心幼儿园进一步扩建，更名为芦潮港镇幼儿园。芦潮港动拆迁完成之后，又新创办了一所潮和幼儿园。到目前为止，芦潮港有两所幼儿园。

二、芦潮港的基础教育

芦潮港的小学阶段教育起步早，可以追溯到1938年私塾性质的启东小学，也就是汇茂小学的前身，但在1942年停办。启东小学严格来说不能称之为学校，是只为富家而开的私塾。1941年，汇角地区陆续出现几所官办完小。官办小学实行六年制教学，即四年初小，两年高小，这种学制一直沿用到新中国成立。新中国成立后，在党的领导下，芦潮港逐步建立起比较完备的义务教育体系。

（一）汇茂小学

汇茂小学的前身为启东小学，是芦潮港最早设立的小学，创立于1938年，1942年停办。1944年，爱国人士黄继平念农家子弟缺少文化之苦，热情资助办学，委托唐生楼在原启东小学校址上创办第一所民办完全小学，取名“继慈义务小学”，黄永藩任校长。学生无须交费，师生费用均由黄继平先生提供，学生有200多人。1945年，学校改公办小学，并更名继慈小学，经费由南汇县教育局支付，学生入学开始收费。新中国成立后，汇茂乡成立，继慈小学更名为汇茂小学，学校属泥城中心校管辖，黄永藩任校长。1970年，果园中学在汇茂小学开设分部，同年，中学与汇茂校合并，更名为果园公社五七学校。1981年恢复原名汇茂小学，归中心校管理。

（二）汇中小学

汇中小学原名汇中天主堂，创建于1933年，由上海天主教会发起创办，在天主堂中设有传教经书的场所。1937年，教会拨款建3间校舍，招收学生五六十人，徐茂财任教。1940年，因学校遭土匪侵占而停办。1945年抗日战争胜利后，学校恢复，但撤销传教，只教文化。由徐茂财三子徐文龙任教，校名仍为汇中天主堂。学校开设6个年级，学生有八九十人，学制为全日制教学。1952年，天主堂改名汇中小学。1992年，因师资和生源缺乏，汇中小学停办。

（三）汇角小学

1940年，在中共地下党姜文奎等人的支持下，本地在汇角村借用农民家一间客堂间，办起汇角小学。汇角小学表面上是一所学校，实际上是中共地下党的秘密活动点。教员白天上课，利用晚上时间开办农民青年夜校，在青年中秘密成立农民抗日协会，宣传马克思主义，发展党员。革命烈士姜文光、周大根（又名周秋萍）先后在汇角小学任教。周秋萍牺牲以后，为纪念革命烈士，学校更名为秋萍小学。1941年5月，姜文光去浙江地区开展抗日武装斗争，学校的进步思潮也被汪伪“和平军”有所察觉，他们派人追查校名来历，为此，校名不得不改回汇角小学。1978年，果园中心校成立，汇角小学并入其中。1991年，果园中心校更名秋萍小学。1999年，秋萍小学和芦潮港中学合并，成立九年一贯制秋萍学校。

（四）东风小学、红旗小学、外中小学、征海小学、为民小学、南七小学

东风小学前身为东南小学，坐落于庙港村9组，是新中国成立后创办的一所完全小学。初办时，东南小学租民房1间作教室，1967年建校舍7间，更名为东风小学。1999年7月，芦潮港中小学合并时东风小学撤销。

红旗小学，1956 年创办，1991 年停办。外中小学，创办于 1963 年，1989 年停办。征海小学，成立于 1972 年，1989 年停办。为民小学，1963 年建于庙港村 3 组，1980 年撤销。南七小学，1963 年 3 月建于外中村 8 组，为初小民办耕读小学，1980 年撤销。东风小学、红旗小学、外中小学、征海小学、为民小学、南七小学均是在当时提出的“学校办在家门口”的号召下成立的，极大方便了农民及子女的入学，提高了当地的受教育率，后来也因生源、师资、政策等原因停办。

（五）秋萍小学

秋萍小学前身是果园中心校、汇角小学、私立秋萍小学。1938 年 12 月，曾任中共南汇县委书记的周大根在汇角之战中牺牲。次年，为纪念烈士，建立私立秋萍小学，后因形势所迫，几经改名，几经停办、复校。1991 年，果园中心校恢复原名——秋萍小学。1999 年 7 月，秋萍小学和芦潮港初级中学合并，成立秋萍学校。

（六）芦潮港初级中学

芦潮港初级中学原名果园乡初级中学、果园农业中学、果园园艺中学。1959 年，果园园艺场成立农业中学，1960 年更名果园园艺中学。1967 年，在园艺中学的基础上，筹建中学。1969 年正式更名果园公社中学。1999 年与秋萍小学合并，成立九年一贯制的秋萍学校。

目前，芦潮港的中小学主要有秋萍学校、上海师范大学附属临港中学、上海师范大学附属临港小学。秋萍学校占地 96 亩，教师 180 人，学生近 1800 人，为 54 个教学班规模的九年一贯制学校。学校设有周大根烈士事迹陈列室。近年来，学校办学质量逐年提升。在集团化办学的背景下，秋萍学校 2024 年下半年依托上海师范大学基础教育集团办学，更名为上海师范大学附属秋萍学校。上海师范大学附属临港中学、上海师范大学附属临港小学是 2020 年新开设的初中和小学。

三、芦潮港的成人教育

芦潮港成人教育的历史可以追溯到1940年汇角小学办的青年农民夜校，夜校招收的对象就是当地农民，教农民中的青年人读书识字，同时宣传革命道理。新中国成立后，政府比较重视对农民的文化教育。1950年，泥城区推动“冬学工作”，也就是在冬天农闲季节对农民进行扫盲工作。当时泥城区配备冬学工作专职干部，各乡、村也有干部（主要是团员）兼职抓这项工作。1950—1954年，村村借民房，大张旗鼓办起农民业余夜校。大批青壮年农民及乡村干部踊跃进夜校参加扫盲学习。夜校采用南汇县印发的《农民识字课本》作为教材，师资大部分从民间抽调比较有文化的青年当夜校教师，又聘请少数小学教师负责教学。课桌、椅子由学员自备。夜校教学最初以识字为主（语文），从1952年春起进行算术等教学。区文教助理、扫盲干部经常巡回检查冬学工作。1954年，夜校学员大部分摘掉文盲帽子。1955年起，夜校班级数逐渐减少，至50年代末60年代初，基本没有夜校班。农民夜校的创办，为芦潮港培养了一批读报员、记工员、技术员和农村基层干部。

“文化大革命”初期，业余教育机构被撤销，业余教育工作处于停顿。1973年以后，果园公社重建业余教育机构，恢复业余教育工作，全公社队队建立政治文化夜校。夜校以政治学习为主，全体社员参加学习，由生产队政治队长担任辅导员（教师）。1981年，果园公社创办以学习技术为主的中心业余技术学校，由公社党委抓教育的负责人及业教干部分任正、副校长。中心业余学校设于果园中学，类似于后来的职业技能培训。当地根据实际情况，在学习内容上侧重于两个专业：一个是服装裁剪知识培训，教师由公社缝纫厂师傅担任；另一个是具有本地特色的果树栽培。业余学校为乡办工业的发展和本地的万亩果园培养了一批技术骨干。

1986年3月，果园乡成人学校成立，业余教育向正规化、有序化发展。这一时期业余教育的主要内容：一是成年人的学历教育；二是成年人的劳动技能培训；三是社区老年人的业余文化教育。1993年4月，芦潮港镇成人教育办公室成立。1999年6月，成人学校搬入新址，成为多功能、综合性成人业余教育基地。2002年4月，芦潮港镇成人教育办公室又在7个行政村和果园、芦潮港两个集镇创办居民社区学校7所，开展政治、文化教育。芦潮港的成人教育经历几代人的努力，也获得很多成绩。芦潮港成人学校获得过“全国先进成人教育”的荣誉称号，多次获市、区的荣誉称号。此外，还有浦东社区学院芦潮港部，现在的教学内容是面向社区居民开展一些业余文化教学，丰富居民文化生活。

芦潮港文化阵地建设与非遗传承的生动实践

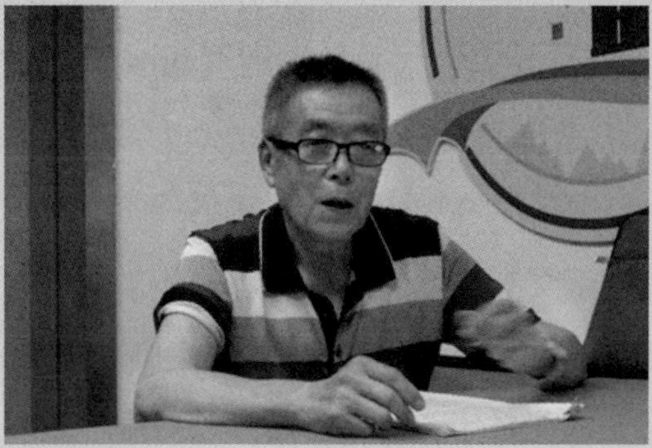

唐金法

口述人简介

唐金法，1956年12月生，中专文化程度，中共党员。1987—1993年，历任芦潮港镇政府办公室主任，万港实业公司党支部书记，芦潮港镇果园居委会党支部书记、主任；2002—2012年，任芦潮港镇文化中心党支部书记；2012—2016年，任上海市浦东新区南汇新城镇社会救助中心党支部书记。

口述：唐金法

时间：2024 年 7 月 11 日上午

地点：上海市浦东新区南汇新城镇海汇听涛苑居委会办公室

采访与整理：上海海事大学马克思主义学院闫彩琴、刘泽

我主要根据个人生活和工作经历介绍一下芦潮港动拆迁之前的文化事业发展情况。听老辈人讲，芦潮港人口半数以上从外地迁入，祖籍来自四面八方，通过长期融合，一般都喜爱沪剧。新中国成立前，人们生活贫困，大部分为文盲，虽有教书先生，但没有文人墨客。芦潮港没有戏楼、书场等文化设施，想要看戏、听书，需要去六团、横港等地。出于爱好，当时人们经常自发组织一些小型文艺团体，进行民间艺术活动。

新中国成立以后，人民生活有很大改善，文化事业也得到较快发展，群众文化迅速普及，并陆续兴建一批文化娱乐设施。与此同时，也产生了一批文学、书法、美术爱好者。他们中有的在报纸杂志上发表过作品，有的考上美术学院，也有的在南汇县文化部门工作。

一、芦潮港文化站的建立

芦潮港文化站于 1966 年 8 月建立，开始时规模很小，只有 1 个人、1 间房、500 册图书。1982 年前，文化站负责人分别为朱四明、黄文初、茅玉芳；1983 年开始，为徐勤官。文化站搬迁过很多次。1998 年 8 月，芦潮港文化站搬到今天的农产品贸易市场二楼，占地 500 平方米。有站长 1 人，文艺干事 1 人，图书干事 1 人，下面管辖果园影剧院、电影放映队等；有 1 个图书馆，藏书 1 万册，报纸杂志 29 份，还建了桌球房、乒乓室、图书阅览室、排练房，一周开放 5 天。文化站主要是组织协调文化艺

术节、送戏下乡、参加南汇县创作节目汇演、组织乡村演书活动等。1993年以后，文化站四年组织送戏下乡30场，参加南汇县创作节目汇演，1999年《美酒飘香》节目获一等奖，2000年获一等奖。20世纪80年代，文化站组织四届果园文化艺术节，芦潮港镇成立以后又举办两届。

二、芦潮港的文化设施建设

1957年，南汇县有线广播站线路通到芦潮港部分地区，一些群众家里开始安装广播喇叭。1959年11月，泥城果园园艺场有线广播放大站成立，站内设机房，有150伏扩音机1台，线路通到果园全地区，有用户400多户；以后几年，用户以每年400户递增。1964年8月，经上级批准，果园人民广播站正式建立，设有播音室，同时增添500伏扩音机1台。1966年，“文化大革命”开始，广播站工作瘫痪，直至1968年12月才重新恢复正常工作。广播站建立初期，广播电线杆子用的全部是毛竹。1966年开始，逐步进行换杆整顿，由水泥杆代替毛竹竿。果园公社在发展广播用户的同时，高音喇叭发展也比较快，公社设17个点，有51只高音喇叭，基本覆盖全公社。

1964年正式建广播站时，广播站就有自办节目。比如果园新闻、科技讲座、生产信息、计划生育等。公社建有通讯队伍，大队有通讯组，并且有一批“土记者”。“文革”结束后，“土记者”队伍比较活跃，广播站播音时间一般为每天3次，每次1个小时。公社还经常利用广播线路，召开广播会，宣传党的方针政策，布置生产。1998年9月，有线电视进入芦潮港镇。2001年，全镇有线电视用户900余户，分布在7个村，广播站工作重心向有线电视报装维修转移。1990年下半年，广播站停播自办节目，改为广播有线电视站，有9名职工，负责人是刘永平。

电影放映活动起步于20世纪70年代。1975年，果园成立电影放映队，有2名工作人员，1台F16毫米单机；1980年，增添同类影机1台；1982年，增添1名工作人员。1984年底，添置F32毫米映机2台，根据实际情况，2台F16映机用作农村巡回放映，F32留影剧院放映用。电影放映队在农村共设22个放映点，包括一工区九队、十四队、果子收购站，二工区的三队、九队、汇中小学，三工区的三队、六队、八队、红旗校，五工区的工区所在地等。1980年前，放映队每年放映任务是355场，1980年后，每年放映285场；但实际放映场数都超出放映任务。1984年，放映队在礼堂和农村巡回放映315场，1993年后，农村放映点逐渐减少，以影剧院定时放映为主，2001年，放映队工作人员增加到4个，大小放映机5台。

关于文化活动场所建设，1978年前，果园公社曾有一座可容纳700多人的礼堂。这个礼堂由原来的果园糖厂车间改造，主要是演戏和开会用，座位是用砍下的防风林树木制成的一排排长条凳。1979年3月，新建造的果园影剧院落成，占地800平方米，造价40万元，座位1043个。影剧院可以用于省、市级专业剧演出，每月放映十几场电影，各级专业剧团也经常到果园集镇演出。可以说，果园影剧院的建成，丰富了芦潮港人民的业余文化生活，1993年，影剧院成为综合性文化、娱乐场所，设有桌球、音响出租舞厅，卡拉OK、餐饮、电影放映等，当时有5名工作人员，负责人是顾正标。2008年，芦潮港建成了一座建筑面积为4000余平方米的多功能文化活动综合大楼，楼内设有电影剧场、文艺舞蹈的排练厅、藏书室和图书阅览室、亲子活动室、健身房、乒乓室、棋牌娱乐室、成人教育教室等。这为芦潮港的文体爱好者们提供了活动的好去处，为芦潮港镇开展各种文体活动提供了一个好场所，为芦潮港镇的文化事业的发展打下了良好基础。

三、芦潮港文化活动的开展

听老一辈讲，新中国成立前，芦潮港有唢呐班、清音班、金乐班（吹打班），这里面数清音班影响最大。当时，江南丝竹盛行于浦东各地，一些丝竹艺人自愿组织起小清音班，以外中村4组杨小士的清音班最有名，他们常常被邀请到南汇县大团、奉贤县的四团等地演出。

1951年，戎企章、张阿江、陈国良等创办了完全由农民自己出钱、不计报酬的汇茂乡业余沪剧团，乡长宋岳生担任团长。业余沪剧团除配合形势排演一些短小精悍的节目、宣传党的政策外，还排演《罗汉钱》《卖红菱》《庵堂相会》《阿必大回娘家》等传统沪剧节目。由于演戏认真，逐渐在芦潮港崭露头角，规模不断扩大。1953年，剧团人员发展到107人。1954年，业余剧团排演的宣传农村合化运动的沪剧小戏《牛是农家宝》，参加在周浦举行的南汇县沪剧汇演，获一等奖，《阿必大回娘家》获得三等奖。汇茂乡业余剧团活跃于南汇东南沿海一带，在当时颇有名气，最终在建立高级社时解散。

1963年，庙港部队驻军抽调10多名文艺骨干，与果园公社的10多名文艺骨干共同组成军民联防宣传队。宣传队一面派人了解农村中的好人好事，一面把收集来的材料编成快板说唱、对口词、相声、表演唱等，进行宣传表演。宣传队曾经多次应邀到大团团部、南汇中山堂等地演出，受到中共南汇县委和部队首长的称赞。1966年，“文化大革命”开始，宣传队解散。

1968年5月，果园公社委托文化站组织一次大型歌咏比赛，参加的共有六七百人。通过比赛，选拔了一批文艺骨干，成立果园公社文艺宣传队。宣传队成立后，经常利用夜间排练节目，定期演出。节目大部分是自己创作，从形式到内容都有一定的质量和影响，受到好评。比如由陆文忠等创作的沪剧小戏《千万不要麻痹》获南汇县东南汇演第一名；由张士武创作的反映民兵生活的话剧小戏《松了什么》，参加南汇县汇演时获优秀奖，并作为获奖节目由南汇县文化馆组织到各公社巡回演出。1969年初，各大队相继办起毛泽东思想宣传小分队，公社文艺宣传队解散。开始时各大队毛泽东思想宣传小分队以忆苦思甜内容为主，不少群众在他们演出《不忘阶级苦，牢记血泪仇》的节目时，泪流满面，情不自禁地呼口号声讨万恶的旧社会。文艺小分队中，一、三工区办得最活跃。他们常被邀请到外公社、外县演出，连浙江省平湖县也曾发来邀请书，邀三区小分队赴浙江演出。

“文革”结束后，果园公社重新组建文艺宣传队，宣传党的方针、政策，同时，还创作一部分反映移风易俗的节目，如锣鼓书《红花朵朵》、沪剧小戏《金锣声声》等。这一时期，讲故事活动在芦潮港也较活跃。业余作者创作了一批较优秀的故事，故事《蔡三叔治瓜》在1982年南汇县故事会中获奖。

1985年后，芦潮港文艺宣传队活动逐渐停止、解散，之后，以学校为主体的文艺活动积极展开。1997年，秋萍学校参加南汇县“中路杯”“人寿杯”舞蹈比赛，《留住太阳》获三等奖。1998年，在布谷鸟学生音乐节上获二等奖。2001年5月，秋萍学校创作排演的大型舞蹈《腾》获南汇县学生文艺汇演一等奖，代表南汇县参加上海市的文艺汇演，获上海市学生艺术表演舞蹈二等奖。

1985年，朱海平、宋振芳等人牵头组建汇角文学社，这是一个纯粹由文学爱好者组成的民间团体，也是芦潮港最早的文学社团，人员来自学校、机关、农村，一共20多人。汇角文学社编辑出版内部刊物《汇角文学报》，后来改为《汇角文学》杂志，以描写芦潮港风土人情的诗、散文、故事、小说为主，不少诗文发表在《南汇文艺》和《上海郊区报》。2000年7月，《汇角文学》停刊。不过，文学社的一些主要成员，包括施斌老师和我本人在内，现在还建有一个微信群，经常交流作品和创作心得。

芦潮港美术爱好者中，较有影响的有潘金林、徐琴虎、陈刚等人。他们有的为芦潮港主要行业做招牌、美术广告，有的在报刊、杂志上发表作品。作为一种文化艺术，芦潮港还引进一个艺术研究机构，即欧亚明清红木雕刻艺术研究所，民间艺人徐进才还成立了泥塑工艺馆。

欧亚明清红木雕刻研究所位于原芦潮港镇老果公路两侧，创办人是高级工艺美术师、高级工程师屠杰。1998 年 11 月，经上海市科委批准，并得到中国工艺美术学会设计家研究会支持，上海工艺美术学会授权建立研究所。同一年，芦潮港镇政府招商引资，研究所落户芦潮港。研究所主要从事红木雕刻精品收藏、设计、木质鉴定、古红木家具修复及各项研究工作，先后完成《牛虎斗》《佛童与弥勒》等红木雕刻精品，特别是《世纪观音》，由两千多年的黄檀木制成，高 6 米、重 5.3 吨，后被无偿赠予泰国人民。与此同时，屠杰等发表《红木雕刻艺术》《木雕工艺史》等研究专著、论文多篇。

徐进才是芦潮港镇外中村 10 组农民，自小喜爱民间艺术，常用泥土塑捏狗、猫等小动物。1992 年开始，安定空闲的生活引发幼时的爱好，他又开始用泥土塑捏各种小动物以自娱自乐。老人心灵手巧，想象力丰富。1997 开始，他利用身边随手可取的废物黄沙水泥制作出一件件生动活泼的小动物泥塑。他的工艺品涉及范围广泛，主题健康。他把自己的家办成了一个小型工艺展览馆，室内有儿童喜闻乐见的“恐龙世界”“唐僧西行”“十二生肖”等小工艺品，室外有“河中亭阁”“太公钓鱼”“双龙抢珠”“动物乐园”等，总数 300 多件。老人还配合形势制作一些作品。比如，桃花节开始后，他制作成《桃花盛开的地方》；乡村道路整治后焕然一新，他制作成一款《政府筑路，人民保护》的作品，提倡村民珍惜保护道路；香港回归，他精心制作一只仙鹤，题名《回归》，形象生动，寓意深刻。1998年后，徐进才的家庭“工艺馆”参观者络绎不绝，人们无不啧啧称奇，都夸他的工艺馆是乡村精神文明建设的亮点。

四、芦潮港文化服务中心的设立

2002年10月，芦潮港镇组建成立了“芦潮港文化服务中心”，配备主任、党支部书记等工作人员16名，将原有的文化站、影剧院、有线电视广播站归入旗下。

文化服务中心主要负责全镇的文化与文艺体育工作的组织和培训，群众性文艺节目创作、编排、演出，为全镇各企事业单位、村居委组建文艺队伍做好指导工作。比如：由政府主办、中心承办两年一届的体育文化艺术节；组织群众性文艺节目的创作、编排，送戏下乡到各村、居委，每年不少于30场；电影下乡，每年要组织安排到各个点放映露天电影，全年不少于100场次。在早期，电影下乡丰富了老百姓的文化生活，但是我们申请下来的影片基本上都是比较老的电影，配送到基层，对居民的吸引力不够，特别是随着有线电视、网络的普及，实际上看的人是比较少的。

五、芦潮港非物质文化遗产的传承

芦潮港位于上海东南沿海，是杭州湾的交汇处，有着数十平方千米的滩涂和芦苇，是南来北往鸟类的栖息地。当地人经过长时间捕鸟后研发一种诱捕鸟的神器，名叫“鸟哨”。鸟哨是小竹竿制作而成。可吹出多种和鸟叫相同的声音，诱鸟过来，捕鸟的效果较好。作为芦潮港镇非物质文化遗产，经有识之士提议，我们组织人员，收集资料，整理好后就进行逐级上报、认证。经过努力，鸟哨最终在2006年经上海市人民政府批准纳入上海市级非物质文化遗产，现在有传承人2人，分别是朱德龙和袁菊平。

第七章　芦潮港社会生活的发展变迁

社会生活包括“衣、食、住、行”变迁、地名来源及形成、民风民俗等，最能直观地反映政治社会、经济历史的沿革与发展。芦潮港成陆不过百余年，是一个具有典型移民性质的地区。清末民初，大量浙江、江苏农民到成陆不久的沿海垦荒并定居下来。20 世纪 60 年代开始，南汇各大镇的知识青年、社会青年、奉贤东部部分青年农民，纷纷落户于此。各地风俗随之带人，并互相渗透，造成了境内民俗的多样性。芦潮港地处东海之滨，在海风浸润下，当地人民的生活风貌、宗教信仰、地名文化、民俗禁忌等具有强烈的海洋文化特色。芦潮港社会生活变迁与时代发展脉搏、当地开发建设进程息息相关。纵观芦潮港社会生活的变迁发展，新时代芦潮港人民把握时代脉搏，建设美丽生活。

人民生活“衣、食、住、行”的今昔

顾龙贤

口述人简介

顾龙贤，1949年12月生，芦潮港人，上海师范大学大专学历。1971年5月参加教师工作，一直在家乡学校任教。1986年入党，1980—1986年任镇中心小学少先队大队总辅导员，1986—2007年任上海市秋萍学校教务主任。1992年获南汇区青年教师英语教学二等奖，1996年被评为“南汇区优秀园丁”，2009年12月退休。现任芦潮港社区海汇听涛苑丰泽苑业委会主任。

口述：顾龙贤

时间：2024 年 7 月 2 日上午

地点：上海市浦东新区南汇新城镇芦潮港社区海汇居委会

采访与整理：上海海事大学马克思主义学院苏月秋、吴永斌、谢丹慧等

我叫顾龙贤，是芦潮港本地人。我们每一个生活在芦潮港的人，对家乡的巨变，对生活的变化，无不感慨万千，每个人都有深刻的体会，我今天就以芦潮港的衣食住行 4 个方面的变迁为主线，谈谈个人体会。

一、新中国成立前芦潮港人民的生活

有点年纪的人都知道，新中国成立前，我们的芦潮港只是一个小地方，没有名气，后来慢慢发展成小渔村。居住在这里的人大部分是由于战乱、灾荒逃难过来的贫苦农民。他们期盼在海滩边找一块“净土”，开辟一个“世外桃源”，他们大多来自江苏启东、海门，还有浙江宁波、慈溪、上虞一带。他们漂洋过海落脚海边，开荒种地，糊口度日。

芦潮港海边滩涂盐碱地长不出好东西，听天由命，靠天吃饭，碰上干旱、水涝、大风大雨，颗粒无收。潮来水汪汪，潮去白茫茫。人们住的是环筒舍，吃睡在一起。烧的泥灶台，满屋浓烟熏得墨黑，烧饭时气都喘不过来，眼睛也睁不开。环筒舍、茅柴棚，屋里烂泥地。老鼠蛤蟆当窝场，屋角头里芦苇、茅柴长又长，侧转圈看过路人，朝天看见满天星，用的是芦苇，踮脚的是茅柴，上头盖的背头筋拉拉，下雨天更遭殃，大盆小盆齐上阵，屋顶漏得无处躲。这儿流传过很多顺口溜，比如衣着方面有：头上帽子开花顶，脚上鞋子拖后跟，身上衣服补搭补。结涡头（膝盖上）露

肉，老大穿新，老二穿旧，老三披筋。晚上点油灯，里面放根棉线当灯芯，风一吹灯自灭。碰上台风天气，全家出动，爬上屋顶，摊帘子，攀绳子，压石头。台风一来，房子哐哐摇动，住在里面胆战心惊。每次台风，都会有人家撑房子。

新中国成立前，芦潮港人民生活在水深火热之中。老百姓为了生计自己开荒地，但是马上就会被地主恶霸占有。他们甚至买通官府弄张假的地契进行敲诈勒索，收租催债，压得贫苦农民透不过气来，生活很不容易。

二、新中国成立后芦潮港人民的生活

新中国成立后，贫苦农民分得了土地，不再受地主恶霸欺诈剥削的贫下中农当家作主，成了土地的主人，极大地促进了广大农民的生产积极性，农业生产得到迅速恢复发展，人民的生活也开始有了变化。

最初，芦潮港一穷二白，经济基础差，底子薄，人们吃的大部分是玉米、麦子之类的粗粮，大米吃得很少，1958 年吃食堂，1961 年食堂停办。20 世纪 60 年代中期计划口粮，家里有了粮票，可以到镇上粮管所需够量搭配大米大部分是三米。样样东西都用票，出门要带粮票，买布要布票，每人每月半斤肉票，买烟要烟票，反正有 50 多种票。好多人家孩子结婚满月酒席都要到上海第一食品商店后门口排队买槽头肉。隔夜就去上海排队，早上四五点开，一来一回要用两天时间。

1978 年，党的十一届三中全会的春风吹遍祖国每个角落。1984 年，芦潮港实行家庭联产承包责任制，分田到户，极大地调动了广大农民的生产积极性。经济效益成倍增长，经济发展村民摆脱贫困，农村人均收入成倍增长，1958 年人均收入 80 元，1985 年 776 元，2001 年 4949 元，2011 年已达 14550 元，2022 年达 30900 元，与 1958 年相比，分别增长 9.7 倍、

61.8 倍、181.88 倍和 386.25 倍。万亩果园呈现出前所未有的繁荣景象，家家户户的钱袋子鼓起来了。房屋装修不比以往，磨光石子、马赛克、大理石，豪华气派。烧的是液化气，柴木成了历史。

到了 20 世纪 70 年代，大部分人家推倒茅草房，翻造砖瓦房，到松江、浙江嘉兴买阁砖，用柴草调瓦，买水泥、黄沙、石子、钢材，请人浇水拢梁，做墙贴，做门窗框，做地坪，化石灰，粉墙壁，面貌改变不少。20 世纪 70 年代后期到 80 年代，芦潮港家家开始翻造楼房，有二上二下、三上三下，有的甚至造三层楼，条件好一点的就造起潮一点的多角形、别墅形楼房。亮爽、舒服，住房条件不断改善。20 世纪 90 年代到 2000 年具备了相当的规模，连城里人也十分羡慕，农村住房条件这么好，里面设施一年一个样，年年都有新花样。一家人造楼房是最幸福的。省吃俭用，借债造房，改善住房条件。

关于服饰方面，20 世纪五六十年代家庭主妇忙里偷闲扎鞋底，贴鞋面，做鞋子，一家人的鞋子大部分自己制作。春夏秋冬，做一双鞋一针一线不容易，很少有人买得起皮鞋。妇女同志更辛苦，白天劳作，晚上还要纺纱织布。一家人的穿着都要用织出来的土布维持，子女多的还忙不过来。衣服补搭补，肩膀膝盖都打补丁、假领头、旧翻新，办法想尽。男士有统一的服饰，就是中山装。做衣服的料子开始是老布，后来有了卡其布。衬衫、裤子都是土布做的。老百姓很少更换衣服，经常是穿了几天再翻过来穿。到了 70 年代，小青年结婚买了些洋布，让裁缝师傅做几件新衣服。女方嫁妆也开始有绸缎被面、绣花枕套，布鞋做了无数双。老布在陪嫁中必不可少。90 年代到现在，衣服的样式不断翻新，布料考究，做工精细，色彩鲜艳。不少小青年赶时髦，穿新潮，好多七八成新的衣服就丢弃了。

至于出行方面，20 世纪 50 年代靠步行，一些乡村干部去县里开会

（三级干部会议），背了被头走到南汇。据说当时整个芦潮港只有一辆自行车。到了60年代开始有少量自行车；60年代后期、70年代起，公交车路线开通到芦潮港，开始有了旅游巴士；80年代后期，有人家里开始买小汽车，桑塔纳、面包车、两吨卡，私人买摩托车等，替代自行车。

三、芦潮港开发后人民的生活

上海国际航运中心洋山深水港的开发和建设的机遇，给芦潮港带来了前所未有的大变迁。首先是芦潮港城镇化建设步伐突飞猛进，一幢幢高楼拔地而起，一个个小区相继成型，绿树成荫，灯光璀璨，道路网格化，一个个新型现代化城镇呈现出来。

芦潮港地区定位为临港新片区的主产业区、重装备区，大建设就要动拆迁，一万三千多人踊跃签约，离别旧居，搬进崭新的居民区。我们居住的新居人均40平方米以上，有三室二厅，二室二厅，独居老人一室一厅，很多老人居住在有电梯的高层，便捷省力。室内装修开始上档次，客厅、厨房、卫生间井然有序。沙发、茶几、大屏智能液晶电视，墙面高档涂料，洁白无瑕，光线柔和，窗明几净，南北通风，阳光充裕。家家都装了空调，有的人家还装了中央空调。现代化天然气灶具、脱排油烟机、大冰箱、滚筒洗衣机、淋浴房等一应俱全，住在这样舒适的环境中，心旷神怡，心情愉悦，不延年益寿才怪呢！

俗话说，若要富，先筑路。1991年南芦公路修建，2003年开始两港大道破土动工，2004、2005年港辉路等南北方向，芦云路、芦潮路等东西走向。东西南北，纵横交叉，快车道慢车道人行道，井然有序。道路两旁绿树成荫，花团锦簇，郁郁葱葱。芦潮港联通市区的道路，从最早的南泥线、南果线到90年代建造的南芦公路，2003年建造沪芦高速，加上地铁16号线，公交线路成倍增加，有浦东56路、29路、新临线、申港3

路，大家出行十分方便。2000 年以后的 20 年里，私家车发展迅猛，基本上家家户户有小车，甚至高档车，现在出去办事、购物、就医方便多了，节省了时间，缩短了距离。

总而言之，芦潮港人民生活水平的改变主要分这几个阶段：新中国成立前，芦潮港百姓生活很艰辛，但是到新中国成立后，尤其是 1958 年办果园，芦潮港人民的收入多了，人民生活好了。2000 年后，自贸试验区成立，洋山深水港的建设，芦潮港农民变居民，民生保障好了，人人都有补贴。教育上的影响就更大了，很多芦潮港当地人到滴水湖主城区买房子，就是为给孩子提供更好的就学条件。

所以，千句并一句，新旧社会两重天，一个地下一个天上，没有中国共产党的正确领导，就没有我们今天的幸福生活。每个芦潮港人都应该不忘初心、牢记使命，坚定不移听党话、跟党走，为实现中国梦共同奋斗。

2015 年，我们芦潮港社区海汇居民区总支部创办了一个百姓讲坛。创办这个讲坛，是想把临港新片区的最新的发展情况讲给老百姓听，尤其是那些腿脚行动不方便的老年人。百姓讲坛由五六位老师组成，他们各自发挥优势和特长，广泛收集相关资料，通过讲坛的形式和老百姓交流，主要宣讲党的政策、国际形势、健康保障和临港新片区的发展趋势等内容，同时也介绍上海海昌海洋公园、上海中国航海博物馆等临港地标性的文化建筑。我们的宣讲团主要用方言讲授，用接地气的语言使老百姓了解临港新片区的变化，尤其使老年人知道时代的脉搏，跟上时代的步伐，深受社区居民的欢迎和喜爱。

芦潮港老地名识趣

沙裕忠

口述人简介

沙裕忠，1948年6月生，芦潮港人，1967年毕业南汇中学高中部，后回乡务农。1977年参加高考，进入上海师范大学中文系学习。大学毕业后，一边工作，一边参与研究，参加了《中华诗话》《宋诗精华》《中学语文导读与训练》等著作的编写。在教学改革中，不断学习，实践，总结，有十多篇论文发表于教育杂志和丛书。

口述：沙裕忠

时间： 2024 年 7 月 2 日下午

地点：上海市浦东新区南汇新城镇芦潮港社区海汇居委会

采访与整理：上海海事大学马克思主义学院苏月秋、吴永斌、谢丹慧等

我叫沙裕忠，是芦潮港本地人。地名是一个地方的历史文化记忆。芦潮港老地名具有浓厚的海洋文化和移民文化特征，我选取了几个具有代表性和典型性的地名做介绍。

一、关于区域类地名及由来

（一）芦潮港

新中国成立前，芦潮港绝大多数人靠种田生存，也有一部分以下海捕鱼为生。渔民下海捕鱼，原来从“角头港”那个地方出出进进，但“角头港”出滩比较远，又加上淤泥多，道路泥泞难走，特别回来路上，背着十多斤鱼，还有渔网，饥肠辘辘。后来有人发现，从“角头港”东侧密集芦苇中出海近得多，于是不少人从这里出海，渐渐地从芦苇中踩出一条小路。后来走的人越来越多，路越踩越宽，也越踩越低，较软的土变得结实起来。又经过几次潮汛，低陷的路面冲出一条有 5 米左右的深槽。1935 年时，渔民给这条深槽随意起了个名字叫“路漕港”。1962 年 3 月，上海市副市长宋日昌来到这里，并给修的水闸题名，宋日昌副市长根据本地地理风土向外看到芦苇丛，港口中潮水漫漫而来，又应用谐音，题名了“芦漕港水闸”。1989 年，上海市人民政府批准芦潮港建镇。1993 年，芦潮港镇和果园乡建制撤销，建立新的芦潮港镇。于是，芦潮港这个地名，沿用

至今。

（二）果园

1958 年，为了解决上海市民水果供应问题，经华东局批示，中共南汇县委要在芦潮港创办万亩果园。芦潮港人民苦战一冬春，第一期栽果树 400 万平方米，12.8 万余株。12 月，根据果园生产特点，南汇县人民政府决定成立果园园艺场。1959 年 3 月，果园园艺场建立党总支。1961 年，果园园艺场从康家店进入到果园镇。1962 年夏，果园第一年收获累累。1966 年，果园单独建立果园人民公社，9 月 1 日起启用公章，渐称“果园”。有水果贸易市场，以水蜜桃、上海蜜梨为交易大宗。

（三）糖厂

从 1968 年开始，当地人到果园集镇去，不是说去果园，而是说去糖厂。糖厂建在果园集镇，人们到集镇去，都说到糖厂去，因为糖厂是果园人的骄傲，是自己创办的第一家集体企业。糖厂主要用甜菜来提炼糖分，制糖工艺比较简单，劳动力低廉，所以能赚钱，也能解决当地缺糖的难题。高高的烟囱，省力的活儿，那是农民心中的追求，所以流行一句话，“手拿铁疙瘩，心想高烟囱”，表达当时农民对美好生活的追求。糖厂从 1960 年开始筹建，1961 年启动投资。刚开始以制糖业为主，后来增加了烘药花等项目。后来因为种种原因停办，至今在当地上了年纪的人中仍保留使用糖厂的地名。

二、关于移民类地名及由来

（一）江北埭

江北埭位于兴隆港西，五七农场场东，里塘河南，距离果园镇约两千米，即行政区域芦潮港村一组和二组。江北埭原来是一片海滩柴房，在 1944—1945 年间，围建塘圩，成为集镇，称为“埭”，就是镇的意思。当时，筑堤、围垦之后，马厂、沈曲背两户地主拥有43.33万平方米土地。当时川沙、六团等地陆续有人迁徙到江北埭，到1946年，江北埭有居民13户，大概30多人。1946年后，江苏省涟水、盐城等地，由于受到自然灾害影响，人口不断迁入江北埭。新中国成立前，江北埭有居民27户，83人。其中劳动力51人，他们在这里开荒种植养活自己。由于大部分人来自长江之北，他们的口语是江北语言，而且江苏涟水和盐城人特别多，平卷舌不分，通常全部念为平舌的为多数，说话声速急，音量重。所以讲话与当地人有很大差距，一接触就能认出他们是江北埭的人。

（二）江阴厂

江阴厂旧地址是在后称为外中村的7、8、13组之处。1912年，江苏省江阴市遭受严重的自然灾害，主要是天花流行病，共涉及2416人发病。1913年，天花、霍乱同时暴发，使不少人背井离乡，流浪讨饭。其中不少人逃难到后称为外中村的7、8、13组之处。他们看见一大片荒田，于是住了下来开荒种地，几年以后人数不断增多。1940年，国民党实行保甲制，进行户口登记。一个保甲里有人犯了罪，整个保甲的人都要负责任。这种制度实质是通过联保等，将整个社会变为大囚笼，强化了对人民的统治和控制。具体组织上，十户为一甲，十甲为一保。因为那里的人大多是从江阴迁过来的，所以这块土地取名为“江阴厂”，“厂”是指简陋的房屋。当时每户人家的牌匾上都有“江阴厂”字样。

三、关于遗迹类地名及由来

（一）天主堂

天主堂，在后称为汇茂村5组内。1930年5月间，天主教陆续开始在浦东南汇地区创办了好几座教堂。果园地区汇茂村5组内就有其中一座。天主堂开始时以传教为主。后来，收学生识字。新中国成立后，天主堂曾长期作为教学用房，果园的中小学就是用天主堂的房屋，因为那个地方曾经有一座天主堂，老一辈人就用“天主堂”作为地名。

（二）天妃宫

天妃宫在汇角嘴外，那里有一个沙带，又称“栏头沙”，这个沙带是东西向，里低外高，海中过往船只常受其害。光绪年末（1908 年），上海几家大米商联合在后来的征海村 6 队的东北处建造一座庙宇，称“天妃宫”，以求神灵保佑船只来往太平。天妃宫有 5 间正房，两边有 4 间厢房，宫外设铁架灯塔一座，不管刮风下雨，每晚都有人点灯，用来提醒来往船只到此沙带提前应急避让。宫内有玉皇后像，皇后像西边是顺风耳和千里眼塑像，这些塑像都是泥塑像，中间挂金字牌匾一块刻有“灵照四海”四个字。三年后，东滩潮水向陆地猛烈冲击，天妃宫也随之淹没在海水之中。为此，上海米商公司重建天妃宫。重建的天妃宫迁移至后来的汇茂村 9 组处，当地老百姓经常去宫内求神问仙。抗日战争后有五金老板出资，在天妃宫创办一所小学校，后来改名为“汇茂小学”。1950 年，天妃宫塑像被毁，其他雕像在“文化大革命”期间也被拆除，天妃宫就此不再存在，但作为地名还在。

（三）庙港

新中国成立前，芦潮港东部地区经常发生洪水灾害，地方政府于 1912 年在今庙港东南两侧建二条长水沟，以排放横港一带和汇茂东部地区的出水。两条水沟排出来的水，先在旁边 500 米汇合后，再流向一条通向海洋的天然港内。这条天然港很深。特别是在汇合处涨水时，有 100 米之宽。海洋的货船、渔船在涨水时沿着这条港可以航行。宁波人经常航行到这里挖蟛蜞，卖山芋，因为这条港离天妃宫不远，宁波人称为天妃宫为“庙”，所以就称这条港为“庙港”，后来本地人将庙港附近地区统称为“庙港”。

芦潮港风土习俗

胡秀根

口述人简介

胡秀根，1945 年 6 月生，芦潮港人，1964 年 9 月参加工作，1966 年 7 月—1981 年，任芦潮港地区学校、中港小学、外中小学负责人。1981 年 1 月—1999 年 7 月，先后担任果园东风小学校长、果园汇茂小学校长、果园中心小学总务主任、秋萍小学总务主任、秋萍学校总务主任。2005 年退休。2015 年，任海汇居民区业主委员会副主任，2021 年，任海汇居民区业主委员会主任。

口述：胡秀根

时间： 2024 年 7 月 5 日上午

地点：上海市浦东新区南汇新城镇芦潮港社区海汇居委会

采访与整理：上海海事大学马克思主义学院苏月秋、吴永斌、谢丹慧等

我叫胡秀根，是芦潮港本地人，今天我给大家讲讲芦潮港风土习俗的变化。

在新中国成立前，芦潮港是南汇沿海最贫困的地区，人称“穷汇角”。老百姓终日为温饱而忙碌，为求生存，往往把希望寄托于神灵，陋习颇多。新中国成立后，随着经济社会发展，生活条件改善，老百姓对民风民俗有所重视，社会主义新风尚也逐步植入老百姓的心中。尤其是芦潮港被划入到自贸试验区临港新片区后，吸引更多年轻人来到这里工作、生活，也带来了新风貌、新气象。

一、婚丧习俗

婚丧是民间大事，旧的婚姻制度“父母之命，媒妁之言”。旧的婚姻习俗带有明显的封建色彩，烦琐古板，联姻过程中讨八字、调帖、话过门、话好日、拜堂、回门、结满月等顺序缺一不可。根据自家经济条件，烦琐程度不同。旧时的丧葬过程充斥着封建迷信活动，至 20 世纪 60 年代，丧葬中的迷信活动基本绝迹。

（一）婚嫁习俗

第一，做媒。

新中国成立前后，芦潮港境内男婚女嫁一般按“父母之命，媒妁之

言”定亲。20 世纪 60 年代开始，逐步改由长辈、亲戚、朋友、同事介绍对象，双方相中后定下恋爱关系。

第二，订婚。订立婚约要经过五道手续。

讨八字：由男方托媒人或介绍人到女方家讨要“八字”（写有女方出生的年月时辰的红帖），再“合八字”。

合八字：又叫“排八字”，讨到“八字”后，男方请懂行的人或算命先生根据男女双方出生的时辰、属相，推算有无相克，是否适合结为夫妻。

调帖行聘：“合八字”后，如双方适合结为夫妻，媒人或介绍人从中交换双方红帖，称调帖。调帖时男方需备好彩礼，由媒人送至女方，女方收入彩礼，算是定下来。彩礼一般为衣料、金银首饰。20 世纪 70 年代后，还要加上用红纸包好的现金。

话过门：男方行聘后，约定日期，请媒人到女方家中确定过门时间，同时设宴招待双方媒人。

过门：根据约定时日，男方派车或船接女方到家，在媒人陪同下，见过未来的公婆大人、至亲，男方需盛宴招待。宴毕，公婆大人、其他长辈需给姑娘“叫钿”（见面礼）。次日，姑娘买好礼物到男方“望婆”。给过“叫钿”的长辈至亲，都可得到一份礼物。至此，姑娘已成了“过门媳妇”。女方过门后，女家也要叫女婿过门，称“过门女婿”。以后双方可自由出入对方家庭。每逢端午节和年关，女婿要送“端午盘”和“年夜盘”到女方家，一个盘要备 5—7 样礼品。

第三，结婚。结婚的顺序如下：

话好日：由男方提出，托媒人至女方家中定好日期。

打铺盖：结婚的前一天，新娘嫁妆中的红绿被由哥嫂两人用一匹土布或绒线把两条被子、一对枕头、一块门帘打成“铺盖”，置于所有嫁妆的前列。

取嫁妆：结婚当天，男方要到女方家中取嫁妆。旧时用船，现在用汽车，视女方嫁妆多少，用1—3辆车不等。男方的取妆队伍要由有威望的人领队，到女方家后不能直接进宅，得到女方邀请方可进宅。片刻以升炮（高升）为号，开始发嫁妆。首先是铺盖，由女方哥嫂两人抬出大门，男方取妆队伍中要由一位个子高大、有耐力的人接铺盖，接铺盖时只准一只脚踏入门口。在征得女方长辈同意后，取妆队伍进入客堂取妆。整个过程要轻手轻脚，倍加小心，千万不能鲁莽。鸣炮后，打道回府。如果女方当天也备结婚酒（也称“轿前宴”），则新郎在两个介绍人（男的）以及伴客（酒量要好）陪同下入席。午后由媒人带新郎去女方家迎亲。

办婚宴：结婚当天，男女双方都会办酒宴，多者数十桌，少则五六桌，视双方至亲好友多少而定。婚宴菜肴，有8盆8菜2点心，也有12盆12菜4点心，甚至更多，视双方经济实力而定。婚宴有“早宴请”“夜宴请”之分。男方早上娶亲，新娘中午前到婆家后即开席的称“早宴请”，新娘午后到婆家傍晚开席的称“夜宴请”。席间，男方家长带领新人向各席至亲好友敬酒敬烟。遇到至亲，则按传统称谓叫一声。有的同时接受见面礼（叫钿），有的则由婆婆代收。同时，新郎或伴客进厨房敬酒敬烟送喜钱给厨师，以表谢意。当天晚上，则有亲朋好友在新房内闹新房。

回门：婚庆次日，新郎携礼物同新娘一起去丈人家称“回门”。如果出嫁当天女家未办酒席，回门时女家办酒，叫请的是“回门酒”。回门当天新婚夫妻双双回家。

结满月：结婚三天后，由新娘的兄弟或表、堂兄弟到男方家中，请新婚夫妇回娘家，称“结满月”。男方需准备好“满月盘”。礼物要视新娘的祖父母、外祖父母、父母、哥嫂、兄弟姐妹的多少而定。新郎于当日回家，新娘则留在娘家。日后由新郎去丈母娘家请新娘回家。至此，结婚程序完成，新娘夫妇开始新的生活。

第四，与婚嫁有关的习俗变化。

彩礼：20 世纪 70 年代，彩礼是衣料、廉价的首饰；80 年代，开始有金银首饰；90 年代，除首饰外带有现金。

嫁妆：20 世纪 60 年代，姑娘的嫁妆为脚箱、马桶、脸盆、土布 2—3 匹、被子数条、被单 2—3 套、杂用生活品若干；70—80 年代，芦潮港姑娘的嫁妆中已出现三门橱、自行车、台钟；90 年代开始，嫁妆中出现缝纫机、毛毯、音响、电视机；2010 年陪嫁中已出现轿车、高档成套家具、家用电器等。

叫铟：双方父母给新人的叫铟。

贺礼：芦潮港称“人情”。60—70 年代，多数是实物、被面、被单、枕头、衣料等。80 年代后多用现金。

第五，招女婿。

结婚时男方到丈人家落户，即入赘，芦潮港叫“招女婿”。新中国成立前颇为多见。招女婿的出现有两种情况：一是父母只生女孩，家里缺少男丁，招个女婿即可充当劳动力，又可传宗接代；二是父母生了多个男孩，家境穷困，无力为每个儿子成婚，于是找准对象入赘为婿。旧社会招赘女婿地位低下，民间有“倒插杨柳会生根，入赘女婿不是人”一说，入赘后要改名换姓，子女要随女方家姓氏。新中国成立后，提倡男女平等，入赘女婿不再改姓，子女姓氏可随母，也可随父。

第六，非传统婚嫁习俗。

童养媳：新中国成立前，贫苦农民因子女多，生存艰难，有的 7—8 岁左右的小女孩送人家做童养媳，待 14、15 岁以后圆房，做人家的童养媳。童养媳与招女婿一样，都是贫苦农民的子女。旧社会芦潮港境内童养媳共有 8 名女孩。

纳妾：即讨小老婆，一是前妻无生育能力，为了续香火而讨二房；二是个别男子为了享受而纳妾。不管何种情况，新中国成立后，凡违反婚姻法规定的，都予以取缔。旧社会芦潮港地区纳妾者有 3 人。

抢亲：仅出现在新中国成立前。一是订婚后女方反悔拒嫁，男方组织人员前往女方家抢亲、逼嫁，而官府不加干预。二是订婚后双方都无能力置办婚事，男方组织人力以抢亲形式完成婚事，或男女双方暗中约定，以抢亲代替烦琐又花钱的结婚仪式。新中国成立前，芦潮港地区以抢亲形式结为夫妻的有 3 对。

叔接嫂：丈夫因故死亡，妻子自愿与未婚的小叔结合成婚，本地称为“叔接嫂”。这种婚姻，以双方都有较深了解为基础，又可节省一笔小叔成婚与寡嫂改嫁的钱财。新中国成立后很少出现。

换亲：是新中国成立前贫苦百姓人家的无奈之举。男女双方都无能力置办婚事，如果双方都有兄妹 2 人，则男方先娶女方姑娘为妻，相隔 1—2 年后，女方姑娘的兄或弟娶男方丈夫的妹妹。新中国成立后，换亲已无所闻。

并铺：并铺实为圆房。男女双方订下婚约后，无力承办婚事，男方父母做主，约过门媳妇到婆家，当晚让儿子和过门媳妇同房宿息，并铺后已成事实婚姻，女方父母也就顺水推舟，促成婚事，双方都省却了置办婚事的费用。

填寡：寡妇家境贫寒，又有众多子女需要抚养，生活艰难。为求生存和养育子女，招一男子入赘称为填寡。无论男女双方，都是为生活所迫的无奈之举。

（二）丧葬习俗

第一，殡葬方式。

土葬：1966 年之前，芦潮港地区都为土葬。土葬有两种形式：一是人死入殓后用椁砖砌成砖坟，移入木棺，封口立碑。这种方式较为少见。二是用木板制成简单的木棺，入殓后用稻草包裹，俗称“草包棺材”，停放在自家的田头地角。3 年后开棺，把尸骨放入瓮内，称“骨殖瓮”，再埋入地下，地上堆一土，土堆种上万年青等。1993 年 4 月，芦潮港进行平坟深埋，所有骨殖瓮都深埋地下 1 米处。

火葬：20 世纪 60 年代开始推行火葬，火葬达到 100%。火葬后把骨灰分盒放在家中灵台上，一年后入土掩埋。也有火化后当天入土安葬骨灰盒，其中 80% 左右将骨灰盒寄放在泥城骨灰堂或其他陵园。20 世纪 90 年代开始，村民自发在人民塘东林场区域的林地集中埋放，立碑祭祀。

第二，葬礼仪式。

戴孝：人死后，晚辈要为长辈戴孝、穿白衣，至亲儿孙辈要头围白布，腰束白带，着白鞋。亲子女白布白鞋缝上麻皮，称“披麻戴孝”。从“文化大革命”开始，提倡戴黑纱。此后，大多数人家做丧事黑纱白布兼用。

入殓：人死后，等至亲到齐，先由子女一般是儿子在死者要穿的衣服上咬牙印，并由秤称衣服的重量（不用秤砣），等涨潮时刻为死者穿衣（可子女穿，也可请人穿）一般叫“着衣裳”，分三、五、七个饴头，意为 3 套、5 套、7 套衣服。先要“同”好衣服（上装），相帮穿衣的人一人反穿，然后一件件套上去。芦潮港办丧事称为做“三朝”。“三朝”有长短之分。晚上零点之前死亡（本地称“脱气”）算 1 天，实际丧期 2 天叫“短三朝”，晚上零点之后死亡的，计入明天。实际丧期 3 天，叫“长三朝”，土话讲“二天头”“三天头”排场。1966 年之前，大殓当天，丧家要派人去七户邻居家讨要土灶灶膛里的草木灰放入棺材底层，再放生石灰，铺上被子（垫被），入殓叫“下材”。长子捧头，次子捧脚，俗称“捧头捧脚”，死者躺好后。由相帮人（一般是有这方面经验的邻居）盖上踏脚被（被子），放上“荷花锭”（用锡箔手工折成的荷花），盖棺材盖头叫“鸣材”

（用元宝榫、八钯钉固定棺盖，响声大）。出丧时扛棺材的人要高大、身强力壮，分为2人、4人、6人、8人多种扛法，视棺木、伴葬品的重量而定。2人、4人叫“对拔扛”，6人以上叫“蟹爬扛”。送葬队伍前有一手执招魂幡的人带路。一人撒买路钱，直到墓地。20世纪60年代，因木材紧缺，也流行过水泥棺材。1966年实行火化后，丧家地址通公路的，由殡仪馆的运尸车接尸，交通不便的地方，丧家要自行安排车辆去火化。进入21世纪后，一般入殓前尸体要移入冰棺，火化当日再移入一次性棺材内，尸体由殡仪馆的车接走。

做七：以死者死亡时间算起，每七天为一忌日，到四十九天为“断七”，其中“三七”“五七”为重，称“正七”。新中国成立前，有钱人家每个“七”都要请道士做道场，为死者烧衣裳、被头、床帐、箱子等，叫“烧床祭”；还需扎纸船、房屋、轿子等祭烧。新中国成立后，做“七”已淡化。现在丧家一般多在“三朝”时做完。个别丧家放在“三朝”后一天做。

二、岁时节庆习俗

芦港地区是个移民乡镇。居民祖辈来自江苏、浙江和南汇塘西等地区。过节的习惯、形式不同又相互融合，形成了具有海洋特色的节庆习俗。

（一）与过年有关的节庆习俗

过年：农历十二月二十九至次年正月初三称“过年”，新中国成立后称“春节”。芦潮港地区的村民过年从十二月二十三开始，正月十五（元宵节）止。主要活动有：十二月二十三掸灰尘，二十四送灶君。二十九送（陈），三十（大年夜）守岁。正月初一至初三拜年，初五接财神，正月十五接灶君，吃收心圆子或馄饨。过年结束。沿海村民因贫富不一，各项活动也简繁不同，多数村民对“送灶君”“吃年夜饭”“拜年”“元宵”较为隆重。

送灶君：简称“送灶”。灶君俗称“灶王爷”，是民间俗神之一，列为居家“五祀”之一，上自天子，下至百姓，是民间最普遍的家宅神祇，富贵人家设一神龛，灶君神像座中，两边有联“上天奏好事，下界保平安”。一般人家贴一神像于灶梁。各家各户的灶梁上，灶君受命于玉皇大帝，司职各家祸福，监察各家行为善恶，并于每年腊月二十四上天汇报，于是就有了腊月二十四送灶君一说。到时，每家都要备酒果糕点和家里最好吃的吃食，目的是让灶君吃得满意，上天后在玉帝面前说自家的好话。村民中有“十二月二十四比高低”的说法，就出于此。从“文革”时期破“四旧”开始，灶君不被供奉。

吃年夜饭：除夕晚上，合家团聚，辞旧迎新。吃年夜饭是每户村民的重要年节活动。即使有亲人除夕不能回家，饭桌上也要置碗筷，以示团聚。新中国成立前，由于贫穷，芦潮港流传“要吃白米饭，等到大年夜”，那时老百姓对年夜饭的要求仅一碗白米饭而已。新中国成立后，随着生活水平的提高，年夜饭也越来越丰盛。不管哪家，圆子是必定要做的，意是合家“团圆”。

拜年：又叫拜岁，大年初一清晨，各家放鞭炮、高升，此起彼落，迎接新的一年到来。早饭后，开始走亲访友，见人多要说“新年好！”“恭喜发财！”之类的吉祥话语。

元宵节：本地人叫“正月半”，家家户户都要过。村民以做圆子、馄饨为主要内容。“望地头”是一项重要活动，村民用玉米、糯米，加入粳米粉做成棉花铃子，煮熟后插在竹子上到自家的田头插上，以示今年丰收。芦潮港的村民有一项特别的活动：“照连财”和“碳茅塘”。照连财是用芦苇扎成柴把，点火后站在田边在空中甩圈子，口中要念“连财连财，大家发财”。“碳茅塘”意为烧田边、河边的茅草和杂草。正月十五吃元宵（有时称收心圆子），视为过年结束，要收收心，准备下一年的生产了。

20 世纪五六十年代，各乡镇还有新的年节活动，如春节慰问当地驻军、烈士军属、困难群众、先进模范人物，组织文艺演出等。

（二）按季节气候排定的节庆习俗

按季节气候排定的节日有清明、立夏、冬至三个。

清明：公历 4 月 5 日前后，此时天明气清。一般在清明前七天开始至后八天半个月内要“做清明”，主要内容是祭拜祖宗，上坟祭扫先祖亡灵、踏青、吃青团。在清明这一天如邀集亲友聚会吃饭，称“吃清明”。新中国成立后，清明节逐步成为祭扫革命先烈、祭祀祖先，进行传统教育的重要日子。2010 年后，清明已列为法定假日。

立夏：公历 5 月 5 日前后。立夏是重要的农事节气，标志夏天将至，进入农忙季节。芦潮港地区立夏日，有称“秤人”（称体重）、吃“草头塌饼”、吃蛋、吃茅针（尚未抽穗的茅草嫩花）的习俗，此时是草头、蚕头、梅子上市。俗语讲“立夏秤人吃蛋吃塌饼，幼防疰夏老保健”，表达了立夏期间的习俗。

冬至：公历 12 月 22 日前后，这一天白天最短，夜间最长。冬至是一个重要的节气，过去有“冬至大于年”一说，也是一年中祭祖的重要日子，本地自愿迁坟、结骨（开棺把尸骨捡入瓮中，再埋于地下的过程），都会在这一天进行。“冬至进补，春天打虎”和“冬至不要望娘，夏至不要莳秧”一样，都反映了冬至来临时人们活动的习俗。

（三）按月亮圆缺形成的节庆习俗

按月亮圆缺形成的节日主要有元宵节前、中秋节。

中秋节：农历八月十五，俗称“八月半”。旧时这一天要点香供天地，祈求五谷丰登，六畜兴旺。中秋也是重逢团圆的节日，吃月饼以祈求合家团圆，人们要煮“毛豆、花生、芋艿”吃，意为吃新、吃丰收。

（四）按月和日奇数复叠而成的节庆习俗

按月和日奇数复叠而成的节日主要有1月1日元旦，五月初五端午节，六月初六天贶节，七月初七乞巧节，九月初九重阳节。

端午节：端午节是五月初始的节日，又称“端阳节”。芦潮港的习俗是：吃粽子，门口挂菖蒲、艾蓬，吃涂雄黄酒，挂香袋，用苍术、白芷烟熏室内驱虫和散温湿。

天贶节：农历六月初六，传说是皇帝晒龙袍的日子，百姓纷纷仿效，家家晒衣被，所以民间有“晒衣节”一说。此外，六月初六是狗沐浴的日子，南汇地区也有“六月六，狗沐浴”之说。这一天，一般不让自家的孩子下河游泳。如今，保留在村民中的习俗是翻晒收藏的冬季衣被。

重阳节：农历九月初九，因九为阳数，两个阳数巧合，称“重九”，故谓“重阳”。老百姓仅限于吃重阳糕，旧时农民用面粉或高粱粉自己蒸煮，现在一般由食品店制作。本地有“九月九，蟹逃走，快点吃顿蟹烧酒”一说。1988年起，上海市规定九月初九重阳节为上海的敬老日，自此，全市开展敬老活动，慰问老年人，组织老年游、赠礼品等，2014年9月，国家正式宣布九月初九重阳节为老年节。

三、其他喜庆

（一）十二朝

十二朝，即婴儿生下后十二天。芦潮港居民称“十二朝”，庆祝日期可提前或延迟。此日，婴儿父母（实际由婴儿的祖辈承担）设丰盛酒宴，邀请至亲、长辈、好友相聚欢庆，分发红蛋，表示庆贺。主办者为“做十二朝”，赴宴者为“吃十二朝”，同时要送上贺礼，此习俗沿袭至今。

（二）满月

孩子出生满一个月，设宴庆贺，形式和内容与十二朝相同。大多数人家做了十二朝就不办满月酒。准备办满月酒的就不办十二朝了。两者都办的是极少数。

（三）做寿

长辈年满50岁，小辈儿孙在其生日那天摆酒席庆贺叫“吃面”（做寿），一般是在长辈50岁、60岁、70岁、80岁生日时举行（实是49岁、59岁、69岁、79岁）。吃面的规模、酒席宴是否丰盛按各家条件而定。除逢十做寿外，还有在长辈66岁生日时吃面。生日那天，女儿要为做寿的父母买大红色的内衣、袜子、围巾，要烧66块肉（很小的）给66岁生日的父或母食用，其缘由不得而知。

（四）谢师酒

原先为手艺人（泥、木、机械、裁缝等）学徒，三年满师后，为感谢师恩而设宴招待，表示学徒以后就可以自立门户、闯荡社会了。20世纪70年代，村里学生考上中专、大学，实为不易。一旦考中，很多家长会办酒宴庆贺并谢师，参加者为任课的老师、班主任、校领导，以及至亲好友。2000年后，这种庆贺逐步淡化、减少。

（五）圆场酒

农家建造新屋、渔家造船工程基本结束时，多数人家都要办圆场酒以示庆贺，参加者为参与建设的工匠、邻里、帮工、至亲及相关人员。

上海市非物质文化遗产项目——鸟哨

朱德龙

口述人简介

朱德龙，1949 年生，上海市非物质文化遗产项目鸟哨代表性传承人之一。10 岁随父朱连兴学艺，能吹奏 20 余种鸟类叫声，掌握制作、吹奏鸟哨绝技。停止捕鸟后，长期致力于非物质文化遗产鸟哨的传承。

口述：朱德龙
时间：2024 年 7 月 11 日上午
地点：上海市浦东新区南汇新城镇芦潮港社区海汇听涛苑居委会
采访与整理：上海海事大学马克思主义学院闫彩琴、刘泽

我叫朱德龙，1949 年出生在芦潮港，也是在这里长大。为了生计，我 10 岁时便在父亲的严格要求下学习吹鸟哨这门独特技艺。在父亲教导下，我 15 岁时已能熟练吹奏 20 多种鸟类叫声，并能独立用鸟哨诱鸟。鸟哨现在是上海市级非遗项目[1]，又叫摹鸟笛技。我们这里有两位代表性传承人，我是其中一位。

鸟哨在上海除了芦潮港和崇明，其他地方没有。芦潮港的鸟哨已经有 140 年历史，比较悠久。在我们家族，鸟哨最早是从我曾祖父开始的。当时他收留了一个逃难来的江北人，这个江北人在芦潮港生活了很长一段时间，后来在他离开这里之前，向我曾祖父传授了鸟哨的技艺。我们家族一代一代地传下来，从曾祖父到祖父，再到父亲和我，我现在是第四代传承人。

一、鸟哨的起源与功能

芦潮港靠近大海，几乎村村都和海塘、滩涂相接，滩涂资源比较丰富。这里的滩涂、湿地，是候鸟南迁北飞的必经之地，广阔的芦苇塘更成为大批野生鸟类栖息的宝地，其种类不下 40 余种。候鸟都是有季节性的，春分时从外国飞过来，秋季 10 月左右、小雪以后飞回去也要经过这里。

1 鸟哨于 2007 年由浦东新区申报，入选上海市级非物质文化遗产名录，保护单位为芦潮港社区所在的上海市浦东新区南汇新城镇文化服务中心。

芦潮港原来是穷地方，土地盐碱重，产量很低。为维持生计，老百姓要靠大海吃饭。有的农民开始利用滩涂、野生资源半农半猎，不少人以捕鸟为生计，并且创造了许多诱捕鸟类的手艺。鸟哨就是模仿各种鸟的叫声，召唤鸟下来，诱捕它们。南汇东滩外面，从澳大利亚飞过来的鸟，正常情况下有二三十种，一般人不知道它叫什么名字，但是我们从几百米高空中就能看出是什么鸟，就像人一样，叫张三，通过模仿它们的声音叫它下来，它就下来了。

除了捕鸟以外，鸟哨还能帮助一些鸟类研究机构招引野鸟。20 世纪 80 年代后期至 90 年代，我曾经配合华东师范大学鸟类研究专题小组专家们开展科研工作，为鸟类研究贡献一些力量。研究小组曾经派专家来研究，鸟是本地的，还是外地飞过来的。他们在鸟的脚上搞一个脚扣，再放飞。以此研究它们的飞行路线，持续了 10 年。后来滩涂越来越少，鸟的飞行航道也发生了变化，这些水鸟原来从金山杭州湾过来，现在从大洋山小洋山外面飞过来，从宝山过来。第一站飞到九段沙，休息后往北飞到崇明东滩，过了春分，到 4 月底又全部飞走。现在国家禁止捕鸟，保护野生动物。为了生态平衡，我们不能像以前那样了。

二、鸟哨吹奏与捕鸟技艺

我还记得小时候跟着父亲去滩涂捕鸟的情景。竹哨子吹出各种鸟叫声，飞过的野鸟仿佛被召唤，一只接一只飞下来觅食。父亲便用事先布好的网，一网翻下来，那些飞鸟便“束手就擒”。

曾经有专家问过，人讲人话，鸟讲鸟语，鸟语是什么意思？实际上就像熟人和熟人之间，我们聊聊天，你叫得不对，它理都不理你。一般人吹鸟哨的时候只有一个音调，这个是鸟哨本身发出来的声音。但是要和鸟对话，这样是根本不行的。用鸟哨和鸟对话时，有的要用大舌头来发声，有

朱德龙绘制捕鸟技艺示意图

的是用喉咙里面的小舌头发出来的。特别是这个小舌头，一般人平时都不动的，只有伤风感冒以后，小舌头才会下来。

三、鸟哨的制作方法

我的鸟哨都是自己做的。先用三年以上直径约 3.5 厘米的老竹做成筷子一样粗细，截取带节的一段，长约 8 厘米，管内径 1.5—2 厘米，挖个刨口，4—5 厘米，刨口太大了吹不动，太小了音量小。看似一个简单的小竹管，其品质好坏直接影响鸟哨质量。最关键的是，鸟哨里面有一个薄片，是从竹子上劈下来的，要削到别人都看不见，透明的一样，可以吃得下，但是力度不能太大，要正正好好的，所以对精确度要求比较高，要做两个。2006、2007 年的时候，很多人在做鸟哨，我做了五六千个，卖 3—5 元一个。鸟哨需要保养，平时将它浸在高浓度的盐水里面，离开了盐水会漏气，就坏掉了。我年轻的时候，周边还有四五十个人会做鸟哨，但现在我们这里只有四个人会做会吹。之前我们是为了生存而捕鸟，随着时间的推移，现在捕鸟的人越来越少，会这一整套捕鸟技艺的人也快没了。鸟哨一般是子承父业，亲人相传。我们家传到我这里是第四代，而第五代传承人要学会鸟哨的来源、做法、吹法和捕鸟的技巧，是需要吃苦的。学会鸟哨的皮毛容易，学其精髓难啊。

朱德龙制作、使用的鸟哨

四、非遗技艺的现代传承

鸟哨是捕鸟的辅助工具。20 世纪 90 年代初，我们不再以捕鸟为生，此后鸟哨逐渐成为民间技艺表演节目。我们编排了节目，为社区居民表演，在乡镇、区、市各级的各种文艺演出中很受欢迎，还在区里的会演中获过奖。也有上海其他地方邀请我们，多次在“文化和自然遗产日”表演鸟哨。

2012 年起，我开始做青少年非遗培训，多次参与非遗进校园活动。我们目前在社区文化中心开办一些非遗课堂，每个星期给小朋友上一节课。这个东西看上去挺简单，其实要求蛮高的。鸟哨一般是自己做，还要学吹奏，小朋友不太学得懂，有些时候需要爸爸妈妈陪同。2016 年起，我在临港的小学里担任鸟哨社团授课老师，为学员授课，也为爱心暑托班非遗特色课程授课。社区为我设立了非遗工作室。2018 年开始，我在社区非遗工作室、明珠临港小学等定期开展教学活动，希望让更多人领略到鸟哨的魅力。明珠临港小学组建有鸟哨社团，每周一节社团课，一般来说，一个小朋友要两个学期才能把鸟哨吹出来。

第八章　芦潮港大开发

芦潮港的大开发是上海在改革开放和社会主义现代化建设过程中，特别是在浦东新区开发开放的背景下推动的。芦潮港作为上海的一个沿海乡镇，因其优越的地理位置和发展潜力被纳入发展规划，成为重要的经济区域之一。

20 世纪 90 年代初期，为了促进当地经济的发展，优化产业结构和吸引外资，芦潮港开发区正式成立。随着上海浦东新区的设立和一系列国家级经济政策的实施，芦潮港作为浦东的沿海地区，也逐渐被纳入国家级开发规划。着眼于地理优势，芦潮港充分利用上海港的交通枢纽地位，推动港口经济、物流、制造业和服务业的发展。随着国家对外开放的深入，开发区吸引了大量外资企业，尤其是在现代化制造业、航运物流和高科技产业方面。随着开发区的建设，芦潮港的传统乡镇工业逐渐升级，部分工厂和企业开始向更高附加值的产品和更先进的技术转型，特别是高端制造、信息技术和绿色能源领域，成为经济增长的新动力。

为了促进芦潮港的交通便利性和区域联动性，加强与上海市区及其他重要港口的联系，芦潮港的客运码头和港口设施建设成为开发战略的一部分。芦潮港的客运码头不仅承担了对内对外的交通功能，而且成为区域交通一体化的重要组成部分。通过客运码头，芦潮港的居民和游客可以更加方便地到达上海市区、浦东机场等，增强了地区连通性。随着客运码头的建设，芦潮港也逐渐成为一个重要的旅游和物流中转站。区域内的水路交通不仅方便了商业往来，也为芦潮港带来了更多的旅游业发展机会，吸引了大量的国内外游客。芦潮港的港口设施不仅局限于客运码头，还涉及货物运输、物流仓储等重要功能。随着外贸和进出口业务的增长，芦潮港逐渐成为上海港的重要组成部分，促进了区域经济的快速发展。

芦潮港的发展不仅依赖于自然资源，还受到政策导向的影响，特别是在“临港新城”战略背景下，芦潮港逐渐成为临港建设的一个重点项目。作为上海经济发展和产业升级的重点区域，临港大力推动高端制造业、海洋产业、现代物流和金融服务业的发展。芦潮港抓住机遇，引进了大量高科技公司，使得产业结构发生了深刻变化。原本以传统农业、渔业和低附加值加工为主的乡镇经济开始向现代化、高附加值的产业发展，尤其是在造船、机械制造、环保技术等领域。当然，芦潮港开发过程中，集体拆迁是一个不可避免的环节，特别是在临港新城的基础设施建设和工业区拓展的过程中，政府需要通过拆迁来腾出土地进行工业和基础设施建设。集体拆迁过程中，地方政府通过补偿政策等方式与原住民进行协调，民众积极配合，体现了社会主义建设中的集体主义精神。

总的来说，芦潮港的大开发是上海浦东新区发展战略中的一环，涉及从交通基础设施建设到产业发展、从集体经济转型到社会管理的多个方面。通过开发，芦潮港不仅在经济上取得了巨大进展，也在社会变迁方面经历了深刻的变革。

芦潮港开发区的成立过程

施梅仙

口述人简介

施梅仙，1948年2月生。1972年1月—1984年8月，担任泥城公社党委副书记。1984年9月—1989年8月，在上海市农业实验场担任党支部委员、工会主席。1989年9月—2003年2月，担任上海市浦东新区芦潮港镇副镇长、副调研员。2003年3月退休，担任离退休支部副书记。于2006—2009年担任老年协会会长，首席人民调解员。

口述：施梅仙
时间：2024 年 7 月 9 日
地点：上海市浦东新区南汇新城镇芦潮港社区党委办公室
采访与整理：上海海事大学马克思主义学院王伯承、王美君等

我叫施梅仙，我们脚下的这块土地——芦潮港，毗邻世界瞩目的东方大港洋山深水港，这里有全长 32.5 千米的东海大桥、明镜般的滴水湖、金融湾标志性建筑“荣耀之环”；区域范围内还有纵横交错的立交桥，鳞次栉比的居民住宅、写字楼等。它从一个小小的不起眼的港湾，演变成雄伟的临港新城的重要组成部分。

一、逐步形成的“七乡八局”

1985 年 3 月 26 日，南汇县人民政府宣布成立芦潮港开发筹建组，开发筹建组的五人小组带着全县人民的期望，勇挑重担，决心将芦潮港建设成为美丽的家园。1985 年 5 月，筹建组的同志们，风尘仆仆，开赴宁波，探讨设立芦潮港至宁波的海上航线，经过多次磋商，终于达成共识。1987 年 2 月 12 日，芦潮港与宁波开通了一条海上航线。“甬兴轮”的通船，吹响了芦潮港大开发的号角，为芦潮港注入了活力。以后又相继开通了芦潮港至普陀山的航线（梅岑号），以及前往舟山、淀海、嵊泗、大小洋山等地的多条航线。为方便旅客，减少旅客在路途中往返时间，汽车服务公司的十多辆大巴士，做好乘客车船衔接服务，将四面八方的乘客送到经济繁华的大都市——上海。芦潮港的开发建设得到了各级领导和社会各界人士的支持。

在改革开放初期，芦潮港开发区急需加强地方管理，有效推动地方经

济的开发。在这种背景下，“七乡八局”应运而生，主要目的是通过优化行政区划设置与管理机构，提高地方治理效率，促进经济发展与行政协调。“七乡”指的是芦潮港开发区周边的七个乡镇，这些乡镇大多以农业为主，但随着开发区的逐步建设，逐渐向工业转型，承担了开发区内重要的生产和社会职能，在当时的经济规划中扮演了基础性角色。“八局”是指芦潮港开发区设置的八个主要政府管理机构或职能部门，负责不同领域的行政管理与服务，涵盖了经济、建设、土地、税收、规划等各方面事务。“七乡八局”的模式有助于芦潮港开发区在初期实现经济快速发展、行政效率提高及资源的优化配置。通过优化，芦潮港开发区政府更加灵活地应对经济建设和社会管理中的各种问题，特别是在吸引外资和推动工业化方面起到了关键作用。这种模式的成功经验后来也对其他类似开发区的建设产生了影响。

新中国成立前，芦潮港还是浊水苍茫、天海相接的地方，是长江和钱塘江的水冲击而形成的一片滩涂。新中国成立初期，沿海的渔民为生活所迫，靠海吃海，在芦潮港老水闸东侧的500米的芦苇荡里，捕鱼捉蟹，挖蟛蜞（一种小型蟹），逐步走出了一条小路，后来这条路行走的人越来越多，日积月累，道路越踩越宽，地面也越踩越低，几次大潮汛，又把低陷的路面冲成一条约5米宽的深漕，渔民随意给深漕取了个名字，叫“路漕”。农业合作化期间，“路漕”不断延伸、扩大。渔民在滩涂边搭建环棚，满足出海捕鱼的需要；同时迁来部分家属安营扎寨，为渔民的家属、亲友修补网具、料理家务，人称家属队，以此为基础，形成了原远征大队一队和远征大队二队。

1960年2月，为了排涝挡潮，保障农村和人民生活生产的需要，南汇县政府在芦潮港（老码头东侧）建了一座水闸，但水闸因设计上的原因，选址又过于外围，经不住狂风恶浪的冲击，加上潮起潮落，泥沙日益流失，使其底板上的沙土逐渐淘空，1961 年 11 月 7 日晚，整座水闸塌陷沉没。1962 年 3 月，在上海市人民政府、南汇县人民政府及水利局等有关部门的重视和推动下，水闸重新规划设计，重建位置向北移至 300 米处的渔港路西侧，工程于 11 月竣工并投入使用。水闸上方有上海市副市长宋日昌题字——“芦漕港水闸”。1985 年 3 月 26 日，南汇县委宣布成立芦潮港开发区，芦潮港就成了这里的正式命名，上了报纸、文件和国家的地图。

随着芦潮港港口的不断繁荣，知名度不断扩大，沿海公社的党政领导们，把发展目光瞄准了芦潮港，看准了芦潮港未来发展的优势和附近海域丰富的海洋资源，着手筹建外洋捕捞大队。先后由泥城、彭镇、书院、新港、祝桥、东海等驻扎在芦潮港水闸两边，以芦潮港为基地，造房、购置机帆船、买网织网等，并迅速组建船队，把具有一定捕鱼经验的个体渔民组成船队。船队人员分工明确、责任心强，能熟悉海洋性气候，判断涨潮落潮、大汛小汛、深海浅海的各种鱼类活动和繁殖规律等。

县政府积极推动芦潮港港口的发展，先后组建了芦潮港水产收购站，统一收购水产。1983 年，芦潮港贸易货站成立，建立冷库、充冰场。为维护一方平安，保障渔民正常的生活和生产秩序，成立了芦潮港派出所，其前身是 1962 年成立的泥城公社民兵哨所。当时，盘踞台湾的蒋介石，大肆叫嚣要“反攻大陆”。芦潮港又处于东南沿海，为保护港口海岸，建立了泥城公社民兵哨所，位置就在老水闸东侧，由泥城武装部直接管理，各大队民兵连的基干民兵分工负责，轮流值班。每到晚上，值班民兵荷枪实弹，巡逻放哨。

二、芦潮港发展的历史追溯

芦潮港的土地，是一块英雄的土地，是革命烈士浴血奋战，用生命和鲜血换来的红色土地。在芦潮港东首白龙港和随塘河的交界处，耸立着一座高大的水闸——汇角水闸，这里是观东海日出的理想之地。每到暮春，游人如织，踏青看海，观一轮红日从海面冉冉升起，看浩瀚大海波涛起伏，望天空天水相连，一派美景如画的壮观景象。新民主主义革命时期，芦潮港发生过一场激烈的战斗——汇角战斗。2002 年 5 月 29 日，为纪念周大根等 28 位烈士，原南汇县广播电视局主持在南汇县保卫团第二中队（“保卫二中”）部队遗址——泥城横港十二组，立碑纪念。后来，因动迁，纪念碑已移至红色泥城主题馆内。人们永远不忘周大根等 28 位勇士，记住周大根生前的豪言壮语，“网儿虽大，捕不尽东海之鱼；钢刀虽快，杀不尽天下贫民”！这字字千钧、坚强有力的诗句，表达了共产党人的浩气，阐明了人民必胜的真理。

20 世纪 60 年代初期的芦潮港，还是“潮来一片白茫茫，潮退一片芦苇荡”的荒凉景象——“蟛蜞的操场、野兔的窝场”是芦潮港的真实写照。1966 年，泥城公社在党委的领导下，先后从泥城的人民、苏桥、塘角等大队，动员搬迁了一百五十多户具有一定种田经验的农户，并抽调了一部分骨干，迁居芦潮港，成立了远征大队，就在原水闸西迈开了开发芦潮港的第一步。初建的远征大队，白手起家，困难重重，没有办公房，只有半间破房子、一张破旧的办公桌；而在老家的大队里，已具备了一定的生产条件，抗旱灌溉有电灌站，耕地运输有拖拉机，轧麦有脱粒机。面对现状，远征大队党支部齐心协力，克服困难，战天斗地，积极改造盐碱地，向荒滩要粮棉，并提出了“一年一个样、三年三变样”的奋斗目标。

这里的土地，只要一下雨，地上全是白花花盐花。老百姓风趣地比喻：“满地盐碱白如霜，抓把土，能腌菜，舀碗水，当盐汤。”可见这里的土地盐碱化有多严重。党支部面对这样的困境，不退缩，不畏难，号召干部群众：一是大力发展养猪事业，以猪粪改善土壤；二是利用海塘、河浜自然资源，割杂草，卷温草，广积有机肥料；三是平整土地，深翻茅柴地，填平低洼地，搬走高泥墩，扩大土地资源。党员干部与人民群众同甘共苦：心往一处想，劲往一处使；晴天一身汗，雨天一身泥；挑灯夜战，夜以继日。大暑里烈日当空，汗流浃背，坚持干；腊月里寒风刺骨，肩上挑破了皮，不叫一声苦，手上磨出血泡，忍着痛，照样干；扁担挑断了，换一根，继续干。人心齐，泰山移，真正实现了从一年小变到两年中变到三年大变样的奋斗目标。

远征大队原来是一个吃粮靠国家供应、生产靠银行贷款、生活靠集体借款的“三靠”地区。一跃成为市、县、公社的先进集体。市、县领导充分肯定了远征人民自力更生、艰苦奋斗、战天斗地的革命精神，《人民日报》总结了远征人民的经验，刊登了一篇《远征万里不停步》的文章，激励远征人民再接再厉，奋发拼搏更上一层楼。在芦潮港这块不平凡的土地上，涌现了不平凡的人物、先进集体和模范人物。1977 年 8 月，原远征大队的党支部书记王文祥，代表全县共产党员出席了党的第十一次全国代表大会。

芦潮港变了，荒滩变成了良田，穷港变成了富港。昔日“一日大雨白茫茫、一月无雨闹旱荒、九年三熟不算荒”的穷地方，早已改变成了现在的“一月大雨不受涝、百日无雨保丰收”的粮、棉、果稳产高产区。没有芦潮港的昨天，就没有芦潮港今天的开发、拼搏和创新。

三、芦潮港镇、果园乡“撤二建一”

原南汇县的芦潮港镇和果园乡位于上海东南沿海，紧邻东海，是浦东新区南部的重要区域。1993 年，原南汇县实施乡镇行政区划调整，芦潮港镇和果园乡合并，设立新的芦潮港镇。一方面是减少基层行政单位，提高政府管理和服务效率。另一方面是为了配合洋山深水港和临港新城的规划建设，需要整合周边行政资源，形成更大的发展平台。

果园乡原本以农业为主，而芦潮港镇则更具渔业和工业特色，合并有助于统筹城乡发展。调整前的芦潮港镇乡镇工业较发达，特别是水产养殖、食品加工、建筑材料等行业。调整前的果园乡则以农业生产为主，主要种植果树、蔬菜，同时也有部分渔业资源。合并后，农业用地逐步调整，一部分转向工业园区建设和港口相关产业，一部分大力推进基础设施改善，道路、供水、电力、教育等公共服务整合，使得区域整体发展水平提升。在港口经济方面，依托芦潮港的区位优势，加强与临港新城、洋山港的联动，发展物流、航运配套产业；在现代农业与生态建设方面，部分原果园乡的农业用地转向生态农业和观光农业，推动乡村经济多元化；在新兴产业引入方面，受益于浦东新区的整体规划，吸引新能源、智能制造等高科技产业落地。

按照芦潮港建镇管辖范围，先是将原泥城乡远征村划入了芦潮港镇，后来将果园乡庙港村 1 组、2 组、3 组、14 组，汇角村 1 组、2 组、3 组，征海村 1 组、2 组统一划入芦潮港镇，并顺利做好移交工作，建立行政机关，名称为芦潮港村民委员会。为完善基层群众性自治组织，相继建立了港口居委会、龙吟小区居委会，并在实践中不断完善。工商、税务、渔政等地区性行政机构也相继成立。后来，芦潮港镇机关也拥有了 1360 平方米的办公用房。1990 年 3 月 24 日，芦潮港镇召开了第一届人民代表大会，选举产生了第一届政府领导班子，相继选举产生了芦潮港镇党政领导班子。党委、政府领导班子的建立，标志着芦潮港的开发建设有了坚强有力的组织保证，领导全镇人民向新的目标前进，向新的高峰攀登。

党政班子建立后，集思广益，听取多方面意见，构思谋划三年发展蓝图和奋斗目标。党政班子严于律己，牢记使命，提出了“立足海湾、同心同德、艰苦奋斗、建设芦潮港”的口号。在开发建设的进程中，不断完善芦潮港地区的配套设施，为建设车客渡码头配套工程，落实了 3.05 千米的芦潮港公路的建设，争取了 3.5 万伏变电站的建设；为镇区安装了 450 米的路灯，完善了机械绳网厂的管辖体制。为加强基层组织建设体制，芦潮港客运码头、汽车服务公司、芦建分公司、计时器厂等十几个单位配备了具有一定领导能力、敢于担当、责任强的领导班子。1992 年 4 月 8 日，机关全体工作人员以崭新的面貌，搬进了新的大楼。1993 年 3 月 13 日，南汇县委有关领导来到芦潮港，宣布县政府“关于芦潮镇、果园乡撤二建一”的决定，撤销原芦潮港镇、果园乡，建立一个新的芦潮港镇。此后，芦潮港的开发建设又上了一个新的台阶，迈开大步，向更高的目标攀登。

总体来说，“撤二建一”后，新的芦潮港镇积极融入浦东新区开发开放，向现代化港口经济和高端产业发展迈进。虽然传统渔业和农业有所收缩，但区域整体经济实力和发展潜力得到提升。这一调整是上海市乡镇行政区划优化的重要案例，也反映了大都市周边乡镇在城市化进程中的转型路径。

齐心协力建造客运码头

朱林根

口述人简介

朱林根，原芦潮港码头车客渡经理。2001 年开始，担任上海上实有限公司部门经理，兼任上海南汇兴武涂料厂法定代表人。

口述：朱林根

时间：2024 年 7 月 16 日

地点：上海市浦东新区南汇新城镇芦潮港社区党委办公室

采访与整理：上海海事大学马克思主义学院王伯承、李晗娜等

我叫朱林根，建造客运码头，主要是为了改善交通条件、促进地方经济发展和提高出行便利性。今天我主要来谈建造客运码头的情况。

一、千方百计集资建造

芦潮港早期的经济结构以传统渔业为主，主要依赖海洋捕捞及相关产业，是远近闻名的“穷汇角”。改革开放以来，芦潮港凭借独特的地理位置，突破传统渔业经济框架，逐步通过港口功能升级和基础设施建设，向客货运输综合性港口转型。当时已有一处快艇码头投入使用，但体量较小，无法满足货运、客运的需求，所以亟需建设一处新的码头。但当时设计码头过程中因为缺少资金，所以设计建造难度相当大，镇里面也在上海市区、全国各地招商引资，最终上海市、交通部等提供了几笔资金。在资金问题得到解决后，考虑到建造码头要同时满足货运、客运的需求，于是重新设计调整。此外，还有一些相关企业进行了投资，这样一来，码头的总投资当时达到了 7500 万元左右。后来通过码头旁边的“围田”转化为开发用地，出让土地使用权，又获得了一些资金。

建设码头的时候确实是比较艰难的。当时镇里的领导们也发动小学生去捐一块钱、两块钱，大家就是这样做起来的。后来，工程进行到开始打桩的时候，施工单位按规划订好桩，但是实际上需要的桩还不够，缺口很大。在整个码头建设过程当中，难度也很大。特别是交通部领导表示，乡

办企业想要自己设计码头几乎不可能。当初码头还没造完，人工半岛就开始造了，土地还没围起来就开始招商引资，当时的土地出让价格在每亩两三万左右，最便宜的10500元，出让成本价格在8000元左右。通过出让土地使用权，获取了码头建造、人工半岛建造所需的资金，包括海关大楼也是人工半岛公司造的。芦潮港码头建设过程十分不易，但对本地区的经济发展有着重大的影响。一方面，芦潮港依托区位优势实现功能转型，其从渔港向综合枢纽的蜕变体现了区位价值在产业发展中的决定性作用；另一方面，从初期资金筹措的多元参与，有政府拨款、企业投资、民间集资等，到工程实施中的技术攻坚，包括设计调整、资源调配等，再到土地开发模式的创新实践，这些都凝聚了各方力量和众志成城的决心。

二、齐心协力建造客运码头

芦潮港客运码头位于芦潮港港口南侧海涂上，整体呈F形，内侧为高速客轮码头，外侧为车、客、货轮码头。码头通航后成为连接上海东南角与周边城市、岛屿的纽带，分设4条客轮航线、1条车客渡航线，有通航客轮6艘。1993年10月，码头以打桩为标志正式开始建设。在建设过程中，考虑到码头附近的泥沙问题，建设公司请了很多专家来论证，希望能够把泥沙拦住。后来，经过市里考虑，决定要做人工半岛。当时希望泥沙可以抛到浙江大奇山附近，之所以选定大奇山方向是因为长江下来的泥沙基本在码头到大奇山的范围内，通过建造人工半岛可以将泥沙拦在外围方便通航，也就可以建设深水港。但是当时码头因为资金紧缺，还是调整了计划，因为到大奇山方向水比较深，施工难度大，于是就在浅滩区域做了一个人工半岛，也可以把泥沙拦住一部分。

在设计码头的过程中，镇里面领导的决心相当大，千方百计一定要做起来。在建造码头的同时，也进行招商引资，尤其是引进了开往普陀山航线的飞翔轮，之后又购入了甬兴轮。后来在靠外面的地方造了一个小码头，小码头主要是去嵊泗的航线，之后增加了去大小洋山、普陀山等地的航线，芦潮港也就逐渐兴旺起来。当时镇里的领导也想一定要把芦潮港发展起来，组成了七个人的领导小组，还有几个主要部门的领导，规划让芦潮港开发起来，从上至下的重视也让芦潮港好了起来。起初芦潮港很少有商业化、现代化的产业，码头造好后，来往的人多了，也带动了芦潮港发展。

芦潮港的发展需要更多的土地，包括码头建设也需要围海造田，在1996年左右成立了人工半岛公司，也成立了专门负责围海造田工作的指挥部。当初领导希望开发经费多一点，千方百计招商引资。人工半岛公司做了几年后赶上临港开发，这时，土地要转让给临港新城指挥部，人工半岛公司的所有人员全部划给港城，办公室就在今天芦潮港社区党委对面。可见，芦潮港码头的建设是这块土地发展的基础，在建设的各个时期都受到各方的关注和政策支持，以及芦潮港地区百姓的认可。如今芦潮港客运码头也成了深水港运输体系的一部分，辐射联通陆路运输。

三、码头建设的影响

客运码头建设大约在20世纪90年代初期开始，码头的建成促进了当地的经济发展，增强了与外界的联系，提升了居民的出行便利性。

当然，码头的建造对芦潮港各方面都有好处。码头造好了，人流量多了，饭店也多了，商店也多了。刚开始的时候，芦潮港只是一片滩涂，当时老百姓自己种的蔬菜、养的鱼都摆在码头附近的路边卖，上午大巴载着游客进来采购，买卖确实比较兴旺。当时嵊泗和其他几个附近小岛的人都因为码头建成，就可以过来玩了。有一次，洋山来的一艘渔船翻掉了，救了人后，把船开到芦潮港，然后送医院抢救，特别是大小洋山有生病的人就来芦潮港就医。芦潮港码头也便利了舟山嵊泗岛上的人，因为去杭州还是从芦潮港上岸过去最方便，之前从宁波过去，花费的时间要更多。

从芦潮港的建设，一直到临港的开发，为了发展大家也是想尽办法，我也当过顾问，现在整个芦潮港变化都很大，之前海边都是滩涂，现在基本上都是宽阔的马路了。之前是有考虑泥沙问题，但是钱太少了才考虑的人工半岛；芦潮港也因此在海边多了一千多亩土地，公司就出让了土地的使用权，获得的资金再用于码头建设，现在自贸试验区的地就是公司当时围的田。芦潮港的码头建设是在万千期盼中完工的，完工后为附近地区的人民提供了不少交通便利，更是方便了海上救援，各方面都有着重要的意义。同时，芦潮港码头也是如今洋山深水港码头运输体系中的一部分，与洋山深水港建设一脉相承，也依托洋山深水港而发展。

芦潮港的开发精神与经济起飞

张海滨

口述人简介

张海滨，1954 年 8 月生，原芦潮港镇副镇长，曾担任上海芦潮港海港建设有限公司、上海汇芦房地产经营开发有限公司等公司法定代表人，还曾担任上海万港实业发展有限公司、上海汇芦房地产经营开发有限公司等公司高管。

口述：张海滨
时间：2024 年 8 月 14 日
地点：上海市浦东新区南汇新城镇芦潮港社区党委办公室
采访与整理：上海海事大学马克思主义学院王伯承、李晗娜等

我叫张海滨，我认为上海南汇芦潮港的开发历程，是上海经济起飞过程中一个具有象征意义的案例。芦潮港位于原上海市南汇县，是长江入海口附近的一个港口区域，在 20 世纪 90 年代末期及 21 世纪初期，中国改革开放和上海城市化进程的加速，芦潮港的开发在上海及整个长三角地区的经济增长中发挥了重要作用。我主要给大家讲讲芦潮港经济起飞中的开发精神。

一、海上丝绸之路打通了芦潮港航运之路

“海上丝绸之路”是中国与世界进行海上贸易和文化交流的主要通道之一。它通过连接中国与东南亚、南亚、中东、非洲及欧洲的港口，促进了各地区间的经济、文化和科技交流。而芦潮港则是位于中国东南沿海的重要商贸港口之一，在海上丝绸之路中扮演着重要的角色。打通芦潮港航运之路，在国际贸易和海上物流的路线中具有两重意义：一是航运通道的恢复或升级，通过改善港口设施、航道深度或增加航运班次，提升了芦潮港作为海上丝绸之路的关键节点的地位；二是对区域经济的推动，通过打通芦潮港航运之路，积极推动当地的经济活动和国际贸易相关产业的发展，并进一步加强芦潮港周边区域在国际物流链中的重要地位。这不仅有助于提升港口的国际竞争力，还能促进文化交流，提高贸易量，带动地方经济的增长；特别是在“一带一路”倡议的框架下，促进芦潮港与世界其

他地区的联系。

芦潮港的名字经过了三次洗礼。首先是叫“路漕港”，20世纪30年代老百姓出海捕鱼从芦苇荡中开出了一条入海之路。之后被称为“芦漕港”，1960年上海市人民政府批准南汇县在芦漕港的芦苇荡中建造了宽15米的排水挡潮坝，后因严重损坏，1962年又重建，上海市副市长宋日昌题“芦漕港水闸”。1985年3月26日，南汇县委宣布成立芦潮港开发区及办事机构，正式确定了芦潮港的名称。1987年2月，“甬兴轮”迎着阳光，劈波斩浪在一片欢呼声中完成了她的处女航，直到1998年底，宁波花港的海轮推着浮式码头越过杭州湾安置在芦潮港，芦潮港才成为真正意义上的码头，可以上下客了。该轮由中外合资的宁波花港有限公司经营，1987年2月5日首航申甬线。从宁波小港码头至上海南汇县芦潮港码头，航程55海里，航时仅2小时左右。1987年11月，300吨级芦潮港简易客运码头建成，水深约8米。继沪甬航线开通，梅芩号轮通往普陀山、舟山，金沙轮通往嵊泗，蓝天号开往大小洋山、岱山等航线也相继通航。1995年6月，建成芦潮港车客渡码头，有117米的引桥，陆续开通芦潮港对外的多条航线，海马2号轮通往宁波小港，舟桥轮（车客渡两用）通往嵊泗，海马1号轮快艇通往嵊泗，飞翔轮高速轮通往普陀山、舟山。交通为芦潮港的发展带来了新的机遇：2005年高峰期共计接送旅客85万人次，来芦潮港观光的游客30多万人次，接送车辆2万辆，副食品10万多吨。

芦潮港的开发精神可以总结为以下四点，这些精神不仅是其成功的关键，也是区域经济振兴的参考。第一，开放与创新精神。芦潮港的发展紧跟改革开放的步伐，早期的开发便体现了对中国港口开放政策的落实。改革开放以来，上海特别是浦东地区逐渐开放了更多的区域，实现了港口与国际市场的无缝对接。“外向型经济”模式的芦潮港在发展初期吸引了大量的外资企业，跨国公司在芦潮港投资建厂或进行贸易，形成了开放型经济结构，促进了贸易的流通。港口在物流、航运、信息技术等方面进行了自主创新，特别是在港口设施的现代化建设中，融入了全球先进的港口管理理念和技术。第二，持续发展的精神。在开发的过程中，芦潮港坚持可持续发展的理念，注重环境保护与经济效益的平衡，芦潮港也逐渐推动绿色港口建设，力求在经济快速发展的同时，减少对环境的负面影响。第三，实现产业集聚与协同发展精神。芦潮港的开发不仅仅依赖于港口本身，还依托了周边产业集群的协同发展。港口成为一个产业集聚区，吸引了包括物流、制造业、贸易、金融等在内的多个行业向这里汇集，形成了良性的经济生态圈；芦潮港开发促进了与港口相关联的产业，如海运物流、仓储、电子商务、跨境电商等行业的发展，使区域经济更加多元化。随着智能港口、无人化技术的引入，芦潮港逐渐成为创新型经济和高新技术产业集聚的基地，推动了产业结构的优化升级。第四，区域协作与合作共赢精神。芦潮港的开发不仅仅依靠上海市的力量，还通过区域合作，实现了长三角地区的资源共享与优势互补。芦潮港与周边城市的港口共同发展，建立起区域协同机制。同时，芦潮港吸引了全球领先的港口运营商和船公司，推动了区域和全球物流体系的深度融合。

二、芦潮港车客渡码头与经济起飞

1998年，基于国家需要——为洋山深水港造大桥服务，为洋山码头建设服务，芦潮港车客渡码头被认定为“平战”两用码头，即平时客用、战时军用。芦潮港坚决贯彻上级下达的各项工作任务。芦潮港车客渡码头还肩负着东海大桥的后勤保障，洋山建造码头的施工人员进出和货物设备的装卸任务，确保安全生产，同时保证效率。所以，东海大桥提前半年合龙、洋山一期码头提前完成，芦潮港车客渡码头发挥了重要作用。

芦潮港大小渡船达181艘，运输约7000吨海鲜，供应上海市区居民，被列为全国366个渔港之一。芦潮港历届领导思路清晰，通过“以渔立港”“以港立镇”“以镇立城”，让芦潮港不断腾飞。1993年，原芦潮港镇和果园乡合并后，新镇党委和政府提出必须抓经济建设，成立招商引资办公室，讲好芦潮港的故事，提出“一滴水的投入、一桶油的回报”，让世界了解芦潮港，让芦潮港走向世界，现在已经变成现实。鉴于芦潮港的开发确实需要土地资源，因此政府的政策非常必要，而且芦潮港东滩、南滩围了很多土地，为大开发大建设打下了扎实的基础。我做镇长的时候土地必须回购，不能出让。其实目前是用南汇的土地来建设深水港，现在深水港码头、铁路中心站和一些项目都是建设在芦潮港，为芦潮港的大开发带来了机遇。

芦潮港的经济起飞可以归结为以下三个关键因素。第一，交通与物流的优势。芦潮港背靠洋山深水港，其作为全球重要的港口之一，在长三角经济区的枢纽地位使得芦潮港具有了优越的交通条件。这些条件使得芦潮港能够利用全球货物流通的重要节点，带动相关产业的发展，特别是在进口与出口贸易、航运物流、集装箱运输等方面的快速增长。第二，产业链与港口一体化发展。芦潮港的开发依托于产业链条的完整性和一体化管理。港口不仅承担着运输货物的功能，更是供应链中重要的一环。产业集群化使得芦潮港能够快速适应市场需求的变化，并能引领区域经济的转型。第三，政策与市场的双重支持。改革开放的持续推进、国家对港口经济的支持及上海市自贸试验区政策的实施，为芦潮港提供了快速发展的政策支持。同时，全球化背景下，国际市场的需求和上海国际航运中心的地位，也为芦潮港的发展提供了强大的市场动力。第四，现代化管理与智能化升级。芦潮港在港口管理、智能化物流、信息化系统等方面的投资，使其在全球港口中的竞争力不断提升。自动化码头、高效的物流管理系统等使得港口的作业效率大幅提高，吸引了大量的国际贸易和跨境电商企业的入驻。

总体来说，芦潮港的开发精神体现了开放、创新、可持续和协同发展的理念，而其经济起飞则得益于交通枢纽优势、产业链整合、政策支持等多个因素的共同作用。芦潮港促进了区域经济的腾飞，展现出港口经济带动地方经济发展的巨大潜力。在未来，芦潮港仍将在创新发展、绿色经济、国际合作等方面持续发力，推动更高层次的经济增长与区域协同发展。

三、领导重视和民众支持芦潮港的大开发

芦潮港的开发建设得到了党中央、国务院，以及市委、市政府领导的重视和支持。中央和上海市的领导前来考察指导工作。此外，还有 130 多位专家先后前来芦潮港调研、设计、规划。1986 年 11 月 19 日，胡耀邦总书记来芦潮港视察；1989 年 1 月 2 日，朱镕基市长视察芦潮港；1995 年 1 月 10 日，市委书记黄菊、市长徐匡迪等领导来芦潮港视察。后来黄菊到中央任国务院副总理以后，带领中央部委来芦潮港视察，去洋山考察。黄菊副总理讲了一句很鼓舞人心的话："21 世纪看南汇。"当时我们都欢欣鼓舞，决定从 1998 年开始严格控制土地使用和规划，老百姓对政府的这一决定也表示理解和支持，对开发看到了希望，老百姓知恩于心、感恩于行。

2002 年 3 月，国务院办公会议批准了洋山深水港可行性报告和开工报告。2002 年 6 月 25 日，在芦潮港围垦的滩涂上，连接洋山深水港的东海大桥打下了第一根柱基。芦潮港的潮声，合拍着历史的潮声，芦潮港与洋山深水港同在。芦潮港一步步走到今天，也是不容易的。芦潮港将自身的发展融入城市整体的发展规划，从一个小渔港到后来大港口——"没有精神的起飞，就没有经济的起飞，就没有芦潮港的今天"。社会主义春风

吹醒渔港，芦潮港成了南汇乃至上海市海港经济的风水宝地。当然老百姓也很感恩，也牺牲了很多。譬如“禁渔”期正好在鱼产卵阶段，不能把鱼打捞上来。1993 年到 1995 年时，开发用地、公司用地出让比较多，1998 年就禁止回购了。关于禁止回购，中央领导有明确指示，老百姓的土地价格压得很低，牺牲了很多，所以后来也调整了，在卖房的时候以中间的价格给出去，弥补民众的损失。当时造保税区的时候大家也很心痛的，工业建设直接影响了民众的渔业生产。码头是不可以废掉的，作为古迹要保存下来，因为码头为芦潮港的发达和建设作出了贡献，哪怕今后作为一个文化遗产留在这边也是有积极意义的。老百姓为芦潮港的大开发、大建设作了很多牺牲和贡献，都是为大家、舍小家。譬如这条路要经过自贸试验区，都是政府出钱建设的，当时不知道吃了多少苦。此外，还要做舟山的、洋山的老百姓的工作，要去宣传芦潮港的好处。洋山的很多老百姓都落户在芦潮港周边，当时做了很多工作，让本来住在洋山的几千人到芦潮港附近来落户。

回忆往昔，南汇第一任县委书记周大根领导的保卫二中队与日军激烈战斗在芦苇荡中，这体现了革命战士浴血为人民，芦潮港是红色之港。勤劳的芦潮港人民与大海共存，芦潮港也是南汇人民走向海洋经济之港。芦潮港的开发是对传统港口建设模式的创新突破。在上海的经济发展过程中，芦潮港区域得到了政策支持与资源投入，它的开发反映了上海在港口建设和物流管理领域的自主创新，也反映了上海在改革开放中敢于挑战传统发展路径的精神。芦潮港的成功开发为上海乃至全国港口建设、物流体系和区域经济协调发展提供了经验和启示。未来，随着全球化进程的进一步推进，芦潮港在上海的国际航运中心建设中，将继续发挥作用，在推动区域经济的可持续增长和全球航运网络的深化合作中作出更大贡献。

芦潮港大开发和临港建设的见证

叶金龙

口述人简介

叶金龙，1957 年生，上海临港科创中心、上海技术交易所的首席专家、高级经济师，中国对外经济贸易会计学会自贸区财经研究专业委员会常务副主任，中国社会科学院上海研究院特聘研究员，上海临港创新管理学院特聘教授。历任上海市南汇县计划委员会总经济师，南汇区体制改革办公室主任，中共南汇区委政策研究室主任，上海临港新城管理委员会政策法规处处长、综合计划处处长、企业服务办主任、经济贸易办主任等职。长期从事计划规划、政策法规、经济贸易、城市建设等工作。参与上海国际航运中心洋山港、上海自由贸易试验区及临港新城建设，在产业推进、城市建设、自由贸易等方面具有较深的理论研究和实践经验。

口述：叶金龙

时间：2024 年 7 月 25 日

地点：上海市浦东新区南汇新城镇芦潮港社区办公室

采访与整理：上海海事大学马克思主义学院王伯承、李晗娜等

我叫叶金龙，作为亲身参与者，回顾芦潮港大开发与临港建设的过程，可以看到这一项目不仅是上海经济发展的重要引擎，也是中国现代化进程的一个缩影，其中每一项工作、每一个决策，都可能对上海乃至长三角地区的经济起飞产生深远的影响。

一、深水港规划的参与者

从市委、市政府决定建设深水港的重大决策开始，我就参与了洋山深水港的选址工作。因为深水港是上海国际航运中心建设的重要内容，国际航运中心建设也会对其他几个中心的建设造成影响，这个想法得到了中央的支持。后来，上海建立了上海国际航运中心领导小组，下设一个办公室。我当时正任南汇县计划委员会的总经济师，县里面派我参加了办公室的前期工作，包括规划、政策等，参与了很多相关的讨论会，交流工作，帮助整理资料；我也参加了选址的考察工作。当时坐着渔船经常往周边岛上跑，因为在上海的行政区划中没有合适的岛屿，崇明岛、长兴岛都不合适。当时的一些干部也有想法，首先提出要围海造田，同时形成一个深水岸线能靠大型货轮，还建成了人工半岛公司。再看沿杭州湾的岸线，这条线是比较稳定的，但是水深最多 7—8 米，只能停 2 万吨的船，这对于当时国际上大货轮的吨位是远远不够的，因此只能向外寻找。当时向外寻找的主要方向是舟山、嵊泗方向，同时也去看了一些其他岛屿，是适合建深

水港的。最后还是找到了大小洋山的位置，并上岛考察了，从陆地面积来看是比较小的，但是后面有关方面来勘测发现，大小洋山间的区域水深条件是可以的，而且比较稳定。虽然海水浑浊，但是由于两个岛中特殊的地形条件，泥沙也会被带走；气象方面的研究也发现台风季节很少会正面冲击洋山区域，一年可以正常船舶装卸的日子也有 340 天左右，客观条件表明是适合建港的。上海市的各个部门也做了研究，希望国家可以支持。

二、临港建设的参与者、见证者

临港的发展历史，可以分为四个模块：第一块是“依港建城”，就是依托洋山港来建设临港新城；第二块是“城以产兴”，指城市建设要依托产业的发展，规划现代化产业体系，打造高端的产业基地；第三块是“制度为本”，只有中国特色社会主义制度，只有在中国共产党的领导下，才使得临港这块土地建成一个新的城市；第四块是“文以载道”，城市要发展，文化始终是灵魂，需要避免其他一些产业区出现的问题——没有文化，就会产生精神沙漠，所以那时候就谋划了文化的发展。临港引进了与海洋相关的海事大学、海洋大学，与制造相关的电力大学、电机学院，还有建桥学院等；同时还引进了博物馆、天文馆等很多的文化交流项目，2019 年还举办了顶尖科学家论坛，建设了永久会址，临港在产业发展的同时，文化也紧紧地跟上了。

第一部分“依港建城”，就临港而言，洋山港的建设对临港发展的意义非常之大。洋山港是孤悬在海上的，而国际国内的其他港口一般是和港区连在一起的，临港与洋山港之间，只能建一座大桥连通，这使得港口和城市的关系发生变化。后来大家不断探索，利用洋山港在集装箱吞吐量上的优势，考虑用物流业、制造业把港口区域建造起来。

第二部分“城以产兴”。一个地方的发展主要看资本、土地、劳动力的三要素，如果这方面有特殊的禀赋就往这方面发展，然后与其他地方进行优化组合。但是临港开发的时候几乎是没有产业基础的，按照没有产业基础的理论，临港是发展不起来产业的，但是大家敢想敢做，在 20 年间将临港的制造业发展起来。不仅是一个单个企业过来，还形成了产业集群，在产业集群中也有很多新的企业组成，所以经济学的一些理论也要根据实际情况去创新。

第三部分“制度为本”。中国从一穷二白的基础，经过了 70 多年的发展成为世界第二大经济体，形成了全球第一的产业系统。临港在近 20 年的时间中，城市建设、港口物流、新型产业为什么能发展很快？关键还是遵循了毛泽东思想、邓小平理论、“三个代表”重要思想、科学发展观、习近平新时代中国特色社会主义思想，在经济发展方面进行了大量的创新。在这个过程中，我参与起草的管委会管理办法中就有许多的创新，其中动拆迁的政策就相当好。因为政策好，所以实施过程非常顺利，老百姓们也等着拆迁，村和镇的集体经济都得到了快速的发展壮大。产业迅速发展，源于国家先进的制度。总之，中国特色社会主义道路造就了中国如今的发展状况，靠的就是国家的制度，靠的就是共产党的领导，我也是一个参与者和见证者。

三、“港开”“桥通”与“城用”

当时，建设深水港有三个原则：一是前瞻性，上海要长远发展，必须要有自己的港口城市地位；二是坚韧性，遇到任何事情要坚忍不拔，努力做下去；三是操作性，要可以落地实施。后来，同济大学的校长牵头、100 多位专家学者签名的决策咨询递交到中央后，深水港的选址也就定下来了。

定下选址后，就关系到开发的模式。因为这块地方不是上海的，是浙江的。后面就和浙江商量，这块地方虽然是浙江的行政区划，但是交给上海发展，港航管理、航道管理、海事管理及公安、出入境等全部交给上海管理，这是一个制度的重大创新。在国家发展计划委员会2002年的批文中，深水港包括小洋山港区、临港的物流园区、跨海大桥，即“港、桥、城”。当时也提出要在2005年实现“港开、桥通、城用”的目标。时间非常紧张，就港区的建设来说也非常艰难，小洋山本身面积比较小，没有施工的场所，也没有后勤的区域，工人直接住在旧的船上，非常艰苦。

2005年，一期码头终于建成了。洋山深水港的重要配套工程——东海大桥当时是国家最长的海上大桥，在建设过程中也碰到了很多的技术难题。临港建设者也突破了很多技术瓶颈，当时打的桩，在陆地上都能打，但是在海里打不下去，后来改了用钢管桩，但是钢管桩在海水中会受腐蚀，后面采用了一些新的涂装技术保证100年可用，还做了相关的展览。物流园区方面，请上海海运学院（现上海海事大学）的专家做了一个规划，物流园区也就做起来了。2005年12月10日，举行了“港开、桥通、城用”的仪式。

上海建设国际航运中心对上海的发展有重要意义。从建港到现在20多年的历史就已经充分证明了这一点，党中央、国务院的支持对临港这片土地的建设和发展有着重要的推动作用。以前临港是上海最东南端的半岛，也是上海最落后的地方，临港的发展也是很艰难的。由于深水港的建设，临港地区成为上海面向世界的前沿，从交通的末端成为面向全世界的枢纽，从落后的农村地区华丽转身为高端的产业园区。20年间，从一片滩涂，走到如今的地位，是洋山港的建设带来的变化。临港地区的经济发生巨大变化，老百姓也享受到了巨大的红利：老百姓有了政府发放的养老金，还转了城市户口；享受政府的免费职业培训，也不愁没有就业岗位；老百姓们的手上有钱了，生活也变得更好了。

当时芦潮港是临港开发的首发地段，一是因为物流园区的建设涉及动迁，管委会计划处的处长做了大量工作；二是管委会出钱建立农民小区，项目审批等各方面作了创新，农民小区建得非常快，老百姓都能及时入住，也考虑到了商业、教育的同步配套；三是西边的产业区，有很多招商引资的项目。当时招商也是面临一些困难，产业园区很大，不知道去哪里招商。2002 年，临港就产业规划等问题邀请了国内外专家进行探讨，他们的规划都比较一致——临港就做装备制造业。因为 21 世纪初发达国家都在进行产业转移，临港就适合做这样的基地；同时上海城区也在进行产业转移，其中不乏一些优秀的制造业，这些企业适合搬迁到临港来。

在当时的规划中，这里还叫海港新城的时候，就邀请了同济大学的专家做规划，但是做了好几个版本都不行。后面就向全世界招募，最后由来自英国、澳大利亚、德国 16 个顶尖的设计公司参与竞标。其中有个德国的公司，很巧合的是我之前去汉堡的时候，发现他们市里也有一个湖，我也在想是否可以在未来的海港新城设计中有一个湖或者一串湖。虽然面临着要解决防汛的问题，但是有两个方面的积极意义：一是生态效应，可以缓解热岛效应，二是可以发展旅游经济。在和德国公司的设计师沟通后，他做了一个方案，城市当中有一个湖，周边道路是放射状地围绕着湖。其他方案做得也挺好的，譬如另外几家的设计是中心在芦潮港，湖在周边，是两个泻湖，所以方案名字叫芦潮新城。最后 16 个方案放在两个展板上给领导们看，后来觉得德国公司的方案更有亮点、更创新。

接下来的是专家讨论环节，同济大学的一个教授觉得方案不行，不太经济；另一个专家觉得从土地价值来看有损失，但其他专家都比较支持这个方案，虽然挖了湖少了土地面积，但是环湖一圈的土地价值会弥补损失，后来还是决定了这个方案。接下来是讨论湖的具体大小，专家也去了杭州西湖考察，现在滴水湖和西湖是一样大。后来讨论湖的命名，考虑到原本的概念是一滴水从天上滴下来，产生了一圈一圈的涟漪，所以湖叫滴水湖。到目前为止，滴水湖还是上海最大的人工湖。

滴水湖的第一环是商业、办公为主的CBD区，第二环是公园区域，第三环是城市区。当时也明确海港新城的城市风貌是欧洲现代主义的，滴水湖沿线建筑的立面材料都有规定，高度也作了限制，要让后面的楼看到风景，每个地块的面积也有限制，包括商业的布局也是以商圈的形式来做的。之后，有一些领导想做一些新的布局，比如在申港大道附近建商场，专家则不同意破坏城市绿化和原有布局安排。鉴于当时芦潮港比较繁荣，滴水湖人比较少，有人提出农民的动迁小区可以建在滴水湖区域，提议也没有被采纳。一是农民本身也想离土不离乡，就近动迁比较好，二是滴水湖边规划的是商业、会议中心和行政机构，这个想法与规划不同。这些事情也说明在临港的规划和建设过程中不忘初心，坚持了原来的蓝图。

舍小家为大家的整体拆迁

周敬国

口述人简介

周敬国，1960 年 12 月出生于上海南汇。2001 年 12 月—2006 年 4 月，担任芦潮港镇人民政府镇长。

口述： 周敬国

时间： 2024 年 8 月 14 日

地点： 上海市浦东新区南汇新城镇芦潮港社区管理服务中心办公室

采访与整理： 上海海事大学马克思主义学院王伯承、王美君等

我叫周敬国，原来的工作是镇长，工作面比较宽，2001 年 12 月—2006 年 4 月，是一个比较特殊的阶段，我有幸参与了洋山深水港国家项目开发建设过程中的一些基础性工作。我今天来说说我在芦潮港工作的事件，重点在于动拆迁体现的集体主义为上海洋山深水港、跨海大桥、港城建设作出的重要贡献。

一、为国家战略服务

芦潮港的开发过程中，尤其是涉及“舍小家为大家”的整体拆迁，是一个复杂且充满挑战的过程。整个过程不仅仅是土地和房屋的物理拆迁，更是一个涉及社会、文化、经济与情感的巨大转型。在 20 世纪 90 年代末和 21 世纪初，随着上海大规模的城市化进程，芦潮港作为一个新兴港口区域的开发涉及大量的土地征用和居民搬迁；尤其是上海洋山深水港、跨海大桥、港城建设过程中，芦潮港舍小家为大家的整体拆迁展现了集体主义精神。尽管整个过程面临许多挑战和困难，但芦潮港的整体拆迁为区域发展和现代化建设作出了巨大的贡献。首先，主动配合国家建设。尽管搬迁意味着离开世代居住的家园，但居民们以大局为重，支持港口建设，理解其对国家和上海发展的重要性。其次，克服个人困难。搬迁涉及住房、就业、社会关系的重构，但居民以集体利益优先，面对挑战，积极适应新生活。最后，体现了集体协商的高度组织性。拆迁过程中，政府与居民保

持密切沟通，采取统一安置措施，社区内部也展现了较强的凝聚力，推动搬迁工作的顺利进行。

1995年，党中央、国务院作出重要决策——建设上海国际航运中心。2000年，洋山深水港被正式列入《上海城市发展总体规划》。2001年2月，国务院办公会议讨论上海总体规划，确定上海增加一个航运中心。2002年3月13日，国务院正式批准上海洋山深水港建设方案。

上海洋山深水港建设的主体是上海市人民政府，项目的定位是国家战略，芦潮港地方政府主动服务国家战略，做了很多基础工作。2002年1月，芦潮港镇分别召开了第十次党代会和第十届人民代表大会，分别选举产生了新一届党委、人大、政府班子成员。芦潮港地区大开发、大建设需要有一个强有力的地方班子；而班子的及时搭建就为临港地区的大开发、大建设作好了地方的组织准备。2002年3月，国务院正式批准上海洋山深水港开发建设的总体方案，建设国际航运中心为国家战略。2002年4月，上海洋山深水港、跨海大桥、港城建设上海市总指挥部正式成立。2002年5月，上海洋山深水港建设、港城建设、跨海大桥建设的南汇区指挥部成立，芦潮港镇的指挥部也相继成立。按照规划，原南汇区的泥城、万祥、书院、芦潮港四个镇都属于南汇新城的组成部分，但明确规定核心区域就在芦潮港。因此，随着芦潮港的声名鹊起，产生了一种误解——洋山深水港就是芦潮港。其实这是两码事，芦潮港不能替代洋山深水港，而未来的洋山深水港的影响力会越来越大。

二、芦潮港动拆迁的压力

上海洋山深水港的建设始于2002年，目的是克服长江口水深不足的天然局限，打造世界级的深水港口，提高上海作为国际航运中心的竞争力。港口建设涉及南汇区（现浦东新区）芦潮港镇的整体拆迁，以及东海大桥的修建，使得上海与洋山港岛屿实现连接，最终促成临港新城的崛起。由于是国家战略，已经向全世界宣布港口什么时候要开港，因此，各项规划准备、组织准备、启动工作的时间特别紧张，要求特别高。当时面临的一些困难，不仅有工作压力，同时也有心理压力。芦潮港地方党委政府面临的工作压力确实是前所未有的。主要的压力，有以下四个方面。

第一，芦潮港农村大量集体土地面临着被征用，“征保政策”尚在酝酿之中。当地的农民很顾大局，虽然征保政策还没有出来，但是接受了政府的事后补偿承诺——等保障政策出来以后，再给契约合同。上海市征用土地转换保障的“征保政策”，实施的第一家就是芦潮港，当时压力确实很大。

第二，洋山深水港从规划到启动，再到开始建设，时间要求特别紧张，特别是农民房屋拆迁后的安置房还没有规划好。在这种紧急的情况下，当时临港管委会授权一个政策，叫期望安置，也就是按照政策规定，给动拆迁户一定的补助费，让拆迁户自己去建房子，自行过渡；等到农民动迁安置房造好以后，再回来入住。因为芦潮港大建设、大开发、大规模动拆迁，租房子也变成了一大困难，尤其是跨镇租房子，小孩子的读书问题、家长的就业问题，都是一个个具体的困难。

第三，不但要拆老百姓的房子，整个规划区内的工业企业都需要全部拆掉，企业动迁后的工人再就业变成一个巨大的压力。上级政府反复强调一定要稳就业，稳就业就是社会稳定的基础性工作，确实又是一个巨大的挑战。

第四，芦潮港渔港要搬迁，渔港的搬迁导致大量的渔民上岸，他们生计问题的压力。芦潮港渔港尽管规模不大，但是也是当时全国 366 个渔港之一。芦潮港的农民很辛苦，也很吃苦耐劳。他们一方面是芦潮港的谷农，另一方面还是渔民，而且收入是不错的。而渔港搬迁，芦潮港作为一个禁渔的基地，渔民上岸。因此在当时情况下，导致的后果就是农民收入降低，暂时性的生活水平降低，矛盾还是比较集中和突出的。党委政府工作的重中之重就是动迁征地，为临港的大开发、大建设腾出空间，赢得时机。

以上是当时工作中一些很具体的压力。也不仅仅说是宏观的压力，还包括具体工作内容的压力。面对如此巨大的压力，在市区两级指挥部的正确领导和指挥下，党委政府科学决策，进一步明确工作的定位。2002 年 1 月，芦潮港镇领导班子换届；2002 年 2 月，国家批准洋山深水港建设总体方案；2002 年 3 月，上海市成立总指挥部，2002 年 4 月，南汇区成立指挥部，芦潮港的分指挥部也相继成立。就仅仅几个月，有时候工作思路还跟不上，或者只有一些比较宏观的工作定位，必须进一步具体化的情况下，芦潮港镇主动融入国家战略，服从服务于临港开发建设，为临港开发建设当好开路先锋——虽然具体工程责任不是在党委政府，但是党委政府的任务就是交出土地、拆平房子，同时千方百计保障农民利益，千方百计维护一方安全和稳定。

三、整体拆迁的集体主义精神

上海洋山深水港的建设是中国现代化港口发展的重要标志，而芦潮港的整体拆迁则展现了典型的集体主义精神。在这一过程中，当地居民舍小家为大家，主动配合政府规划，支持国家重大战略项目，体现了个人利益服从集体利益的价值观。拆迁的目的是实现港口现代化、基础设施建设及更高效的物流系统，对整个区域甚至国家的经济发展有着深远影响。尽管拆迁可能对个体居民的生活带来不便和损失，但从整体利益角度来看，开发项目的完成能够推动经济增长、提升社会福利和生活水平，从而实现“集体利益最大化”。

2002 年 6 月，深水港建设一期工程资金到位。港区、港城、大桥建设总指挥与承建单位签约仪式在上海举行，上海洋山深水港建设全面启动。2005 年 12 月 10 日洋山深水港开港，东海大桥同时正式通车运营。芦潮港镇的各级干部、全体全镇的居民群众，为“港开、桥通、城用”作出了力所能及的努力。

由于临港的开发建设的需要，芦潮港镇全镇的土地被征用。说起来很急的，土地被征用，但实际上一个镇里面的土地情况是十分复杂的，尤其是围绕集体经济和国有土地；再有，芦潮港早期开发建设过程中已经出让的土地，还有行政区在芦潮港，但土地的管辖主体不是芦潮港镇——土地使用情况非常复杂。一方面，全镇的土地被征用，绝大多数居住房、非居住房要被拆迁，镇级制要撤销，工作时间跨度长、工作体量大；另一方面，特别是投入的财政性资金、社会性资金的数量特别大，但是在整个过程中，没有发生一起重大安全事故，没有发生一起重大的不稳定事件，没有发生一名动拆迁工作人员违规、违纪、违法的案件。做到了“三个没有”。

在整个征地动迁的过程中，全镇到村居，机关到部门，充分地发挥了坚强的组织保障作用。没有机关各个部门、各个村居作为基层坚强的有力保障，芦潮港的大开发、大建设是不可能完成的。现在的动拆迁，责任主体还是政府，但操作实施的主体不是政府，专门有一个政府聘请的第三方服务机构。但是，当时政府还没有这种机制，政府既是责任主体，又是操作主体，如果没有政府各机关、各部门和各村居坚强有力的组织保证，建设工作是难以顺利实施的。特别是全体机关工作人员、村居工作人员代表政府，作为动拆迁指挥部派到动迁一线的工作人员，要向被拆迁人员、被征地人员宣传政策，让他们了解、理解、接受契约。有大量的机关干部、村居工作人员是芦潮港当地的居民，他们也要回家做好家属、子女的工作；而且当时对动拆迁对象的程序加了一个关口，凡是纳入政府财政供应机制成员的动拆迁，契约签订以后，必须公示，防止动迁户的相互攀比、相互怀疑，这种做法收到了很好的效果。

因此，芦潮港的全体各级干部，居民群众盼开发、盼建设的意识比较强烈，舍小家为临港的集体主义意识特别的浓，才能够在较短的时间之内，完成临港管委会交给领导班子的每一个征地动迁任务，为临港的开发建设赢得了时机、腾出了空间。第一，集体主义也体现在社会各方的协同合作和集体决策过程中。拆迁不仅是单一政府部门的工作，而是涉及各级政府、开发公司、居民和社会团体的共同参与。地方政府通过召开听证会、进行协商和沟通等方式，争取居民的支持，并尽可能保障他们的合法权益。整个拆迁和开发过程被视作一个集体行动，需要各方在确保公平和公正的前提下共同努力。第二，在芦潮港的整体拆迁过程中，政府向居民解释大规模拆迁和开发背后的长远利益，并提供必要的补偿、安置等措施，保障拆迁居民的基本生活条件。体现了“共同发展”“成果共享”，即在追求经济增长的同时，确保各方共同受益，促进社会的整体进步。第三，芦潮港地区的传统文化和集体主义精神也在拆迁和开发过程中发挥了重要作用。例如强调家庭、社区和地方的团结与协作。在社会主义现代化建设过程中，集体主义的文化传统使得社区成员在面对拆迁时更倾向于坚持集体利益优先的原则，尽管可能面临个人利益的损失，但实际上不仅要考虑眼前的利益，还要对未来几代人负责。

搬迁后，政府对原芦潮港居民进行了妥善安置，提供了新的住房、就业机会，并推动临港新城的建设，使原本的渔业乡镇转型为现代化城市。居民的牺牲与贡献得到了历史的认可，也为后续港口与城市发展提供了重要借鉴。总之，芦潮港的整体搬迁是洋山深水港建设的必要步骤，其中充分体现了集体主义精神。居民们在国家战略需求面前展现出的组织协作和集体意识，体现了社会主义核心价值观。

附录一　芦潮港地区行政建制历史变迁大事记

1909年前　后来的汇角、外中、汇茂、庙港4个村次第成陆，其滩涂荡田归南汇县下沙盐场一团下三甲管辖，同年转归大团乡管理。

1929年　泥城建乡，实行闾邻制，隶属于南汇县大团区，芦潮港各村始有管理机构。

1934年　废闾邻制，改保甲制，对原区乡（镇）重新划并，泥城地区境内有中心乡、北城乡、南城乡，3个乡隶属南汇县第八区。

1945年　中心乡改为泥城乡。

1946年　南汇县重编保甲，芦潮港各村设保，隶属于泥城乡。

1949年6月　废除保甲制，南汇县建立乡镇联合办事处，芦潮港各村建立村级政权，隶属南汇县第六乡镇联合办事处。

1950年初　南汇县重划区、乡，撤销乡镇联合办事处建制，境内的泥城乡、苏桥乡、兴隆乡均隶属大团区。

1950年8月　南汇县设泥城区，全区辖11个乡，芦潮港各村分别隶属泥城区汇茂乡的汇南、汇安、汇东、汇中、东兴、中北、外中、小泐8个小村和兴隆乡的兴东、开隆2个小村。

1957年7月　撤泥城区并乡，建泥城大乡，下辖4个小乡。农业合作化运动兴起后，汇南、汇安2个小村的农业合作社，合并为汇茂六社；

汇东、汇中 2 个小村的农业合作社合并为汇茂五社；东兴、中北、外中、小泐 4 个小村的农业合作社合并为汇茂八社；兴东、开隆 2 个小村的农业社合并为汇茂一社，4 个高级社隶属汇茂小乡。

1958 年 9 月　泥城大乡改为泥城人民公社，实行军事化编制：公社为团，下辖营，营下设排，其中汇茂五社、六社、八社（即后来的庙港、汇茂、外中 3 村）划入第九营；汇茂一社（即后来的汇角村）划入第八营。

1958 年 12 月　万亩果园建立，第九营全部划归果园园艺场，园艺场行政领导隶属泥城人民公社，业务独立，归南汇县农林局管理，营建制不变。

1959 年 6 月　撤销营连排编制，改为三个工区，工区为南汇县泥城人民公社果园园艺场场部派出机构。后来的庙港村为一工区，汇茂村为二工区，外中村为三工区，下设生产队。

1959 年 10 月　泥城公社红旗大队（原八营一部分，即后来的汇角村）划归果园园艺场，编为四工区。

1966 年 2 月　在前期围海造田的基础上，果园园艺场五工区成立。此后，越来越多的民众举家前往五工区，即后来的征海村。

1966 年 6 月　在前期围海造田的基础上，远征大队建立，隶属泥城人民公社，下辖 6 个生产队。

1966 年 8 月　果园脱离泥城公社，独立建制为果园人民公社，5 个工区性质称谓不变，即由泥城人民公社果园园艺场一、二、三、四、五工区，改为果园人民公社一、二、三、四、五工区。

1984 年 2 月　泥城公社撤设建乡，远征大队改为远征村。

1984 年 4 月　南汇撤社建乡，果园人民公社改为果园乡，5 个工区相应改为外中村、庙港村、汇茂村、汇角村、征海村 5 个村。

1986年5月　南汇县人民政府决定成立南汇县芦潮港开发区管理委员会，下设办公室。

1989年4月　为加快芦潮港地区经济建设步伐，扩大与浙江沿海的经济文化交流，在芦潮港港口建芦潮港镇，即老芦潮港镇，撤销南汇县芦潮港开发区管理委员会。

1989年9月　经上级批准划汇角村1、2、13村民小组，庙港村1、2、3、14村民小组，征海村1、2村民小组，共9个村民小组合并组建芦潮港村，隶属芦潮港镇（即老芦潮港镇）。

1989年11月　泥城乡远征村划归老芦潮港镇。

1993年4月　撤销老芦潮港镇和果园乡建制，合并建立新的芦潮港镇，下辖外中、庙港、汇茂、汇角、征海、芦潮港、远征7个村和后来由远征村划出的港口居委会、由汇角村划出的果园居委会。

2003年1月　上海临港新城总体规划正式上报上海市政府。芦潮港地域列入洋山深水港陆域基地建设项目，各村组开始有计划地整体拆迁。

2009年1月　外中、汇茂、芦潮港、征海撤销村级建制，各居委会相继成立。

2009年8月　经国务院正式批复，上海市将南汇区并入浦东新区，以便通盘考虑，整体建设。

2011年2月　庙港村、远征村撤销村级建制，汇角村保留村建制至今。各居委会相继成立。

2012年8月　上海市政府批复同意撤销申港街道、芦潮港镇建制，调整老港镇部分行政区划，设立南汇新城镇。南汇新城镇下辖申港社区和芦潮港社区，芦潮港社区辖港口居委会、果园居委会、新芦居委会、农场居委会、海尚居委会、海芦居委会、海汇居委会、海滨居委会、芦茂居委会、滨河居委会、汇角村委会。

附录二　原芦潮港各村简介

本书所指的“芦潮港”，一是指1989年成立的芦潮港村；二是指1989年成立的老芦潮港镇；三是指1993年成立的新芦潮港镇。文中除特别指明“芦潮港村”“老芦潮港镇”外，一般指“新芦潮港镇”所辖区域，常被称为“芦潮港地区”“芦潮港地域”。[1]

新芦潮港镇，辖7个村。这7个村分别是：外中村、汇茂村、庙港村、芦潮港村、汇角村、远征村、征海村。潮起潮落，光阴荏苒，从海里“长”出来的芦潮港已历经百余年。百余年间，沧海桑田，各村形成了自身特色，从海边滩涂变成国际大港的腹地，从走果树种植之路的海滨村落，成为中国（上海）自由贸易试验区临港新片区的重要组成部分。

外中村是芦潮港地区最早成陆并形成村落的，其名源自横贯全境的外中港。1958年建万亩果园，全村土地全部种植果树。1959年，为泥城人民公社果园园艺场三工区。1991年4月，首届南汇桃花节在该村开幕，故外中村是上海市桃花节的发源地。因洋山深水港规划建设征用土地，该村自2003年5月开始拆迁，分3批进行。2007年10月，完成16个村民小组的撤队工作，2009年1月24日撤销村级建制。

1　关于老芦潮港镇与新芦潮港镇的区别，可参见本书附录一《芦潮港地区行政建制历史变迁大事记》。

汇茂村位于芦潮港镇域中心。1908 年建“天妃宫”，为南汇唯一一座妈祖庙。该村重视教育，是芦潮港地区最早兴办教育的乡村。1958—1961 年为果园园艺场场部所在地，同时，为果园园艺场二工区。2003 年开始，服从洋山深水港陆域建设需要，分 7 批进行拆迁，至 2005 年 12 月，全村 13 个村民小组整体拆迁完成，建成芦潮港铁路中转站和物流园区。2009 年 1 月 29 日，汇茂村撤销村级建制。

庙港村位于芦潮港镇东南，庙港河东西横贯全村，村因其得名。万亩果园创办后，为果园园艺场一工区，境内全部耕地种植果树。1961—1993 年，为果园园艺场场部、果园公社机关、果园乡政府机关驻地，并逐渐形成集镇，是芦潮港地区经济、政治、文化中心。2003 年，洋山深水港陆域建设征用土地，该村开始整体拆迁，分 7 次完成，拆迁完成后建成铁路中转站、客运铁路芦潮港站和 8 个动迁安置小区。2011 年，庙港村撤销村级建制。

汇角村又名汇角嘴，是南汇陆地不断向大海延伸过程中形成的 4 个沙角之一。该村是“汇角之战”和“塘脚反霸斗争”的发生地，具有光荣的革命传统。为缅怀先烈，村内设有南汇唯一一所以周大根（又名周秋萍）烈士英名命名的学校——“秋萍学校”，学校内设周大根烈士事迹陈列室。万亩果园创办后，该村为果园园艺场四工区。2003 年，该村开始拆迁，各小组相继完成撤队工作。因部分村民拆迁后尚保留汇角村户籍，故该村为目前芦潮港地区唯一保留行政建制的村子。

芦潮港村简称芦港村，是芦潮港地区最年轻的一个小村，也是该地区的南大门。1989 年 9 月，划汇角村 1、2、13 组，征海村 1、2 组，庙港村 1、2、3、14 组合建而成，隶属老芦潮港镇。1993 年起，由新芦潮港镇管辖。其境内的芦潮港港口是国家一类口岸，全国重点渔港，更是上海东南海防前哨和防汛重地，独特的地理位置，成为原南汇“七乡八局”汇驻之地，曾有 25 个全国和地方的军队、科研、环境、海洋监测等机构入驻。2009 年 1 月 24 日，因建设临港产业区需要，全村撤制，从建村至撤村仅存 18 年。

征海村原是涨滩的芦苇荡，地处人民塘外侧，1964 年围海造田而成，村民大多由外地迁徙而来。1966 年 5 月建为果园园艺场五工区，1984 年 5 月改名为征海村，意为征服大海。2003 年 9 月 8 日—2006 年 6 月 5 日，该村分批次整体拆迁，其土地主要用于沪芦高速、同盛大道、国际物流、临港产业区的建设。2009 年 1 月 24 日，征海村撤销村级建制。

远征村位于芦潮港镇最西端人民塘两侧。1964 年果园园艺场在此围垦造田，1966 年 6 月 16 日组成生产大队，取名“远征”，隶属泥城人民公社，1989 年划归芦潮港镇，1993 年 3 月划归新芦潮港镇。远征村是芦潮港 7 个村中唯一一个不是以果树种植为主的村落，而是以植棉著称。勤劳的远征村民艰苦创业，将该村建成 70 年代全国棉花高产典型和上海市郊区农村分配收入最高的大队。1993 年，随着芦潮港镇大开发、大建设的浪潮，远征村开始拆迁，至 2009 年拆迁完毕。2011 年，该村撤销村级建制。

成陆至今百余年里，芦潮港地区发生了翻天覆地的变化。创办万亩果园，发展远洋捕捞事业，举办南汇桃花节，建成洋山深水港的重要陆域基地，芦潮港老百姓由穷变富，由村民变居民，完成了农村城镇化的变革，命运发生了根本性的变化，对浦东乃至上海的经济建设、社会发展都作出了重要贡献。岁月悠悠，历史不会忘记他们的付出，子孙后代不会忘记他们的贡献。

附录三　芦潮港人物传略

潘来生（1929—1950）外中村1组人。1949年5月参加革命，苏南军区松江军分区川沙县中队一连三排战士。1950年1月23日去横沙岛剿匪，返回途中牺牲。

宋林生（1927—1950）外中村1组人。1949年1月参加革命，中国人民志愿军23军69师206团3营战士，1950年9月在朝鲜战场牺牲。

潘可均（1899—1962）出生于万祥的一个地主家庭。童年在大团镇求学，与著名爱国人士王艮仲是发小。后二人同为教育家黄炎培先生的学生，浦东中学毕业后考进广东国立医学院深造，是孙中山先生的校友。受孙中山先生革命思想的影响，听从孙中山先生的意见，毅然弃笔从戎参加辛亥革命。后考入日本士官学校，专攻舰艇驾驶。学成回国后，加入国民革命军海军。1939年，因身体原因退役回家，正值全民族抗日战争爆发两周年。他身体力行参加抗日，把长子更名为“抗子”，以表抗日之决心，资助抗日的游击队，出钞票营救被抓捕的地下交通员王连奎、宋火根等多人，在家翻建五间校舍办义学，取名“东升小学”，边教学生读书认字，边宣传抗日思想。1947年，遵循黄炎培先生的教育思想，又在家中办起了农忙托儿所、幼儿园，深受乡亲们的赞赏和尊重。1950年，迁外中村居住。

黄继平（1906—1958）原籍江苏崇明。1923 年，随父母举家迁至外中村 10 组居住。受革命思潮的影响，参加了 1930 年 8 月 9 日的泥城暴动。泥城暴动失败后，辗转来到上海市区谋生，被一个铁厂老板看中，从做采购员开始慢慢熟悉铁厂的全部业务。1938 年，铁厂老板死于战乱，留下的工厂就交付黄继平经营，富起来的黄继平不忘家乡的教育事业。1942 年，家乡唯一的小学启东校因经费不足而停办。不少孩子失去上学的机会，黄继平念农家子弟缺少文化之苦，毅然热情出资办学。1944 年，他委托唐生楼在启东校的原址上创办汇角地区第一所民办完全小学，取名“继慈义务小学”，聘黄永藩任校长，教师有施秀群、陈秀竺、周秀南、唐利华等。学生上学无须交费，办学第一学期就有学生 100 多人，第二学期则发展到 200 多人，课本全部由黄继平从上海中华书店、商务印书馆购进。教师的酬金与公办学校相等，每月 2 石大米，相当于 150 千克，也由黄继平支付。1945 年，学校经南汇教育科批准归属县公办学校，并更名为“继慈小学”，经费由南汇教育科支付，学生也开始收费。

顾火根（1946—2005）外中村 4 组人，1965 年 9 月 20 日入伍，1966 年 7 月加入中国共产党，海军大校。历任班长、连、营大队长（正团职），1986 年，任海军南海舰队湛江基地副参谋长。1988 年底，任南海舰队西沙工程指挥部副主任、主任（正师职），负责南沙、西沙国防工程建设。2003 年 1 月，转业至上海市国际航运中心任领导小组办公室副主任，参与了长江口深水航道治理工程和洋山深水港港址的论证。多次参与专家咨询会和评审会，结合自己几十年的海军港航工作经验，对地质、水源、气象环境等方面进行综合评估，提出自己的可行意见，为深水港工程的建设做了大量富有成效的工作。2005 年 11 月，因病去世。

徐琴华（1945—　）外中村人，中共党员。1964 年参军，1970 年毕业于哈尔滨军事工程学院导弹工程系遥控遥测专业，大学本科学历。毕业分配到福州军区空军某地空导弹部队工作，担任无线电控制技师。1972年奉空军命令，到空军第二专科学校任教（该校后称空军第二高射炮兵学院、空军导弹学院等）。1972—1985 年，在导弹工程系担任教官，1985—1987 年，任学院训练部教学研究处处长，1987—1990 年，任教研处处长，1990—2001 年，任导弹工程系主任、教授、空军大校。中国电子学会高级会员，中国人民解放军科学技术进步奖获得者。2002—2012 年，任空军工程大学质量管理办公室副主任兼导弹学院质量管理办公室主任，空军装备部武器装备质量管理特聘专家。

潘秋胜（1942—　）外中村 9 组村民，是远近闻名的企业家。1981年，在生产队时，她用家中仅有的 450 元存款买了一头怀孕的奶牛，开始了一段漫长而艰辛的创业之路。老实养牛，诚信卖奶，她通过 20 多年的辛勤劳作，以鸡生蛋蛋孵鸡的方式，从购买一头奶牛发展到 300 多头，建成了现代化的市特级奶牛场。资金累积后又用两年的时间创办了“秋胜养老院”，当时入住老人有 300 多位。另办有林果种苗公司、有机肥料厂等企业。为了解决失地农民就业难的问题，她调整了创业思路，在奉贤租下100 亩地，建果园，办养殖场，先后吸纳了近百名失地农民就业。为此她获得了两次全国“三八红旗手”，三次全国“双学双比”“市三八红旗手”标兵，获得七次区先进工作者称号。

潘金林（1952—　）外中村 1 组人，书法奇人。幼年家贫，兄妹八人靠父亲裁缝手艺养家糊口，年少时受祖父的影响迷上了写字，常常拥月为灯，枯枝为笔，虚地为纸刻苦学习，10 岁就显露出颖异的才能，写出的楷书作品令学校许多老师叹为观止。借此特长，他越加奋发。20 世纪 70 年代，师从著名书法家钟正修先生学习书法，90 年代于上海书法专修学院毕业。得到著名书法家、书画理论家，原上海市书法家协会副主席刘小晴先生的指导。后成为中国书法家协会会员、中国硬笔书法家协会会员、浦东书法家协会理事、浦东新区南汇老年大学书法教授，是一个典型的从农村走出来的书法家。1997 年，他的手抄本《中华人民共和国香港特别行政区基本法》，被时任中国人民解放军驻香港部队司令员刘镇武将军收藏。作品 5 次入选全国书法篆刻展，在市书法、美术、摄影大赛上获奖 4 次，2010 年进入《书法》杂志第三届中国论坛中青年五百强。在庆祝我们党建党百年的时候，他用小楷写了《共产党宣言》100.71 米长卷，现在这幅小楷作品收藏于中共一大纪念馆。

张东霜（1952— ）外中村 7 组人，小时候聪明伶俐，酷爱学习，身体结实，11 岁时被南汇县少年体校选中进入该校学习，两年后被市少体校教练张静选中，进入上海 OP 帆船队集训。按上海 OP 帆船队规矩，张东霜拜了比她大 2 岁、后来成为奥运冠军的徐莉佳为师。耳濡目染之下，张东霜也像徐莉佳那样，特别自立刻苦，2007 年入选国家队之后，自我要求越来越高，她先后参加国内、国际比赛 43 次，18 次得冠军，10 次得亚军，4 次得季军，成为中国激光雷迪尔级帆船项目的领军人物。2014 年，张东霜在仁川亚运会上获得帆船激光雷迪尔级比赛冠军。

后　记

芦潮港位于上海东南沿海，具有悠久的历史积淀和丰富的文化资源。进入新世纪，芦潮港被划入上海自贸试验区及临港新片区后，依靠洋山特殊综合保税区，迎来了现代化发展的新契机。

2023 年 12 月，受中国（上海）自由贸易试验区临港新片区管理委员会（以下简称“临港新片区管委会”）委托，上海海事大学马克思主义学院成立“芦潮港口述史”项目工作组。项目以亲历者口述、采访者录音整理、全程拍摄记录采访画面的形式，讲述芦潮港历史文化发展和传承情况。本项目得到临港新片区管委会、南汇新城镇芦潮港社区管理服务中心相关领导的关心和大力支持。这两家单位多次召集芦潮港相关人员召开推进会议，并邀请施斌老师为指导老师，保证项目顺利完成。

上海海事大学马克思主义学院院长张峰教授担任项目组组长，负责整体工作安排、学术规范指导等。上海海事大学马克思主义学院党委书记雷丽，上海海事大学党委宣传部副部长、校史馆馆长欧阳曙，上海海事大学马克思主义学院团委书记杨志伟负责联络和后勤工作。上海海事大学马克思主义学院多次召开“芦潮港口述史”项目推进会，及时交流工作思路。

项目组邀请南京大学历史学院口述历史研究中心主任武黎嵩教授，中华口述历史研究会副会长、中国人民大学历史学院杨祥银教授为团队师生作口述史讲座辅导，从口述史的准备、采访提纲的编写、采访注意事项、采访资料的整理等方面进行全方位指导。

具体采访和成果编写由上海海事大学马克思主义学院四位老师和九位研究生分为四组共同完成。其中第一章、第七章由苏月秋老师负责编写，研究生吴永斌、谢丹慧负责梳理采访提纲、整理录音资料；第二章、第四章由李秀芳老师负责编写，研究生刘泽、任仰昊负责梳理采访提纲、整理录音资料；第三章、第六章由闫彩琴老师负责编写，研究生田单单、吴淑瑶负责梳理采访提纲、整理录音资料；第五章、第八章由王伯承老师负责编写，研究生王美君、李晗娜、鲁思怡负责梳理采访提纲、整理录音资料。全书由李秀芳、王伯承老师负责统稿。感谢上海海事大学“千帆通讯社”协助采访和拍摄。

本项目共采访熟悉芦潮港历史发展的各类人士 50 余人次，实地采访 40 余次。根据项目目标，逐一审核每次采访形成的文字、图片、视频、录音成果，及时修改，并在此基础上汇总、整理统稿，形成项目总体成果。

本项目充实了上海海事大学马克思主义学院“大思政课”建设。以“芦潮港口述史”历史文化宣传服务项目为依托，学院师生组织“海潮芦声实践队”，开展“芦潮港口述史”调研活动，深入挖掘洋山港、芦潮港的建设和发展历史。同时聘请“芦潮港口述史”相关专家担任“大思政课”指导老师，通过专题报告、讲座等形式，推动学校“大思政课”建设。

本书作为“芦潮港口述史”项目成果，可以用于芦潮港历史与传统文化的宣传、展示，为南汇新城镇乃至临港新片区、上海市的文化宣传、文化建设、旅游开发等提供一定帮助。

由于可参考资料有限、研究时间有限、编者水平有限，本书疏漏之处，敬请各位专家、领导、同行和广大读者谅解，并批评指正。

上海海事大学“芦潮港口述史”项目组

2025 年 4 月 9 日

原芦潮港镇各村示意图

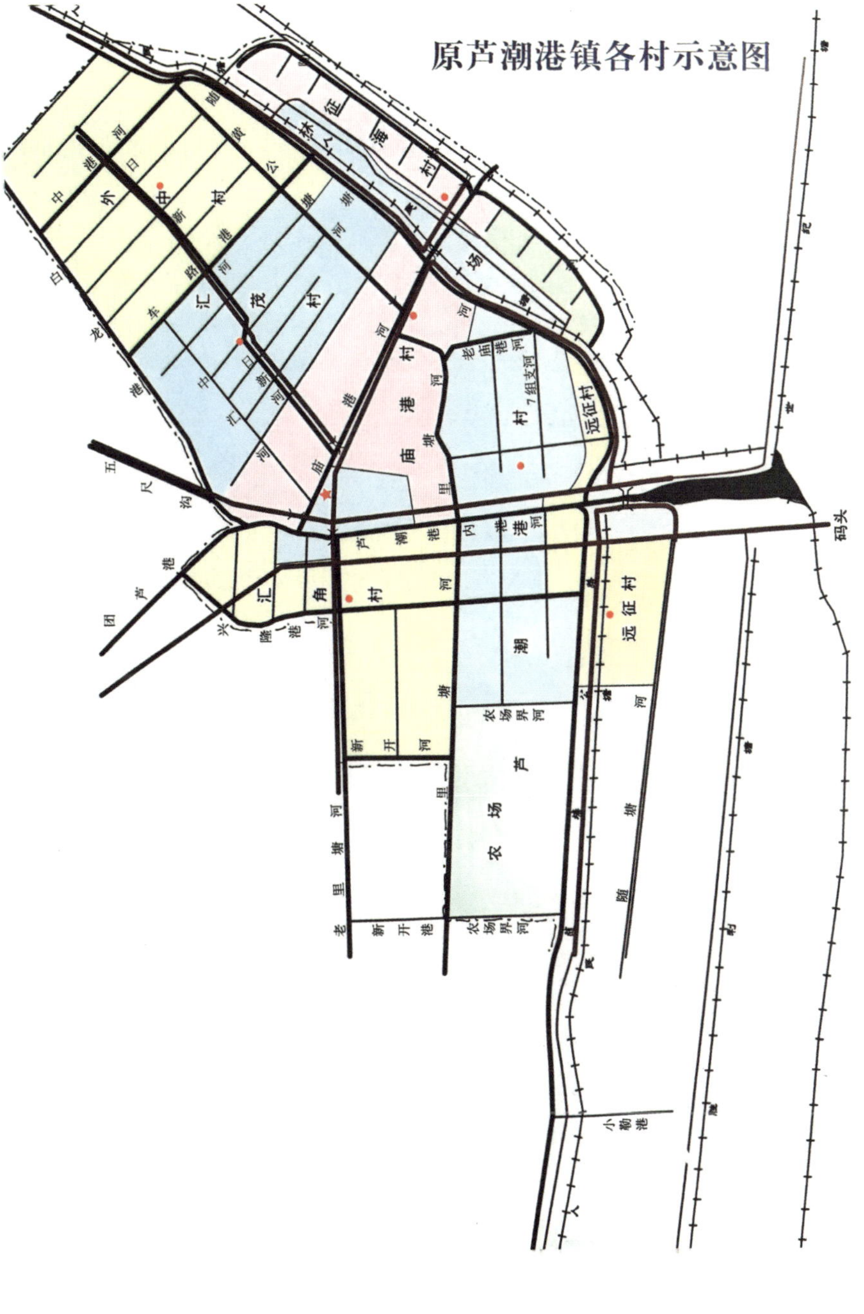

上海海事大学“芦潮港口述史”项目组集体合影
2025年6月10日